Der Weg des Menschlichen

Das Buch
In seinem herausragenden Buch *Der Weg des Menschlichen* gibt Stephen Wolinsky eine Einführung in die Quantenpsychologie. Diese vom Autor begründete Richtung der Selbsterkenntnis erlaubt die Entwicklung der mehrdimensionalen Bewusstheit. Nur diese ermöglicht letztlich eine Antwort auf die brennende Frage: Wer bin ich wirklich? Seine wertvollen Erkenntnisse verbindet Stephen Wolinsky in diesem Buch mit zahlreichen Übungen, die jedem Interessierten einen praktischen Weg zum Erkennen seiner Wirklichkeit weisen. Zudem geht der Autor zum ersten Mal ausführlicher auf den von ihm geprägten Begriff der biologischen Spiritualität ein.

Der Autor
Dr. Stephen Wolinsky ist Gründer und Leiter des *Quantum Institute* in Kalifornien. Seit den 60er Jahren bemüht er sich um spirituelle Erfahrungen, indem er mit verschiedenen Meditationspraktiken und Formen der Psychotherapie experimentierte. 1977 ging er nach Indien, wo er sechs Jahre lang lebte und die Kunst der Meditation erlernte. Der Begründer der Quantenpsychologie lebt heute in Kalifornien.

Stephen Wolinsky

Der Weg des Menschlichen

Multidimensionale Bewusstheit entwickeln

Notizbücher zur Quantenpsychologie

Aus dem Amerikanischen
von Elisabeth Liebl

Econ Taschenbuch

Diese Ausgabe entstand durch die Vermittlung
von Jürgen P. Lipp und Jürgen Mellmann.

Econ Taschenbücher erscheinen im Ullstein Taschenbuchverlag,
einem Unternehmen der Econ Ullstein List Verlag GmbH & Co. KG,
München

Deutsche Erstausgabe
1. Auflage 2001

Titel der amerikanischen Originalausgabe:
The Way of the Human (Quantum Institute, California)
Übersetzung: Elisabeth Liebl
Redaktion: Martina Klose
Umschlagkonzept: HildenDesign, München – Stefan Hilden
Umschlaggestaltung: HildenDesign, München –
Stefanos Dalakiouridis, unter Verwendung
einer Illustration von Leonardo da Vinci
Satz: Pinkuin Satz und Datentechnik
Druck und Bindearbeiten: Ebner Ulm
Printed in Germany
ISBN 3-548-74009-X

Widmung

Dem Gedenken an meinen Lehrer, den
»Großvater« der Quantenpsychologie,
Shri Nisargadatta Maharaj.

Danksagungen

Dem Gedenken an Alfred Korzybski,
den Vater der Allgemeinen Semantik.

Dem Gedenken an G. I. Gurdjieff,
den Vater des Vierten Weges.

Mein besonderer Dank gilt
Allen Horne für seine Lektoratsarbeit.

Und ich danke Marylu Erlandson und Susan Briley,
die das Manuskript in Textform brachten;

Alfred Schatz, dem »Brain Baba« –

und meiner göttlichen Leni.

Herauszufinden, wer Sie sind, bedeutet nicht, dass Sie etwas Besonderes sein oder werden müssen. Es geht einzig und allein darum, Ihre Menschlichkeit zu akzeptieren …

Stephen Wolinsky

Inhalt

Einführung

Das vorliegende Buch zusammenzustellen erforderte ein ungewöhnliches Maß an Organisationsarbeit. Aus diesem Grund und um mehr Spielraum zu haben, aber auch um es schneller der Öffentlichkeit zugänglich zu machen, habe ich den programmatischen Untertitel *Notizbücher zur Quantenpsychologie* gewählt.

Dieser Schritt befreite mich von dem Problem, ein Werk »von bleibendem literarischem Wert« schaffen zu wollen, und gab mir darüber hinaus die Möglichkeit, diese Materialien früher zu veröffentlichen. Ich wollte nicht noch einmal sämtliches Material aus meinen ersten fünf Büchern durchgehen. Und ich wollte, dass der vorliegende Band für sich selbst steht. Daher schien es mir eine gute Idee, ihn als *Notizbücher* zu bezeichnen. *Der Weg des Menschlichen* ist als Materialsammlung konzipiert und so sollte er auch genutzt werden. Ich stelle mir also vor, dass der Leser dieses Buch studiert und dort, wo ein gewisser Hintergrund fehlt, in den früheren Texten nachschlägt.

Als dieses Quantenereignis Gestalt anzunehmen begann, hatte »ich« keineswegs im Sinn, ein solch umfangreiches Werk mit dem Titel *Der Weg des Menschlichen* zu schreiben. In diesem Band geht es um *multidimensionales Bewusstsein*; ich wollte ein Hauptthema der Quantenpsychologie behandeln, nämlich die Entwicklung eines mehrdimensionalen Bewusstseins als »möglichen« Schritt auf dem Weg zur *Entdeckung Ihres Selbst*.

Haupteinflüsse

Als ich die Einführung zu *Der Weg des Menschlichen* schrieb, fiel mir ein, wie ich – kurz nachdem 1990 mein erstes Buch, *Die alltägliche Trance*, erschienen war – einen Anruf von Peter Madell, einem Arzt aus Nordkalifornien, erhalten hatte. Peter war bei meinem Lehrer, Nisargadatta Maharaj, gewesen, als dieser gestorben war. Wir sprachen einige Zeit miteinander. Dann fragte ich Peter, ob er wüsste, wo ich eine Tonbandaufnahme von dem Chanting erhalten könnte, das damals in diesem Raum stattgefunden hatte. Peter sagte, dass er eine solche habe und dass er mir diese Aufnahme mit dem *arati* (Chanting) und einigen Fragen und Antworten schicken würde.

Normalerweise hörte ich mir diese Bänder an, während ich von Albuquerque nach Santa Fe und zurück fuhr. Eines Tages hörte ich Nisargadatta Maharaj etwas sagen, das mich wirklich *schockierte*:

> Am Anfang war das absolute *Nichts*. Dann begann in diesem Nichts das *Ich bin* aufzutauchen (sich zu verfestigen). Und eines Tages wird das *Ich bin* wieder verschwinden (sich auflösen) und dann wird es wieder nur das *Nichts* geben. Und das ist schon alles.

Was mich schockierte, war nicht, was er sagte. Schockierend war für mich mehr die Tatsache, dass ich, obwohl ich so lange Zeit mit Nisargadatta Maharaj verbracht hatte, ihn noch niemals so etwas hatte sagen hören. Und was mich noch mehr schockierte, war, dass ich dieses Prinzip seit Jahren in meinen Workshops zur Quantenpsychologie lehrte und keine Ahnung gehabt hatte, dass er sich je in dieser Form geäußert hatte. Alles, was »ich« mir vorstellen konnte, war, dass die Quantenpsychologie eine Frucht dessen war, was Nisargadatta einst gesät hatte.

Ich erinnere mich an die Zeit, als ich 1995 *Die alltägliche Trance* schrieb. Damals war »ich« ungeheuer stolz auf meine brillante Idee der *Assoziations-Netzwerke*. Ich dachte: »Was für eine unglaubliche Entdeckung, dass es innerhalb des Geistes solche assoziativen Netzwerke gibt.« Sogar der Begriff erschien mir wirklich sinnvoll. Ich erinnerte mich daran, dass auch Freud geschrieben hatte, dass der Geist sich in Ketten von ähnlichen, früheren Ereignissen organisiert, aber meine Idee eines Assoziations-Netzwerkes schien mir noch deutlicher. Kurz darauf blätterte ich in einem Buch von Milton Erickson. Ich glaube, es hieß *Experiencing Hypnosis*. Und da, direkt vor mir, stand der Begriff: *Assoziations-Netzwerk*.

Was bedeutete das? Hatte ich den Begriff also doch nicht selbst geschaffen? Hatte Erickson ihn geprägt? Hatte ich ihn bei ihm gelesen? Oder hatte ich ihn nicht gelesen? Ich weiß es nicht. Als ich *Jenseits des Enneagramms* fertig gestellt hatte, bemerkte ich, dass Teile (Dimensionen) davon der Idee der verschiedenen Funktionsschichten von Gurdjieffs Viertem Weg ähnelten. Nun, die Quantenpsychologie sieht die Dimensionen des Bewusstseins nicht als Zentren im Körper an, wie Gurdjieff das tut. Und ganz sicher war ich noch nie ein Anhänger von Gurdjieff. Andererseits habe ich seine Werke natürlich gelesen. Aber das ist viele Jahre her. Sie hatten mich fasziniert. Ich hatte sogar an einem Gurdjieff'schen Bewegungsworkshop teilgenommen. Trotzdem würde ich mich nicht als Gurdjieff-Schüler sehen. Aber Teile des Konzepts vom Multidimensionalen Bewusstsein, das ich entwickelt habe, scheinen ähnliche Züge zu tragen. Ist es also doch Gurdjieffs Werk? Oder »meines«? Hatte ich darüber gelesen und es dann vergessen? Litt ich unter dem, was Therapeuten eine »Quellenamnesie« nennen, so dass ich den Begriff später als Eigenschöpfung meines »Ich« empfand? Ich weiß es nicht. Aber wie dem auch sei: Auch Gurdjieff ist eine meiner Quellen, die mir – ob nun direkt oder indirekt – schließlich das Verständnis des Multidimensionalen Bewusstseins erschlossen haben.

Klar ist doch, dass ein bestimmtes Wissen rund um die Entwicklung von Bewusstheit und die Entdeckung dessen, *wer wir sind*, universelles Wissen ist und dass es daher Überschneidungen in den einzelnen Ansätzen geben kann. Die Quantenpsychologie konzentriert sich dabei auf neun Themenkreise, die ich aus »meiner« Zeit mit Nisargadatta Maharaj ausgewählt habe und die wir später genauer betrachten werden.

Ziel und Zweck der Quantenpsychologie ist es, herauszufinden, *wer wir sind*. Die Frage ist nun, wie Sie den *Weg des Menschlichen* dazu nutzen können, diesen Prozess zu fördern. Vor allem sollten Sie ihn als Handbuch der *De-Konditionierung* sehen, das Ihnen erlaubt, bestimmte Programme im Geist wieder zu löschen. Mit den Worten meines Lehrers Nisargadatta Maharaj ausgedrückt, heißt das:

1. »Stell alles in Frage. Glaube nichts.«
2. »Um zu entdecken, wer du bist, musst du zuerst herausfinden, wer du nicht bist.«

Dies bildet den größeren Kontext, vor dem das Quantenwerk, die Entdeckung des *Wer bin ich*, abläuft. Zunächst einmal müssen wir uns also der Frage zuwenden, wie Sie das »Ich«, für das Sie sich halten, organisieren – und alles in Frage stellen, was »Sie« zu sein glauben. Die Vorstellungen, die Sie von sich selbst haben, sind nichts weiter als Ideen und Gedanken. Und das sind noch lange nicht Sie. Alfred Korzybski, der Vater der Allgemeinen Semantik, würde das so ausdrücken: »Die Idee ist nicht das Ding, auf das sie sich bezieht.« Was sich hier langsam abzeichnet, ist die Tatsache, dass bei genauerer Untersuchung nicht nur die Gedanken und Selbstbilder verschwinden, sondern auch der Bild*ner* und der Denk*er*, ebenso wie derjenige, *der weiß*.

Aus diesem Grund bedeutet »Quantenarbeit an sich selbst«, dass Sie die Konzepte und psychischen Strukturen, mit denen

Sie das, was »Sie« als »Ihr« »Ich« bezeichnen, organisieren, definieren und rechtfertigen, in Frage stellen und »anschauen«. Aber das genügt noch nicht: Sie müssen diese Konzepte hinter sich lassen, ob sie nun psychischer oder spiritueller Natur sind. Etwas in Frage zu stellen ist keineswegs eine unverzeihliche Sünde oder gar ein Sakrileg! Nein, für jeden wirklich »Suchenden« ist dies eine wahre Pflicht.

Wir müssen die grundlegenden Prämissen unseres psychologischen und spirituellen Handelns in Frage stellen, wenn wir herausfinden wollen, ob darunter noch tiefer liegende Strukturen sind, die von diesen verdeckt oder verstärkt werden. Das ist lebenswichtig, wenn Sie mit Fragen beschäftigt sind wie: »Weshalb bin ich nach all den Jahren psychologischer oder spiritueller Arbeit noch nicht weiter?« Vielleicht war die ausgewählte Praxis nicht gut für Sie. Vielleicht verstärkt sie tiefer gelegene schädliche Strukturen. Vielleicht wurden ihre Möglichkeiten und Grenzen auch über- oder unterbewertet. Aber sobald Sie sich wirklich auf den Weg machen, werden Sie erstaunt feststellen, wie bestimmte Übungen, die uns eigentlich »befreien« sollen, in Wahrheit unsere selbsterfüllenden Prophezeiungen verstärken und daher die Grundlagen dessen, was wir zu sein glauben, nicht im Geringsten erschüttern. Sobald man sie gesondert betrachtet, wird klar, dass unsere Konzepte eben nichts weiter sind als Gedanken. Und dann taucht ganz natürlich das auf, *was Sie wirklich sind*, ohne jede Anstrengung. Die Voraussetzung dafür ist allerdings, dass Sie bereit sind, alles in Frage zu stellen und nichts einfach zu glauben. Dies ist der Weg, auf dem Sie entdecken, wer Sie sind, indem Sie herausfinden, wer Sie nicht sind.

Die Quantenpsychologie dient Ihnen dabei sowohl als Landkarte wie auch als Führer zur De-Konditionierung. Ich hoffe, dass sie den Menschen hilft, aufzuwachen und über das hinauszugehen, was sie zu sein glauben, um am Ende zu entdecken, *wer sie alle wirklich sind*.

Später verschwindet sowohl der *Fragende* als auch der *Befragte*. Und dann? Nisargadatta Maharaj wusste auch darauf eine Antwort. Als ein Schüler ihn fragte: »Aber wer bist du denn?«, antwortete er: »Nichts, was sich wahrnehmen oder denken lässt.«

Viel Vergnügen auf dem Weg wünscht Ihnen
in Liebe
Ihr Bruder
Stephen

Drei Dinge ist der Mensch:
was alle von ihm denken,
was andere von ihm denken
und
was er wirklich ist.

Anonymus

Kapitel 1

Eine Art Einführung

Im Dezember 1995 stellte ich *Der Weg des Menschlichen* fertig. Die Veröffentlichung war für den folgenden Mai vorgesehen. Dann aber gab es eine Menge technischer Probleme und sie wurde verschoben. Auf den ersten Blick sah das nach einer Katastrophe aus. Erst eineinhalb Jahre später konnte »ich«[1] den tieferen Grund erkennen. Quantenpsychologie ist – wie die Quanten selbst – in ständiger Bewegung, ein »Quantenereignis« eben. Anders gesagt: In der »Quantenwelt« erscheint das Buch, das Sie gerade in Händen halten, als fester Körper. Tatsächlich aber handelt es sich dabei um eine Verdichtung des *ungeteilten Bewusstseins* (d.h. Bewusstsein ohne Unterscheidungen), das einfach *ist* und sich andauernd zu ändern scheint. Von Augenblick zu Augenblick verdichtet es sich, um sich dann wieder auszudehnen. Unglücklicherweise liefern unsere Augen eine andere Information an unser Nervensystem. Sie »sehen« nicht und melden das Buch als festen Körper von dauerhafter Form, obwohl es nichts anderes ist als ein Tanz von Atomen und Elektronen in der *Leer-*

[1] Wie Sie sehen, schreibe ich Personalpronomen in Anführungszeichen. Dies soll zeigen, dass auch sie nichts anderes sind als Quantenereignisse, die erstehen und wieder vergehen. Sie sind nur eine Erscheinungsform der *Leerheit des ungeteilten Bewusstseins*, das sich verdichtet und wieder lichtet, und als solche nur ein Produkt unserer Sinne. Jedes auftauchende Ich ist nichts anderes als die Leerheit des ungeteilten Bewusstseins. Aber innerhalb der Beschränkung der Raumzeit unserer sinnlichen Wahrnehmung erscheint das Ich eben als etwas anderes als das ebenso leere Nicht-Ich. Ich sollte hier vielleicht noch anfügen, dass die *Leerheit* nichts anderes ist als ungeteiltes Bewusstsein (d.h. Bewusstsein ohne Unterscheidungen). Das »Ich«, mit dem Sie sich selbst bezeichnen, ist (wie z.B. Gedanken, Stühle, Luft, der Beobachter etc.) geteiltes Bewusstsein, also Bewusstsein mit Unterscheidungen. Die *Leerheit des ungeteilten Bewusstseins* **erscheint** uns, als wäre sie in Einzelphänomene geteilt, obwohl das nicht der Fall ist.

heit des *ungeteilten Bewusstseins*. Erst »später«, nach dem Sinneseindruck, interpretiert unser Nervensystem die *Leerheit* des *ungeteilten Bewusstseins* als festen Körper »Buch«. So gesehen ist die Quantenpsychologie natürlich auch nichts Statisches, sondern ein andauernder Prozess. Sie spiegelt die (unsichtbare) Welt der Quanten wider, in der alles in ständiger Bewegung ist.

Daher ist die »Quantenpsychologie« genauso wie jedes »ich« oder »du«, wie »dieses Buch« oder »Ihr letzter Gedanke« ein Ereignis (d.h. ein Sich-Verdichten oder Sich-Auflösen der **Einen Substanz**).[2]

Ich bin nicht Ich

Das Nichts ist der Baustein des Universums.
John Wheeler

Das »Ich« ist kein wirkliches »Ich«. Es kann gar kein spezifisches Einzelphänomen sein, da es nur ein Verdichten und Konkretisieren der Leerheit bzw. des *Nichts* ist, das sich ununterbrochen ausdehnt und zusammenzieht, ohne dabei seine Natur der *Leerheit* oder des ungeteilten Bewusstseins jemals zu verlieren. Daher ist – wie wir später noch genauer sehen werden – das »Ich«, das ich glaube zu sein, ein sehr flüchtiges Phänomen, das aus der *Einen Substanz* entsteht und vergeht und erst »später«, während des Interpretationsvorgangs im Nervensystem, Gestalt erlangt, um dann so zu handeln, als wäre es immer dagewesen und hätte »uns« nie verlassen.

[2] Auch das Nervensystem und damit unsere Sinneswahrnehmung ist nichts anderes als eine Verdichtung der *Einen Substanz*. Da eine Welle (das Nervensystem) aber nicht den Ozean (die *Eine Substanz*) beeinflussen kann, kann auch das Nervensystem sich nur vorstellen, es habe Einfluss auf die *Eine Substanz*. Das ist allerdings eine ungeheure Illusion. (Dazu später mehr.)

Um das »Selbst« und seine Verbindung zur darunter liegenden Einheit allen Lebens zu verstehen, müssen »wir« zunächst begreifen, dass wir Menschen sind. Wenn »wir« unser Bewusstsein der *Leere*, die unserer Quantennatur zu Grunde liegt, schärfen wollen, müssen wir zuallererst erkennen, was es bedeutet, Mensch zu sein.[3]

Ich habe in den letzten Jahren nur zu oft versucht, meiner Quantennatur auf die Spur zu kommen, indem ich bestimmten psychologischen oder spirituellen Disziplinen folgte, nur um letztlich immer über meine menschliche Natur zu stolpern. Viele Wege des Wissens suggerieren uns nämlich, dass uns eigentlich nur unsere Natur daran hindere, unser Quantenbewusstsein zu entwickeln. In der Yogi-Tradition werden z. B. Emotionen wie Wut, Eifersucht, Gier, Lust und Hass als die »fünf Feinde« bezeichnet. Im Christentum gelten diese Gefühle zusammen mit anderen wie Neid, Stolz, Faulheit, Unersättlichkeit, Geiz und Eitelkeit als Laster. Und Buddha meinte, dass alles Leid nur durch Wünsche entstehe. Das Problem ist nur, dass sich etwas zu wünschen eine menschliche Grundeigenschaft zu sein scheint. Tatsächlich entsteht nämlich wesentlich mehr Leiden, wenn wir versuchen, unseren Wünschen nicht nachzugeben. Denn was ist ein Wunsch anderes als ein neuer Impuls, der durch eine Bewegung der Leerheit entsteht, die sich verdichtet, um konkret zu werden. Die Quantenpsychologie sieht

[3] Das ist aber keineswegs der einzige Weg, sondern nur eine Möglichkeit unter vielen. Wie wir später sehen werden, verlieren wir sehr häufig die Bewusstheit für die essentielle Natur, das *Ich bin* etc., weil wir mit nicht aufgearbeitetem Material zu kämpfen haben. Nicht aufgearbeitete Persönlichkeitsanteile aber sind wie unverdauliche Nahrung, die uns im Magen liegt, Übelkeit verursacht und so unsere ganze Aufmerksamkeit auf sich zieht. Genau dasselbe passiert mit unverdaulichem psychologischem »Material«. Es zieht unsere ganze Aufmerksamkeit auf sich und wir vergessen, WER WIR SIND.

Leid als etwas, das entsteht, wenn man versucht, körperliche Bedürfnisse, die einem bestimmten biologischen Zwang gehorchen, durch psychologisch motivierte »Wünsche« zu ersetzen (siehe dazu Kapitel 8, »Die biologische Dimension«).

Die unzähligen Empfindungen des Körpers, welche eine grundlegende menschliche Erfahrung sind (und als solche eng mit dem Kampf-Flucht-Impuls des Nervensystems verbunden sind), gelten tatsächlich in vielen spirituellen Traditionen als unwillkommen, ja schlecht. Sie werden betrachtet als etwas, das man loswerden, transformieren oder heilen muss, da sie uns angeblich von unserer universellen Natur fern halten, die man gemeinhin »Gott«, die »Leere«, das »ungeteilte Bewusstsein« oder das »Selbst« nennt.

Meiner Ansicht nach ist aber genau das Gegenteil der Fall. Die verschiedenen emotionalen Bewusstseinszustände sind Teil unseres Lebens als Menschen. Mitgefühl und unbedingte Liebe hingegen sind Qualitäten, die unserer *essentiellen Natur* eignen. Diese Auffassung führte mich letztlich dazu, dass ich in der zu Grunde liegenden Einheit der *Leerheit* verschiedene Dimensionen erkannte. Und obwohl jede Dimension mit den anderen verbunden ist und diese beeinflussen kann, haben doch alle eine eigene Funktion.

Die Quantenpsychologie (1999) geht davon aus, dass zu einem voll entwickelten Menschen acht Dimensionen gehören. (Die neunte, d.h. die Leere des ungeteilten Bewusstseins, und die zehnte, das namenlose Absolute, gehen über diese Dimensionen eigentlich hinaus.) Wenn wir uns dieser acht Dimensionen voll bewusst sind und sie in ihren Funktionen verstehen, erfahren wir unser Sein als ganzer Mensch. Kurz gesagt handelt sich dabei um folgende Seinsbereiche: 1. die Außenwelt; 2. die Welt der Gedanken; 3. die Welt der Emotionen; 4. die biologische oder animalische Welt; 5. die essentielle Natur; 6. der Bereich des zustandslosen *Ich bin*; 7. die Archetypen des kollektiven Unbewussten und 8. das *Nicht-Ich-Ich*.

Und wie entstehen nun daraus all unsere Probleme? Ganz einfach: Unser Bewusstsein der einzelnen Funktionen gerät durcheinander. Dann verwechseln wir die Funktionen der einen Dimension mit denen einer anderen. Dadurch entstehen Leid und Schmerz. Das geschieht z. B., wenn wir versuchen, unsere Emotionen und Gedanken bewusst zu verändern und mehr bedingungslose Liebe, Mitgefühl und Verzeihen zu entwickeln. Bedingungslose Liebe und Mitgefühl gehören nicht zu den Qualitäten der biologischen, emotionalen oder gedanklichen Welt. Beides sind wesentliche Qualitäten der *essentiellen Natur*. Daher ist es so wichtig, die verschiedenen Dimensionen des Bewusstseins und deren Aufgaben richtig zu verstehen.

So können wir jeder Dimension des Mensch-Seins ihre Funktion belassen. Wir müssen sie nicht verändern, ignorieren, überwinden oder eine gegen die andere ausspielen. Dazu ein Beispiel: Die Aufgabe meiner rechten Hand ist es, zu schreiben. Mein Mund wiederum hat die Funktion, Nahrung aufzunehmen. Und obwohl meine Hand und mein Mund ganz offensichtlich miteinander verbunden sind, da beide zu meinem Körper gehören, erfüllen sie unterschiedliche Aufgaben. Wollen wir also unsere animalischen (Lust) oder emotionalen Anteile (Ärger) »reformieren«, indem wir enthaltsam leben (Yogis) bzw. bedingungslose Liebe entwickeln (New-Age-Anhänger), so werden wir feststellen, dass dies in den seltensten Fällen funktioniert. Und warum? Weil bedingungslose Liebe nicht zu den Funktionen der animalischen oder emotionalen Bewusstseinsschicht gehört, sondern eine Qualität unserer essentiellen Natur ist.

Die Ebenen durcheinander bringen

In der Quantenpsychologie bezeichnen wir diese Art von Funktionsstörung als »Verwechseln der Ebenen«. Zu Problemen kommt es dann, wenn wir – wie oben beschrieben – die Funktion einer Dimension auf die anderen auszuweiten versuchen. Lassen wir doch einfach Psychologie Psychologie sein und unsere essentielle Natur ihre Aufgaben erfüllen. Denn die Qualitäten, die wir suchen, wie z.B. Frieden und bedingungslose Liebe, sind ja schließlich nicht die *einzigen* Seiten unseres menschlichen Wesens. Sie stehen nur für eine Dimension, für die essentielle Natur. Und keine Bewusstseinsdimension kann zu Gunsten einer anderen aufgegeben werden, wenn »Sie« sich der zugrunde liegenden Einheit voll bewusst werden wollen. Für den Augenblick können wir daher festhalten, dass unsere essentielle Natur ihr wesentliche Qualitäten aufweist, nämlich bedingungslose Liebe bzw. Liebe ohne Objekt. Das ist aber nur ein Teil der menschlichen Natur. Aus diesem Grund gehen wir am eigentlichen Wesen unserer animalischen Anteile vorbei, wenn wir versuchen, sie zu verleugnen. Genauso täuschen wir uns über die Funktion unseres Denkens und Fühlens hinweg, wenn wir beginnen, beides umzuprogrammieren. Alle drei Anteile haben andere Aufgaben als unsere essentielle Natur, und wenn wir sie verleugnen oder der essentiellen Natur anzugleichen versuchen, verursachen wir damit eine Störung, die nur zu mehr Problemen führt. Wir leiden unter Verwirrung (z.B. durch Glaubenssätze wie »Der Körper ist etwas Schlechtes«) sowie innerseelischen Konflikten (die zwei Seelen in der Brust) und werden – was noch wichtiger ist – letztendlich daran gehindert, unser volles menschliches Potential zu leben.

Ein holographischer Mensch zu sein bedeutet also, sich der Außenwelt ebenso bewusst zu sein wie der eigenen animalischen Anteile mit all den dahinter stehenden Bedürfnissen und Begierden, die emotionalen Seiten mit ihren Freuden und Schmerzen genauso zur Kenntnis zu nehmen wie die eigene Gedankenwelt, die essentielle Natur und ihre Qualitäten von Frieden und Liebe zu akzeptieren, das eigene *Ich bin* ebenso anzuerkennen wie das kollektive Unbewusste und die Dimension des *Nicht-Ich-Ich*. Dies ist gemeint, wenn hier von »multidimensionaler Bewusstheit« die Rede ist, die schließlich die wahre Natur des Menschen ist und die Ihnen – hoffentlich – hilft, zu entdecken, wer Sie wirklich sind.

Die Quantenphysik hat uns gezeigt, dass letztendlich alles aus derselben Substanz besteht. Wie kann es also etwas geben, das von sich aus schlecht ist, das man loswerden müsste oder das uns von unserer wahren Natur wegbringt? Wir sollten daher alle Facetten des Mensch-Seins schätzen und verstehen, dass jede Bewusstseinsdimension die ihr eigenen Aufgaben erfüllt, in die wir nach Möglichkeit nicht eingreifen sollten. Das bedeutet, dass wir eine Dimension, wie z.B. die essentielle Natur, nicht dazu missbrauchen sollten, eine andere zu ersetzen, zu korrigieren oder zu überwinden. Der *Weg des Menschlichen* geht dahin, alle Funktionen zu verstehen und sie auf natürliche Weise arbeiten zu lassen, ohne einzugreifen. Man kann das auch die Entwicklung einer »funktionellen Bewusstheit« nennen. Diese erlaubt uns, unsere Aufmerksamkeit nach Belieben ebenso auf einzelne Dimensionen zu richten wie auf alle zusammen oder auf gar keine, dann nämlich, wenn die Bewusstheit selbst mit der Leere verschmilzt, statt sich gewohnheitsmäßig auf eine oder zwei Facetten zu richten.

Nisargadatta Maharaj fragte einmal einen Besucher: »Weshalb sind Sie zu mir gekommen?« Der Mann antwortete: »Weil der Guru alles Negative von uns nimmt und uns unsere wahre Natur schenkt.« Daraufhin antwortete ihm Maharaj: »Es gibt nichts, das von Ihnen weggenommen werden könnte, und es gibt nichts, was Ihnen gegeben werden könnte. Sie besitzen bereits alles, da es nur das *eine Bewusstsein* gibt.«

Zusammenfassend sei daher gesagt, dass wir als Menschen m.E. eine animalische Natur besitzen, eine intellektuelle Natur, eine emotionale Natur, die unsere Gefühle hervorbringt, eine essentielle Natur mit ihren essentiellen Qualitäten etc. »Bedauerlicherweise« bleibt unsere Bewusstheit meist auf eine oder mehrere dieser Ebenen fixiert. Wenn diese Dimensionen aber ohne gegenseitige Störungen einfach SEIN können, dann wird unser Bewusstsein frei und wir entdecken, wer wir wirklich sind.[4] Anders gesagt: Da Spiritualität in der Quantenpsychologie einfach heißt, dass wir uns der Einen Substanz bewusst werden, die hinter allem steht, kann wahre Spiritualität nur alle Aspekte des Mensch-Seins umfassen, von den Gefühlen über die Gedanken hin zu den Fantasien und dem physischen Körper. Denn letztlich ist da nur die Eine Substanz. Wie wir später noch hören werden, geht es dabei um eine Art biologischer Spiritualität, wobei Biologie und Psychologie zu einer Form der Spiritualität gehören, die auf die allem zu Grunde liegende *Eine Substanz* abzielt.

Warum multidimensionale Bewusstheit?

In den frühen 90er-Jahren trugen Bücher wie *Quantenbewusstsein* und *Das Tao des Chaos* zum Bekanntwerden der Quantenpsychologie bei. Wenn »ich« durch Europa und die USA reiste, um Seminare zu geben, lautete die am häufigsten gestellte Frage nicht mehr länger »Wer bin ich?«, sondern: »Wie können wir unser tägliches Leben leben, ohne den Kontakt zur Welt des Quantenbewusstseins zu verlieren?« Ich fragte mich, wie wir unser volles menschliches Potential leben und herausfinden können, wer wir auf allen Ebenen tatsächlich sind.

Mir war klar, dass es nicht genügen konnte, in der Meditation die »Leerheit« oder »Fülle« zu schmecken bzw. in den Zustand des Nicht-Ich oder Samadhi einzutauchen. Mich interessierte, was uns aus diesem Bewusstsein der grundlegenden Einheit allen Lebens heraustrennt und wie wir dieses Bewusstsein in unser Alltagsleben, in dem wir arbeiten, Sex haben etc.,

[4] Auch der Weg dorthin ist nur ein Konzept, das sich letztlich in der Leerheit auflöst.

einbinden können. Ich fragte mich, wie »wir« das Bewusstsein der zu Grunde liegenden Einheit »stabilisieren« und zu einem Bestandteil unseres menschlichen Lebens machen können.

Die Vollendung des Human Potential Movement

In den 60er- und frühen 70er-Jahren dieses Jahrhunderts inspirierte das *Human Potential Movement* (in Deutschland war das die Bewegung der humanistischen Psychologie – Anm. d. Ü.), angeführt von dem bekannten Psychologen Abraham Maslow, viele Menschen, ihren Weg zur *Selbstverwirklichung* zu suchen. Aber Mitte der 70er-Jahre hatte ich auf einmal das Gefühl, dass das nicht genug war. Mein Leben hatte sich durch die Beschäftigung mit der Psychologie wirklich verändert. Ich war ganz sicher nicht mehr der ständig zur Verteidigung bereite Junge meiner frühen Jahre. Ich fühlte mich in Einklang mit meinem Körper und mit meinen Gefühlen und hatte dadurch an Kraft gewonnen. Trotzdem war ich nicht vollkommen zufrieden. Ich hatte immer noch nicht herausgefunden, *wer ich wirklich war*.

Also sagte ich der Psychologie für mehrere Jahre adieu. Ich hatte den Eindruck, dass sie außer dem Konzept der *Selbstverwirklichung* nicht viel zu bieten hatte, und das genügte mir nicht. Daher ging ich auch nach Indien, um dort nach *Selbsterkenntnis* zu suchen.

1976 machte ich mich auf nach Indien – auf der Suche nach Selbsterkenntnis (dem *Nicht-Ich-Ich*) und meinem Wesenskern. In Indien und später in den USA lernten viele von uns Yoga und buddhistische Meditationstechniken kennen. Diese neuen Kenntnisse versetzten viele Menschen in die Lage, die Leere des Geistes (den Nicht-Geist) zu erfahren, den Zustand des reinen Beobachtens bzw. die allem zu Grunde liegende Einheit, die ich heute »Quantenbewusstsein« nenne.

Bedauerlicherweise waren diese neuen Kenntnisse mit einer Einschränkung verbunden. In Indien galt es als mehr oder weniger deutlich ausgesprochener Grundsatz, dass man sich, um die *Leere des ungeteilten Bewusstseins* zu erfahren, von der Welt lösen musste. Auf den ersten Blick schien dieses Bestreben romantisch, edel, ja ausgesprochen spirituell. Doch schließlich erkannte ich, dass dies ebenso unrealistisch wie unpraktikabel war. Schließlich leben die meisten Menschen ja in dieser Welt, haben Beziehungen und interagieren auf irgendeine Weise mit ihrer Umgebung.

In den späten 70er-Jahren empfand ich daher so etwas wie einen Riss, der mein Leben durchzog: Die spirituelle oder Quantendimension meines Bewusstseins schien eine Sache zu sein, die biologischen, emotionalen und gedanklichen Seiten meiner selbst eine andere. Es war, »als ob« eine Dimension die andere aufheben würde. Wenn ich mich in einer Dimension, z. B. der emotionalen, befand, wurde das Bewusstsein der Leerheit bzw. der allem zu Grunde liegenden Einheit oder ungeteilten Fülle zu einer bloßen Erinnerung oder ging gar völlig verloren. Irgendwann bemerkte ich dann, dass ich »in Schubladen dachte«, die das Spirituelle vom Materiellen trennten.

In der multidimensionalen Bewusstheit verschmelzen Selbstverwirklichung und Selbsterkenntnis zu einem Ganzen. Dies ist der Punkt, an dem unsere äußeren, gedanklichen, emotionalen und animalisch-biologischen Bezüge von der grundlegenden Einheit nicht mehr getrennt sind. Kurz gesagt: *In der Quantenpsychologie verbindet sich durch die Entwicklung eines* multidimensionalen Bewusstseins *das westliche Konzept der Selbstverwirklichung mit dem östlichen der Selbsterkenntnis.*

Aus diesem Grund ist es so wichtig, sich intellektuelle oder emotionale »Gesundheit« nicht so vorzustellen, dass wir immer mitfühlend und immer bereit zur Vergebung sein müssten, denn diese beiden Qualitäten gehören nicht zur emotionalen oder gedanklichen Bewusstseinsdimension, sondern zu unserer essentiellen Natur. Wenn wir das verstehen, fällt es uns leichter, unsere biologisch-animalischen, emotionalen und intellektuellen Anteile mit all ihren »Begrenzungen« zu akzeptieren. Das führt letztlich dazu, dass wir eine *multidimensionale funktionelle Bewusstheit* entwickeln, die uns der allem zu Grunde liegenden Einheit näher bringt, die »ich« unsere *Quantennatur* nenne.

Und wie schafft man es, das zu entwickeln, zu erreichen und zu integrieren, was die Anhänger der Humanistischen Psychologie und aller östlichen Weisheitslehren so wild entschlossen suchen? Oder anders gesagt: An welchem Punkt werden *Selbstverwirklichung* und *Selbsterkenntnis* eins? Das geschieht nur, wenn wir unsere Bewusstheit auf sämtliche Dimensionen unseres Seins ausdehnen. Denn nur durch multidimensionale Bewusstheit entdecken wir, »wer wir wirklich sind«, ohne Teile unserer menschlichen Natur zu leugnen oder auszuklammern, die – wie alles – aus der *Einen Substanz* bestehen.

Die Herausforderung liegt nun darin, unsere biologischen, psychologischen (intellektuellen) und emotionalen Anteile ebenso zu akzeptieren wie unsere essentielle Natur oder die Bewusstheit der allem zu Grunde liegenden Einheit der Leere (das *Nicht-Ich-Ich*), das Quantenbewusstsein. Der *Weg des Menschlichen* verlangt genau das von uns: Ganz Mensch zu sein und uns all unserer Bewusstseinsdimensionen bewusst zu werden, um herauszufinden, »wer wir wirklich sind« oder anders gesagt: keine unserer Facetten auszuschließen, sondern alle zu integrieren. Der *Weg des Menschlichen* vereint *Selbstverwirklichung* und *Selbsterkenntnis*.

In diesem Buch werde ich über die Dimensionen des Bewusstseins sprechen. Wenn ich Ihnen diese verschiedenen Ebenen vorstelle, dann geschieht das, weil ich Ihnen eine Möglichkeit zeigen möchte, herauszufinden, wo Ihre Aufmerksamkeit gerade feststeckt, auf welche Ebene sie fixiert ist. Denn durch diese Fixierung wird »Ihre« Bewusstheit der grundlegenden Einheit, Ihr Quantenbewusstsein, verhindert.

Sobald die Bewusstheit sich von ihren gewohnheitsmäßigen Fixierungen löst, wird sie völlig frei. Kurz zusammengefasst geht es um multidimensionales Bewusstsein und funktionelle Bewusstheit.

Quantenpsychologisches Prinzip
Je größer die funktionelle Bewusstheit, umso größer die »subjektive« Erfahrung der Freiheit.

Wenn Sie einen Teil Ihrer menschlichen Natur ausschließen, bedeutet dies, dass Sie sich der *Einen Substanz* entziehen, ihre Manifestation verleugnen oder gar hassen (missverstehen). Daher heißt ganz Mensch-Sein einfach, dass Sie Ihr Bewusstsein von seinen Schranken befreien. Das ist die Antwort auf die Frage, wo das *Human Potential Movement* und die östlichen Traditionen der Selbsterkenntnis sich treffen: in der Befreiung des Bewusstseins auf allen Ebenen des Seins.

Dieses Werk baut auf einem gewissen Vorwissen auf. Wenn Sie dazu Fragen haben, sollten Sie entweder *Quantenbewusstsein* oder *Das Tao des Chaos* konsultieren, zwei meiner früheren Bücher. Obwohl Sie diese beiden Titel nicht brauchen, um mit dem vorliegenden Band arbeiten zu können, liefern sie Ihnen einen fundierteren Hintergrund. Sie bieten Ihnen einen reicheren Erfahrungskontext, vor dem Sie sich der Frage, was es bedeutet, ganz Mensch zu sein, widmen können.

Der Zweck dieses Buches ist einfach der: Es soll Ihnen einen Überblick über die Ebenen der Befreiung des »Ich« zum reinen Bewusstsein in all seinen Manifestationen bieten – und schließlich über diese Zielsetzung hinausgehen. Eben dies ist der *Weg des Menschlichen*.

Die Selbstüberschätzung (Grandiosität) der New-Age-Bewegung

In der Ich-Psychologie, einer Unterform der Psychoanalytischen Entwicklungspsychologie, geht es darum, die Selbstüberschätzung loszulassen und die eigenen Grenzen zu erkennen. Erst jetzt können wir wahre Individualität erreichen und unseren Narzissmus (unsere Neigung, zu glauben, dass wir Zentrum und Quelle des Universums sind) abzubauen. Dieser Narzissmus tritt in vielen verschiedenen Formen auf, z. B. in Vorstellungen wie den folgenden: »Ich schaffe meine eigene Realität« oder »Das Universum ist eine Widerspiegelung meines Selbst und reflektiert auf mich all das zurück, was ich brauche« bzw. »Ich erschaffe meine Welt im Einklang mit …« (hier können Sie einsetzen, was für Sie stimmt). Und so weiter und so fort.

In einem Einführungsworkshop, den ich in Seattle hielt, vertrat ich die Meinung, dass (im Gegensatz zu dem, was die meisten Seminarleiter heutzutage in ihren Kursen so aufs Tapet bringen) man nicht alles haben kann, was man gerne hätte. Ich formulierte das so, dass man haben könne, was man wolle, aber nur innerhalb der persönlichen Grenzen – also Dingen wie IQ, Talente, äußerer Kontext und innere Fähigkeiten. Wenn Sie beispielsweise ohne Stimmbänder geboren sind, können Sie nicht Sänger oder Sängerin werden, ganz egal wie sehr Sie sich das wünschen.[5] Wenn Ihr IQ nicht besonders hoch ist, werden Sie vermutlich kein Atomphysiker, auch wenn das Ihr Herzenswunsch sein sollte. In dem Film *Chariots of Fire* sagt der Trainer zu Harold Abrahams, einem der Läufer: »Es gibt in diesem Geschäft einen alten Spruch: Man kann nicht einbringen, was Gott ausgelassen hat!« Aber lassen Sie nicht gleich den Mut

[5] Natürlich gibt es auch hier Ausnahmen von der Regel. In der Quantenpsychologie geht es nämlich – wie in der Quantenphysik – um Wahrscheinlichkeiten.

sinken, wenn Sie diese Zeilen lesen. Ganz im Gegenteil, was Sie tun müssen, ist eigentlich ziemlich einfach: Erforschen Sie, wer oder was Sie »glauben«, »denken« etc. zu sein. Auf diese Weise studieren Sie das, was ist, und leben nicht in einer illusorischen Traumwelt, in der Sie sich nicht zurechtfinden.

Ein anderer Aspekt vom *Weg des Menschlichen* ist es nämlich, zu entdecken, wer wir sind, indem wir die animalische und psychisch-emotionale Natur anerkennen und bereit sind, sie als Teil des Mensch-Seins zu erfahren, und indem wir verstehen, dass sie genauso wichtig ist wie die essentielle Natur und zugelassen werden muss, damit wir in der Quantennatur unseres Bewusstseins *verankert* sind.

Die menschliche Natur (wie ich zum Leidwesen meiner Verleger noch des Öfteren wiederholen werde) ist, wie ich festgestellt habe, Teil unserer Quantennatur und darf nicht ignoriert oder gar ausgeschlossen werden. Meine persönlichen Versuche, meine Quantennatur zu erfahren und meine animalischen, intellektuellen oder emotionalen Anteile irgendwie beiseite zu schieben, haben mir nur mehr Kummer, mehr Leid und mehr Zerrissenheit gebracht, weil sie mich von der zu Grunde liegenden Einheit trennten und in Teile aufspalteten. Es war dies ein spiritualisiertes Leugnen meiner animalischen Natur. Anders ausgedrückt: Ich benutzte spirituelles Gedankengut, um meine animalischen (biologischen) und meine psychischen Anteile abzulehnen.

Der sinnlose Versuch, sich selbst aufzuteilen, indem man psycho-spirituelle Glaubenssysteme, Techniken, Philosophien und Identitäten annimmt, führt meist nur zu neuen Spaltungen, äußerlich z. B. in »uns« und »sie«, innerlich in »spirituelle« bzw. »höhere« Anteile, welche die Aufgabe haben, die »niederen« Anteile und Emotionen zu unterdrücken.

Der *Weg des Menschlichen* verlangt von uns nicht, etwas abzulegen, sondern einfach nur, alles zu erforschen und zu schätzen, nicht zu zerstören, sondern zu genießen, nicht aus dem Körper herauszugehen, sondern im Körper ganz präsent zu sein. Der *Weg des Menschlichen* beginnt bei uns selbst als der Verbindung zur grundlegenden Einheit. Einfach ausgedrückt: Ganz Mensch zu sein ist eine Art biologischer Spiritualität, die den Körper einschließt. Auf diese Weise verbinden wir uns mit der gesamten Menschheit, die hier und jetzt unsere zu Grunde liegende Einheit *ist*.

Ziel und Zweck der Quantenpsychologie ist es, multidimensionale Bewusstheit als Instrument zu entwickeln, das uns *vielleicht* zeigt, *wer wir sind*. Ich habe hier ein *»vielleicht«* eingefügt, weil es dafür keine Garantien gibt. Kein Mensch kann es Ihnen wahrhaft versprechen. Schließlich wird das *Individuum*, das diesen Prozess bewusst durchläuft, am Ende ebenfalls verschwinden, wenn Sie wissen, *wer Sie sind*, weil Sie erfahren haben, *wer Sie nicht sind*.

Sich auf diesen Weg[6] zu wagen erfordert eine andere Art von Aufmerksamkeit und Disziplin. Wenn wir den *Weg des Menschlichen* erkunden wollen, müssen wir zuerst bereit sein, die eigenen Grenzen anzuschauen, und uns die verschiedenen Arten klar machen, wie wir uns bemühen, Dinge zu leugnen oder vorzutäuschen. In den Worten von *Die alltägliche Trance*: wie wir in Trancen abgleiten, um die Erfahrungen zu vermeiden, die uns erst zum Menschen machen. Hier geht es darum, dass wir uns klar und deutlich vor Augen führen, wie wir uns von Körper und Geist, der Umwelt und dem Universum trennen. In dem Maße, wie wir die Verbindung zu unserem Körper oder unserem animalischen Selbst leugnen, verneinen wir auch unsere Verflechtung mit der Welt. Diese Trennung von unserem Körper und unserer animalischen Natur führt letztlich nur zu mehr Isolation, mehr Einsamkeit, mehr Entfremdung

6 Der Begriff »Weg« wird häufig für einen eindeutigen Weg, etwa von New York nach London benutzt. Und doch gibt es – wie wir noch sehen werden – keinen solchen »Weg«. Krishnamurti drückt dies so aus: »Die Wahrheit ist ein Land ohne Wege.«

und mehr Kommunikationsproblemen. Kurz gesagt: Auf diese Weise lernen wir unseren Falschen Kern kennen.

Wer seinen Körper leugnet, verneint auch die Verbindung zur Welt. Wer aber die Vernetztheit mit der Welt ablehnt, verleugnet damit, dass er Teil des Universums und der allem zu Grunde liegenden Einheit des Quantenbewusstseins ist. In der Vergangenheit haben uns die verschiedenen Arten des Yoga mit seinen verschiedenen Mantras, Yantras und Tantras häufig aus der Welt hinausgeführt. Spirituelle Philosophien versuchten uns einzureden: »Du bist nicht dein Körper.« Und wir lernten brav, dass man Gefühle und Sex überwinden solle. Und doch müssen viele gestrauchelte Gurus und spirituelle Meister mittlerweile eingestehen, dass dies nicht möglich ist. Warum sollten wir auch? Wenn es nur *Eine Substanz* gibt, warum sollten wir versuchen, uns von ihr zu befreien? Welchen Grund gäbe es, unsere animalischen oder psycho-emotionalen Anteile zu verleugnen? Wie die Quantenpsychologie es formulieren würde: »Wie du dich selbst beurteilst, so wirst du auch andere beurteilen.«

Im *Weg des Menschlichen* soll der Körper nicht ausgeschlossen, sondern einbezogen werden. Emotionen gelten nicht als negativ, sondern als Instrument zur Vertiefung unseres Gewahrseins der Einen Substanz. Viele alte Schriften sprechen davon, dass alles EINS sei. In der Quantenpsychologie drücken wir das so aus: Alles ist eine Manifestation der Einen Substanz. Und dies bedeutet, dass der Körper mit seinen Gedanken und Gefühlen aus derselben Substanz besteht wie alles andere, nämlich aus der Einen Substanz.

Spirituelle Lehren sind (wie wir später noch sehen werden) häufig nur spirituelle Trancen, die uns davon abhalten, den gegenwärtigen Augenblick ganz zu erleben. Und sehr häufig verstärken sie noch unsere inneren psychischen Strukturen, so dass sie unsere Blockaden, Konflikte und Entwicklungsstörungen fördern.

Dieses Werk widmet sich dem Mensch-Sein, was unsere animalischen und psycho-emotionalen Anteile einbezieht, weil sie ebenso wichtig sind wie unsere essentielle Natur. Nur so gewinnt die Erfahrung der zu Grunde liegenden Ganzheit des Quantenbewusstseins an Stabilität und kann ununterbrochen im Bewusstsein aufrechterhalten werden.

Die Zielsetzung dieses Buches ist es also: 1. die einzelnen Dimensionen des Bewusstseins vollständig vorzustellen, damit 2. Sie sie geschrieben vor sich sehen und sie studieren können, und auch damit 3. »ich« mit diesem Thema abschließen kann. Wenn Sie dieses Buch studieren, werden Sie feststellen, dass es Überschneidungen mit früheren Werken gibt. Einiges von dem Material, auf das ich mich stütze, ist alt, anderes neu. Es gibt ein paar Zusätze, viele Klarstellungen. Einige Dinge, über die »ich« geschrieben habe, wurden hier weiterentwickelt und in eine neue Sprache gebracht. Die Quantenpsychologie soll mit den vorliegenden Texten vervollständigt werden, so dass eine vollständige Bewusstwerdung möglich wird. So können »Sie« über die neu erworbene Bewusstheit hinausgelangen und die Quantenpsychologie ebenso hinter sich lassen wie das Quantenbewusstsein. Wenn man all die Ebenen des *Darüber-Hinaus* aufzählen wollte, wären das: über die Bewusstheit hinaus; über die Erkenntnis der essentiellen Natur hinaus und über das *Ich bin* hinaus – hinein in die *Leere des ungeteilten Bewusstseins*, in das *Namenlose Absolute* und auch *darüber hinaus* – also über die Quantenpsychologie hinaus.

Es erfordert großen Mut, sich auf all diese neuen Herausforderungen einzulassen. Wir klammern uns an allerlei Ideen, mit denen wir das Universum erklären wollen. Diese Ideen fungieren als heilige Kühe, die uns davon abhalten, die tieferen Ebenen unserer Persönlichkeit und unserer Menschlichkeit zu erkunden. Ich hoffe, Sie empfinden diese Einführung nicht als zu fordernd. Ich fühlte mich erleichtert, als ich feststellte, dass ich nur mein »Ich« und das, was ich dafür hielt, zu studieren brauchte. Ich hoffe, wir werden alle die Stärke aufbringen, das aufzudecken und abzubauen, was uns im Weg steht; die Aufgeschlossenheit, unsere Glaubenssysteme für Fragen offen zu halten; und den Willen, die Worte aus einem Shiva-Sutra des 10. Jahrhunderts zu schätzen: »Schall ist die Ursache der Bindung.« Weshalb das so ist? Nun, Töne werden zu Buchstaben, Buchstaben zu Wörtern, Wörter zu Ideen und Ideen zu Glaubenssystemen, die uns naturgemäß binden. Lassen Sie uns also zu wahren Menschen werden, lassen wir das Quantenbewusstsein in all seiner Pracht erstrahlen. Dies ist der *Weg des Menschlichen*.

Kapitel 2
Ein Überblick

Ein neues Buch zu beginnen ist nie ganz einfach, weder für den Autor noch für den Leser. Man könnte zusammenfassend sagen, dass die *Notizbücher* den Gipfelpunkt meiner mehrjährigen Suche nach einer Antwort auf die Frage »*Wer bin ich?*« darstellen. Natürlich begann diese Suche (wie ich in *Quantenbewusstsein* bereits dargestellt habe) schon in den ersten Augenblicken, in die »meine« Erinnerung zurückreicht. Außerdem möchte ich die Aufmerksamkeit des Lesers auf meine früheren Werke lenken, die diesem hier zu Grunde liegen: *Quantenbewusstsein* und *Das Tao des Chaos*. Beide sind bei weiterführenden Fragen sehr hilfreich.

Dieses Kapitel soll Ihnen einen Überblick über einige Grundprinzipien der Quantenpsychologie verschaffen. Sie umfasst psychologische Heilungsansätze ebenso wie die Erkenntnisse der Religionen aus dem Fernen und Nahen Osten. Auch die Forschungsergebnisse der Quantenphysik finden darin Eingang. Diese einzelnen Schichten verschmelzen in diesem Werk zur Darstellung der Multidimensionalität unseres Bewusstseins. Der Entwicklungsprozess in der Quantenpsychologie ist kein linearer – wie ich bereits mehrfach dargestellt habe. Ganz im Gegenteil: Wir alle haben immer wieder kleine Erleuchtungserfahrungen, einige davon sind mit bestimmten Erfahrungen in der Vergangenheit verbunden, andere wiederum zeigen uns, was in der Zukunft auf uns wartet, also was möglich ist. Und dann gibt es noch solche Erlebnisse, die uns über die Grenzen dessen, was wir unser »Selbst« nennen, hinaustragen. Ich hoffe, dass dieses Buch dazu beiträgt.

Das Ziel

Die Quantenpsychologie unterscheidet sich von anderen psychologischen Ansätzen, weil ihre Zielvorstellung eine andere ist. Es geht dabei um die Entdeckung dessen, *wer wir sind*. Zu diesem Zweck müssen wir uns von unseren Grundidentifikationen trennen und unser multidimensionales Bewusstsein entdecken. Anders als die meisten Formen der Psychotherapie versucht die Quantenpsychologie nicht, Sie »besser« oder »tugendhafter« zu machen. Sie zielt nicht darauf ab, Ihre Lebens- und Beziehungsqualität zu verbessern oder Ihnen zu zeigen, wie man mehr Geld verdient. Es geht dabei einzig und allein um die Frage: »*Wer bin ich?*« Deshalb erkunden wir in diesem Band die Entwicklung unseres *multidimensionalen Bewusstseins*. Damit ist die Bewusstheit der acht Dimensionen oder Manifestationen des Selbst gemeint, die wir auch als »menschliche Natur« bezeichnen könnten. Dieses Bewusstsein ist allerdings nur ein Stadium des Entwicklungsprozesses.

Nisargadatta Maharaj war der Lehrer, dem »ich« »mich« anvertraute. Ich arbeitete mit ihm in Indien, wo ich sechs Jahre lang lebte. Ihm zufolge ist der einzige Weg, wie wir herausfinden können, wer wir sind, dass wir studieren, was wir nicht sind. Maharajs erstes und wichtigstes Prinzip ist: »Alles, was du zu sein glaubst, bist du nicht.« Während er noch lebte, wurde nur ein einziges Buch von ihm publiziert: *Ich bin – Gespräche*. Das war sein wichtigstes Werk. Er war Meister des »Advaita Vedanta« (von *advaita*, Sanskrit für »Nicht-Dualität«) und des Jnana-Yoga (von *jnana*, Sanskrit für »Wissen«, also: der Pfad des Wissens). Tatsächlich ist seine Lehre aber ein *Pfad des Verlernens*. »Advaita« besagt, dass alles nur *Eine Substanz* ist, dass alles aus *Einer Substanz* besteht. In Wirklichkeit gibt es nicht mehrere Substanzen. Wahre Spiritualität bedeutet: zu erkennen, dass auch *wir an der Einen Substanz teilhaben*.

Da die Quantenpsychologie auf den Lehren von Nisargadatta Maharaj beruht, ist sie ebenfalls ein Weg der Erkundung und des Abbaus von falschen Vorstellungen. Die Quantenpsychologie versucht nicht, die psychischen Strukturen des Falschen Selbst zu reparieren oder zu heilen. Der Prozess wird einzig durch inneres Erforschen dessen, was wir zu sein glauben, geleitet. In der Quantenpsychologie versuchen wir, die Aufmerksamkeit, die durch »unsere« psychische Struktur gebunden wird, zu befreien, so dass am Ende der Unterschied zwischen dem Forschenden, dem Erforschten und dem Bewusstsein selbst in der Nicht-Dimensionalität der zu Grunde liegenden Einheit, also in der *Einen Substanz* aufgeht.

Die Quantenpsychologie ist eine Weiterentwicklung von Nisargadatta Maharajs Ansatz des »Advaita Vedanta«. Dementsprechend haben beide einige Grundsätze gemeinsam:

Advaita	*Vedanta*
Es gibt nur diese *Eine Substanz*, nicht zwei oder mehr Substanzen.	Neti-Neti (Sanskrit für: Weder dies – noch jenes.)

Zusammenfassung der Grundprinzipien von Nisargadatta Maharajs Lehre:

1. Es gibt nur *Eine Substanz*.
2. Alles, was du über dich zu wissen glaubst, stammt nicht aus dir selbst. Lass es also los.
3. Stell alles in Frage. Glaube nichts.
4. Wenn du herausfinden willst, wer du bist, musst du erforschen, wer du nicht bist.
5. Wenn du etwas loslassen willst, musst du zuerst wissen, was es ist.
6. Der Erfahrende steckt in der Erfahrung selbst.

7. Alles, was du zu sein glaubst, bist du nicht.
8. Halt dich an dein *Ich bin*. Lass alles andere los.[1]
9. Alles, was du über dich weißt, kannst du nicht sein.

Diese neun Grundprinzipien sind das Herz der Quantenpsychologie.

Die Quantenpsychologie beruht zum Teil auch auf einem westlichen psychologischen Ansatz, der lehrt, dass wir abbauen sollen, was wir »ich« nennen. Und sie setzt auf die Erkenntnisse der Quantenphysik, wenn es darum geht, Zweifler zu überzeugen, dass die Wirklichkeit unteilbar und ganzheitlich ist, dass es also nur *Eine Substanz* gibt.

Das Werkzeug, welches die Quantenpsychologie benutzt, ist die Selbsterforschung. Sie versucht, unseren »Geist« transparenter zu machen. All die Prämissen, Schlüsse, Annahmen, Geschichten und Lügen über das, was Sie sind und was Sie nicht sind, fallen auseinander und Sie erkennen sie schließlich als das, was sie wirklich sind: *Fehlinformationen*. Und schließlich lösen sich nicht nur alle alten Konzepte, die Sie über sich selbst haben, auf, sondern auch das, was Sie gewöhnlich »Ich« nennen. Nisargadatta Maharaj sagte an diesem Punkt immer: »Alles, was du über dich zu wissen glaubst, stammt nicht aus dir selbst. Lass es also los.«

Die Fragen, die wir uns auf diesem Weg stellen, erlauben uns, Maharajs Prinzip zu befolgen: »Stell alles in Frage. Glaube nichts.« Ich möchte hier noch anmerken, dass viele »Advaita-Anhänger« glauben, dass jede Art von »Technik« immer ein »Ich« voraussetzt, das diese anwendet. Die Quantenpsychologie teilt diese Auffassung, auch wenn am Ende die Unterschie-

[1] Dieser Punkt wird erst im Abschnitt über Grund- und Gegenidentifikationen diskutiert.

de zwischen dem Forschenden und dem Erforschten auf natürliche Weise verschwinden. Aus diesem Grund schlägt die Quantenpsychologie vor, dass Sie Ihr Boot (die Technik) auf dem Meer des Seins nicht verlassen, bevor Sie nicht gelernt haben zu schwimmen.

Außerdem sollten wir nicht übersehen, dass Quantenpsychologie nicht zu jedem passt. »Ich« rate immer Menschen davon ab, einen Workshop bei mir zu machen, wenn »ich« glaube, dass sie keinen Nutzen daraus ziehen werden. Manchmal liegt es daran, dass diese Art der Arbeit ihnen nicht liegt, manchmal ist es einfach nur der falsche Zeitpunkt. Das hat nichts mit »besser« oder »schlechter« zu tun. Es ist einfach nicht für jeden das Richtige. Darüber hinaus gibt es, was die Ergebnisse angeht, natürlich keinerlei Garantie. Daher bitten wir die Teilnehmer immer wieder, sich auf den Prozess einzulassen, ohne ein bestimmtes Ergebnis zu erwarten. (Siehe dazu *Das Tao des Chaos*, Kapitel IV.)

Auf die Gefahr hin, mich zu wiederholen: Quantenpsychologie ist nicht für jeden das Richtige. Und sie ist weder Allheilmittel noch Schnellkurs. Es gibt keinerlei Garantien.

Multidimensionales Bewusstsein entwickeln

Die Quantenpsychologie will Ihnen helfen, herauszufinden, wer Sie sind. Zu diesem Zweck versucht man zuerst, die Energie der Aufmerksamkeit zu befreien, indem man multidimensionales Bewusstsein entwickelt. Der bekannte Sufimeister Idries Shah sagte einmal: »Du bist nicht frei, solange du nicht frei bestimmen kannst, worauf du deine Aufmerksamkeit richtest.« Wenn Sie Ihre Aufmerksamkeit darauf richten, Ihre psychische Struktur (aus Kernanschauung und Gegenidentifikation) aufrechtzuerhalten oder zu verstärken, dann gibt es keine Freiheit, selbst wenn Sie das ganze System spiritualisieren (siehe dazu *Jenseits des Enneagramms*, Kapitel 2). Entwickeln Sie aber Ihre Bewusstheit der acht Dimensionen des Selbst und lernen Sie, deren Bedeutung zu akzeptieren, dann werden Sie verstehen, was Idries Shah meint. Daher möchte ich Ihnen nun eine kurze Erläuterung der einzelnen Bewusstseinsschichten geben. Genauere Erläuterungen mit Übungen etc. folgen später. Mit diesen acht Dimensionen werden wir uns dann immer wieder beschäftigen:

Die erste Dimension ist die **äußere Dimension**. Hier geht es um die Außenwelt, mein Haus, mein Zimmer, unser Telefongespräch. Hier sind alle Objekte und Menschen in meinem Leben angesiedelt. Und alle Regeln, die zu diesen gehören. Das heißt: Wenn ich eine Bank bestehle, muss ich unter Umständen dafür die Konsequenzen tragen. Das ist die erste Dimension. Auf den ersten Blick scheint sie leicht zu begreifen zu sein, denn schließlich ist sie sichtbar: Wir haben da ein Haus, ein Auto etc. Und trotzdem werden Sie feststellen, dass Ihre inneren Dialoge (Trancen) Sie daran hindern, diese Welt so wahrzunehmen, wie sie sich in einem bestimmten Moment darstellt.

Als Zweites kommt die **Dimension des Denkens**. Es gibt eine Welt der Gedanken, die in »Ihnen« wohnt. Zu dieser Dimension gehören Gedanken, Bilder, Erinnerungen, Assoziationen, Konzepte, Wertvorstellungen, Glaubenssätze etc.

An dritter Stelle folgt die **Dimension des Fühlens**. Dazu gehören Trauer, Ärger, Furcht usw.

An vierter Stelle steht die **biologische** oder **animalische Dimension**. Diese Ebene umfasst Ihre grundlegende animalische bzw. biologische Natur, die Teil Ihres Nervensystems ist und das Überleben sicherstellt. In diese Dimension gehören Essen, Schlafen, Auf-die-Toilette-Gehen, Sex-Haben, der Kampf-Flucht-Mechanismus, die Überlebensinstinkte, aber auch die symbiotische Verschmelzung mit der Mutter und die Lösung daraus.

Die fünfte Dimension ist unsere **essentielle Natur**. Damit ist der Raum gemeint, den unser Körper organisiert. Wenn wir diesen Raum erkennen, haben wir die Fülle des Seins erkannt, mit all ihren »essentiellen« Qualitäten. Diese sind beispielsweise Liebe ohne Objekt, Beobachtung ohne zugehöriges Objekt, Friede, Mitgefühl etc.

Die sechste Dimension ist das ***Ich bin***. Es ist vor den Qualitäten der essentiellen Natur vorhanden. Das **verbale *Ich bin*** geht der Identifikation mit der Kernanschauung und ihrer Gegenidentifikation voraus. Es ist vor dem »Ich bin …« (was auch immer; Lücke bitte nach Belieben füllen) und vor jeder Definition des Selbst da. Das **nicht-verbale *Ich bin*** ist der zustandslose Zustand. Es ist pures Sein ohne Worte. Die Wurzel oder, wie Nisargadatta Maharaj zu sagen pflegte, der Same des individuellen Bewusstseins. Ohne diese Ebene gibt es keine individuelle Persönlichkeit. Diese Schicht erscheint auf natürliche Weise, wenn Sie sich von Ihren Gedanken, Erinnerungen, Emotionen, Wahrnehmungs- und Assoziationsmustern lösen. Das reine Sein wird dann ganz automatisch erkannt. Und doch wird an diesem Punkt die Leerheit noch nicht realisiert. *Ich bin* ist das Bindeglied zum kollektiven Unbewussten und ein individueller Archetyp.

Die siebte Dimension ist das **kollektive Unbewusste** oder die **archetypische Dimension**. Es ist die grundlegende Substanz, die uns alle verbindet. Dazu gehören außerdem die physikalischen Archetypen von Zeit und Raum, Energie, Masse, Gravitation, Licht, elektromagnetischer Kraft, starker und schwacher Wechselwirkung etc.

Die achte Dimension ist das ***Nicht-Ich-Ich***. Es ist formloses reines Gewahrsein. Es ist sich der *Leerheit des ungeteilten Bewusstseins* bewusst, das uns umgibt, und ist Teil davon. Reines *Gewahrsein*, jenseits der Dualität Beobachter-Beobachtetes. Das Reine Gewahrsein steht zwischen der *Ich-bin*-Schicht und der Leerheit. Da das Nicht-Ich-Ich Gewahrsein ist, ist es sich der Leerheit bewusst.

Die Dimensionen des Seins enden hier. Das liegt daran, weil sich in der darunter liegenden Einheit der *Einen Substanz*, die auch das »ungeteilte Bewusstsein« genannt wird, sogar das Gewahrsein auflöst. Aus diesem Grund sagte der berühmte Physiker John Wheeler: »Das Nichts ist der Baustein des Universums.«

Die Leerheit bzw. das ungeteilte Bewusstsein oder das *Selbst* gehen über das Gewahrsein hinaus. Sie ist das reine undifferenzierte Bewusstsein oder DAS. (Mit dem Bewusstsein einer göttlichen Transzendenz wie in Ich – ER hat das nichts zu tun.)

Das Namenlose Absolute geht über die Leerheit hinaus. An diesem Punkt endet auch die Leere.

»Darüber-Hinaus« ist einfach *jenseits* allen begrifflichen Verstehens.

Bitte beachten Sie: In der folgenden Illustration verbinden die vertikalen Linien die Dimensionen untereinander. Dies soll zeigen, dass die Dimensionen interagieren und miteinander verbunden sind, auch wenn sie unterschiedliche Funktionen haben. Die durchbrochene horizontale Linie verweist darauf, dass es hier eine Art »Beziehung« zwischen dem unteren und dem oberen Bereich gibt. Aber die Bereiche unterhalb der biologischen Dimension, d.h. die essentielle Natur, das *Ich bin*, das *Kollektive* und das Nicht-Ich-Ich, entziehen sich »unserem« Einfluss. Die durchgezogene Linie zwischen Leerheit und Nicht-Ich-Ich zeigt, dass die Bereiche Leerheit, Namenloses Absolutes und *jenseits* (*Darüber-Hinaus*) keine Dimensionen im eigentlichen Sinne sind, denn in diesem Bereich löst sich alles, auch das Bewusstsein selbst, auf.

Außendimension
Dimension des Denkens
Dimension des Fühlens
biologisch-animalische Dimension

---

essentielle Natur
Ich bin
kollektiv-archetypischer Bereich
Nicht-Ich-Ich

Leerheit
Namenloses Absolutes
jenseits (Darüber-Hinaus)

Die Frage

Die Frage, die mir am häufigsten gestellt wird, lautet: »Weshalb sind wir uns über die Dimensionen des Bewusstseins – und hier vor allem über die Bereiche der *essentiellen Natur* und des *Ich bin* – nicht im Klaren?« »Warum sind sie uns nicht einfach zugänglich?« Die Antwort ist offensichtlich: Unsere Aufmerksamkeit ist auf Gedanken und Gefühle rund um unser Falsches Selbst, um unsere Haupt- und Gegenidentifikation (Beispiel: »Ich bin unfähig«) fixiert, so dass keinerlei Aufmerksamkeit mehr übrig bleibt für die Bewusstwerdung unserer essentiellen Natur oder der *Ich bin*-Ebene. In anderen Worten: Unsere ganze Aufmerksamkeit richtet sich auf die Beschäftigung mit diesem einen Bereich, so dass sie nicht stabil in anderen Dimensionen verharren kann. Noch einfacher gesagt: Aufmerksamkeit, Bewusstheit, die sich nur auf eine bestimmte Dimension richtet, kann sich nicht befreien. Aber die Arbeit an uns selbst lässt diese Fixierung verschwinden und unsere Aufmerksamkeit, die fast chronisch gebunden war, wird plötzlich frei. Wenn Ihre Aufmerksamkeit nicht mehr gebunden ist, erfahren Sie Bereiche wie die essentielle Natur, das *Ich bin* und das Nicht-Ich-Ich ganz von selbst. Und trotzdem können Sie auf Ihre essentielle Natur nicht einwirken. Ihre Essenz ist immer gegenwärtig. Ebenso wie die Leerheit. »Sie« können höchstens daran arbeiten, Ihre Aufmerksamkeit aus ihren Fesseln zu lösen.

Multidimensionales Bewusstsein versus Transzendenz

Nisargadatta Maharaj meinte: »Du kannst nichts loslassen, ehe du nicht weißt, was es ist.«

Häufig richten sich spirituelle Systeme eher auf das Erreichen der Transzendenz (man versucht, in den Bereich *jenseits* zu gelangen) als auf den Abbau von Blockaden. In vielen »spirituellen« Traditionen findet man die Idee, dass man die Identifikation mit Ego oder Geist schon hinter sich lassen wird, wenn man nur lange genug meditiert oder lange genug ein bestimmtes Mantra vor sich hin sagt. Diese »spirituelle« Theorie besagt, dass Mantras, Yantras oder tantrische Übungen irgendwie die »Schwingungen« einer Person verändern, so dass sie begriffliches Denken aufgeben und stabiles Gewahrsein der *essentiellen Natur* etc. entwickeln kann. Dies alles soll funktionieren, ohne dass wir uns bewusst machen, wo gewöhnlich unsere Aufmerksamkeit gebunden ist. Wie wir weiter unten noch sehen werden, funktioniert dieser Ansatz höchst selten, weil er die Ebenen verwechselt.[2]

Die Quantenpsychologie geht davon aus, dass Sie, um Ihre psychischen Strukturen hinter sich zu lassen und das Gewahrsein der Dimensionen jenseits der biologisch-animali-

[2] Alle spirituellen Übungen setzen nämlich ein *Ich* voraus, das sie ausführt.

schen stabil zu halten, sich erst einmal mit Ihren inneren Strukturen auseinander setzen müssen. Erst dann können Sie *darüber hinaus* gelangen. Sie müssen zuerst einmal bereit sein, Ihr »Ich« zu sein, bevor Sie es ablegen können. Und Sie müssen Ihr »Ich« erst einmal vollständig besitzen, bevor sie sich davon trennen können. Nisargadatta Maharaj würde hier sagen: »Wenn du etwas loslassen willst, musst du zuerst wissen, was es ist.« Die Quantenpsychologie drückt das so aus: »Wenn du dich von etwas trennen willst, musst du es erst ganz erfahren.«

Auf dieselbe Weise müssen Sie sich erst Ihrer Konzepte bewusst werden, um sie dann hinter sich zu lassen. Ram Dass meinte dazu: »Bevor du aus dem Gefängnis ausbrechen kannst, musst du erst einmal wissen, dass du in einem sitzt.« Wenn Sie hingegen nicht merken, wo und wie Ihre Aufmerksamkeit gebunden ist, dann können Sie noch so schöne Erfahrungen mit der essentiellen Natur oder der Leerheit (*samadhi*) machen, sobald Sie Ihre Augen öffnen, mit Ihrem Partner, Ihrem Boss etc. sprechen, sind Sie wieder mit Ihren eigenen Konzepten konfrontiert. Anders gesagt: *Ihre Probleme kommen alle wieder*.

In der Quantenpsychologie werden Sie nichts »transzendieren«, wenn Sie es nicht vorher genau anschauen und sich darüber klar werden. Aus diesem Grund versteht die Quantenpsychologie unter »Transzendenz« das Ende der Trance.

Die Transzendenz, die Ihnen ein Mantra, ein Yantra oder eine tantrische Übung verschaffen, ist immer nur temporär. Ein kurzfristiges »High«-Sein. Manche Menschen erreichen das für einen begrenzten Zeitraum, indem sie sich in ein Retreat, einen Workshop oder einen Ashram zurückziehen. Aber sobald sie in ihren Job, ihre Partnerschaft etc. zurückkehren, treiben die »unbehandelten Samen« (mehr dazu später) in kürzester Zeit aus. Denn jede neue oder unbekannte Situation bringt neue »unbehandelte Samen« mit sich. Wenn Ihr Gewahrsein der essentiellen Natur, des *Ich bin* etc. geregelt (durch Vorschriften und feste Vorstellungen), geschützt (indem sie mit niemandem oder nur mit bestimmten Menschen Kontakt haben) oder isoliert (in Retreats, Ashrams usw.) werden muss, dann handelt es sich nicht um *Erleuchtung*. Dies ist vielmehr eine Art erleuchtetes Gefängnis, das Sie in dem beschränkt, was Sie sagen, tun, denken, haben, erfahren, wissen und besprechen können. Kurz gesagt: Es ist ein Zustand, und wie ein wichtiger buddhistischer Lehrsatz besagt: »Jeder Zustand ist vergänglich.« Nisargadatta Maharaj würde es so ausdrücken: »Was war zuerst da: du oder dein Zustand?« Im Übrigen meinte er: »Was kümmerst du dich um deinen Zustand? Ich bin in keinem Zustand.«

Die Quantenpsychologie zielt darauf ab, unser Bewusstsein zu befreien und zu stabilisieren, indem sie die unbehandelten »Samen« unserer »Persönlichkeit« sterilisiert.

Für den Augenblick ist unser Ideal (das wir nicht als Ziel sehen sollten, welches es zu erreichen gilt), unser Leben zu leben und uns aller Dimensionen zugleich bewusst zu sein, bis das natürliche Gewahrsein von selbst erscheint. Anders ausgedrückt: Die Befreiung des Bewusstseins wird zur natürlichen Grundlage des Gewahrseins. Dann durchzieht unsere Bewusstheit alle Dimensionen oder Nicht-Dimensionen. Schließlich geht das Gewahrsein über sich selbst hinaus und wird zur *Leerheit des ungeteilten Bewusstseins*, das schließlich sogar das »Ich« absorbiert, das wir als unsere Persönlichkeit betrachten. »Dann« endet auch die *Leerheit*, sie entleert sich selbst und enthüllt das *Namenlose Absolute*.

Die Grundidentifikation – der Falsche Kern

Was immer du tust, tust du für dich selbst.
Upanishaden

Quantenpsychologisches Prinzip
Was immer unser Falscher Kern unternimmt, das tut er zu seinem eigenen Besten, d. h. um zu überleben.

Was ist der *Falsche Kern* (auch *Grundidentifikation*)? Unser Falscher Kern ist eine Vorstellung, eine Schlussfolgerung über die eigene Persönlichkeit, die unsere gesamte innere Struktur bestimmt – jeden Gedanken, jede Assoziation, jede Erinnerung, Fantasie, Handlung, Reaktion etc. Sie hält unser gesamtes Innenleben zusammen (unsere Selbstwahrnehmung) und unsere Vorstellung davon, wie andere uns sehen. Das *Falsche Selbst* (auch *Gegenidentifikation*) hingegen ist die Art, in der wir versuchen, mit dieser niederschmetternden Grundvorstellung fertig zu werden.

Freud sagte bereits, dass alle Traumata aus Ketten früherer Ereignisse bestehen. Mit anderen Worten: Der »Geist« hat die Tendenz, zu assoziieren und zu generalisieren. Um sein Überleben zu sichern, sucht er die Umgebung ständig nach »Gefahren« ab. Unglücklicherweise geht er dabei von der Vergangenheit aus. Daher »sieht« diese Suchfunktion, die mit zu den Überlebensfunktionen gehört, ständig »Gefahren«, wo gar keine sind. Außerdem verbindet der Geist (das Nervensystem) Ereignisse und Erfahrungen auf seine Weise: Er nimmt Erfahrungen der »Vergangenheit« und versetzt sie in die Gegenwart, wo sie nicht hingehören. Und hier kommt nun das Philosophenwort ins Spiel, dem zufolge man nie zwei Mal in denselben Fluss steigt (Heraklit). Ihr Falscher Kern organisiert die Art und Weise, wie all diese Assoziationsketten von weiteren Assoziationsketten interpretiert werden. Ihr Falscher Kern ist es also, der die Fäden zieht.

> *Quantenpsychologische Prinzipien*
>
> Der Falsche Kern, die Grundidentifikation, ist der Leim, der all Ihre Persönlichkeitsanteile zusammenhält.
>
> Das Falsche Selbst, also die Gegenidentifikation, ist die Art und Weise, in der Sie versuchen, das Problem des Falschen Kerns zu lösen, zu heilen oder zu kompensieren (auszugleichen).
>
> Beides zusammen ergibt das Falsche Selbst.

Die Quantenpsychologie hat eine Methode entwickelt, wie Sie dem System von Falschem Kern und Falschem Selbst auf die Spur kommen. Wozu? Nun, Sie sind weder Ihre Haupt- noch Ihre Gegenidentifikation. Sie sind sogar mehr als der Beobachter dieses Konglomerats und seiner Gedankenketten – der »unbehandelten Samen«.

Hier sollte ich vielleicht anmerken, dass das System aus Falschem Kern und kompensatorischer Identifikation nicht nur auf der Ebene der Gedanken und Gefühle operiert, sondern auch eine biologische Komponente hat. Ich spreche hier von dem energetisch-genetischen Anteil, den ich in vielen Menschen bemerken konnte, mit denen ich gearbeitet habe. Der Mensch scheint eine energetisch-genetische Neigung zu einer bestimmten Kombination dieser beiden Komponenten der Persönlichkeit zu haben.

Der Ursprung des Falschen Kerns – die narzisstische Kränkung

Die Entwicklungspsychologie würde wohl sagen, dass Kinder kurz nach der Geburt glauben, mit der Mutter immer noch eins zu sein. Erst im Alter von 5 bis 12 Monaten merken sie, dass sie von ihrer Mutter getrennt sind. Diese Erkenntnis ist für das Nervensystem ein gewaltiger Schock. Daher nennt man ihn auch »die narzisstische Kränkung«.

Die Quantenpsychologie würde es so betrachten: In dem Augenblick des Schocks bildet sich Ihr Falscher Kern heraus. Was ein Kind aus der gegebenen Trennungssituation über sich selbst und die Situation als solche folgert, wird zur Grundidentifikation. Zum Beispiel: »Ich bin von ihr getrennt, weil ich wertlos bin« oder »Ich bin von ihr getrennt, weil ich unzulänglich bin« oder »Das Getrennt-Sein heißt, dass es mich gar nicht gibt« und »Ich bin von ihr getrennt, weil ich machtlos bin«. Sobald diese Überzeugung sich verfestigt, wird sie zur Kernanschauung, zum Falschen Kern. Den Rest des Lebens bringt der Betreffende damit zu, mit dieser falschen Grundüberzeugung fertig zu werden. Er versucht entweder zu beweisen, dass er zu Recht an diesen Tatbestand glaubt. Oder er versucht, dem Ganzen mit einer Gegenidentifikation beizukommen. Die Art und Weise, wie er versucht, seine Grundidentifikation zu verbergen, zu spiritualisieren, zu verändern, zu maskieren bzw. zu rechtfertigen, wird zu seinem Falschen Selbst.

Der Falsche Kern bildet sich also infolge des Schocks heraus, den die Erkenntnis verursacht, dass wir von der Mutter getrennt sind. Und doch gab es ihn bereits in latenter Form. Dieser Fehlschluss ist genetisch-energetisch in uns angelegt. Und wie Krebs, Diabetes oder Herzkrankheiten gehört er zum genetischen Erbgut unserer Familie. Es gibt dabei keine »Wahlmöglichkeit«, denn dies würde bedeuten, dass Sie aus dem Ensemble Ihrer genetischen Neigungen diese oder jene auswählen können, so als würden Sie sich für Zuckerkrankheit oder Herzanfälle entscheiden. Wer glaubt, hier eine Wahl zu haben, der sitzt einem narzisstischen Hirngespinst auf, einer infantilen Selbstüberschätzung, die wirklich glaubt, dass man alles selbst erschafft. Das ist aber nicht mehr als eine Altersregression in die Kindergartenzeit.

Diese energetische-genetische Komponente könnte man vielleicht mit dem vergleichen, was die Homöopathie ein »Miasma« nennt. Hatte Ihr Großvater beispielsweise Tuberkulose, dann haben Sie eine gewisse Neigung zu dieser Krankheit. Dabei ist auf der symptomatischen Ebene vielleicht nur eine Neigung zu Erkältungen zu erkennen, wenn es draußen regnet. Ein Homöopath wäre in der Lage, diese Verbindung zu erkennen, indem er Ihre genetische Erbschaft analysiert. Genauso gibt es eine genetische Disposition für ein bestimmtes System aus Falschem Kern und Falschem Selbst.

Ihr Falscher Kern wirkt wie eine Brille, wie eine Trance, durch die hindurch »Sie« die Welt und sich selbst wahrnehmen. Er bestimmt außerdem, wie Sie glauben, wahrgenommen zu werden. Sobald diese Disposition sich verfestigt hat, sobald Sie also an Sätze wie »Ich bin wertlos« oder »Ich bin unfähig« glauben, werden Sie alle Erfahrungen, die Sie machen, mittels dieser Linse interpretieren. Wie dieser Prozess genau vor sich geht, habe ich in meinem Buch *Die alltägliche Trance* beschrieben (siehe dazu vor allem Kapitel 20, »Das Organisationsprinzip«).

Hier möchte ich Ihnen nur kurz an einigen Beispielen demonstrieren, wie diese beiden Persönlichkeitskomponenten zusammenarbeiten. Beachten Sie bitte, dass jedes Falsche Selbst anders mit der ihr zu Grunde liegenden Grundidentifikation umgeht.[3]

[3] Nisargadatta Maharaj betonte immer wieder, wie wichtig es sei, ganz im *Ich bin* aufzugehen und alles andere loszulassen. Das Ruhen im *Ich bin* geschieht außerhalb des Persönlichkeitskerns und außerhalb des daraus entstehenden Rechtfertigungssystems.

Falscher Kern/ Grundidentifikation	**Falsches Selbst/ Gegenidentifikation**
Ich bin unvollkommen. Mit mir stimmt etwas nicht.	Ich versuche, perfekt zu sein, um zu beweisen, dass doch alles stimmt.
Ich bin wertlos oder nutzlos.	Ich versuche, zu beweisen, dass ich doch wertvoll oder nützlich bin.
Ich bin unfähig, etwas zu tun.	Ich versuche, dieser Vorstellung entgegenzuwirken, indem ich hohe Leistungsmaßstäbe setze und mich überfordere.
Ich bin ein Versager.	Ich versuche, meine Fähigkeiten unter Beweis zu stellen.
Ich bin nicht da. Ich existiere nicht.	Ich versuche, meine Existenz zu beweisen.
Ich bin allein.	Ich suche nach Bindung.
Ich bin unvollständig.	Ich versuche, durch meine Erfahrungen »vollständig« zu werden.
Ich bin machtlos.	Ich versuche ständig, meine Macht zu beweisen.
Ich bin ohne Liebe.	Ich versuche zu beweisen, dass das nicht stimmt, indem ich besonders viel Liebe schenke oder mich besonders liebenswert verhalte.

Jedes System aus Haupt- und Gegenidentifikation wirkt wie eine Brille, durch die wir unser »Leben« so oder so sehen. Erleben drei verschiedene Menschen einen Autounfall, so mag der erste sagen: »Ich hatte einen Autounfall. Das *heißt*, ich bin wertlos.« Der zweite nimmt dies als Hinweis darauf, dass er völlig machtlos ist, der dritte meint vielleicht: »Mit mir stimmt etwas nicht. Vielleicht sollte ich wieder mal Fahrstunden nehmen.« Jedes System ordnet diesem Trauma eine andere *Bedeutung* zu. Wenn wir aber die Brille abnehmen (d. h. das System aus Falschem Kern und entsprechender Kompensation abbauen), dann erleben Sie Ihre essentielle Natur und/oder Ihr *Ich bin*.

Aus diesem Grund sind die Schichten der essentiellen Natur, des *Ich bin* und des Nicht-Ich-Ich in unserem Bewusstsein nicht stabil und entgehen so unserer Aufmerksamkeit. Der größte Teil unserer Aufmerksamkeit richtet sich auf den Falschen Kern, den wir mit Hilfe der Kompensationsstrukturen ausgleichen wollen. Immer wenn wir versuchen, den Falschen Kern zu reformieren, zu transformieren, umzustrukturieren, ihn neu zu programmieren, indem wir das Gute (Gesunde) daraus nehmen und das Schlechte (Ungesunde) weglassen; immer wenn wir versuchen, unsere Laster in Tugenden zu wandeln, dann sind unsere Kernkompensationen am Werk, die versuchen, mit unserer Grundidentifikation fertig zu werden. Dieses Falsche Selbst ist ziemlich heimtückisch. (Wir müssen uns darüber klar sein, dass das Falsche Selbst aus beiden Anteilen besteht. Falscher Kern und Falsches Selbst sind ein zusammenhängendes System. Eines ist nicht ohne das andere möglich.)

Am Ende aber gewinnt der Falsche Kern doch, so viel wir auch zu beweisen versuchen. So viel Sie anderen auch schenken, um Ihren eigenen Wert zu beweisen, tief im Innern werden Sie sich doch wertlos fühlen. Und ganz egal, wie klar Ihre Analyse Ihnen zeigt, dass Sie keineswegs unfähig sind, Ihr Gefühl der Unfähigkeit wird bleiben. Das Problem dabei ist, dass im Augenblick der Trennung Ihr Fokus auf dem Raum der essentiellen Natur lag. Daraus haben Sie geschlossen, dass die Trennung eben wegen dieses falsch verstandenen Raumes (der essentiellen Natur) stattfand. So wurde aus der Leere der *Essenz* das Gefühl des Mangels. In anderen Worten, Sie lasten die

Trennung Ihrer essentiellen Natur an. Und daraus entsteht eine klassische Double-bind-Situation: Sie suchen nach Ihrer essentiellen Natur und gehen ihr gleichzeitig aus dem Weg – weil Ihr Falscher Kern der Leerheit Ihrer essentiellen Natur fälschlicherweise das Etikett »Mangel« aufgeklebt hat.[4]

Die Resultate in Therapien sind oft deshalb ungenügend, weil 1. man versucht, eine Geschichte bzw. einen Fehlschluss zu heilen, und weil 2. die Therapie versucht, den Kernkompensator in seinem Kampf gegen den Falschen Kern zu unterstützen. Das System ist aber unteilbar. Haupt- und Gegenidentifikation sind nur zwei Seiten derselben Medaille. Und Sie müssen mit beiden leben.

Der Rest Ihres Lebens dreht sich dann nur darum, wie der Kernkompensator versucht, diesen ursprünglichen Schluss zu heilen, zu verarbeiten, vergessen zu machen etc. Dabei ist dieser Schluss nichts weiter als ein Fehlschluss, den das Nervensystem erfand, um sich den Schock der symbiotischen Trennung zu erklären.

Problematisch ist dabei, dass die Ebene Ihrer essentiellen Natur mit ihren positiven Eigenschaften wie beispielsweise bedingungsloser Liebe zum einen verleugnet, zum anderen aber zum Objekt des Begehrens von Seiten des Falschen Selbst wird. Und der Kernkompensator projiziert alle essentiellen Qualitäten auf andere Menschen oder Dinge. Dies sieht dann so aus: »Eine Beziehung mit diesem Menschen oder der Besitz jenes Objekts wird mir Liebe bringen.«

[4] Wir sollten uns vor Augen führen, dass der Schock auf der Ebene des Nervensystems stattfindet. Dann suchen Gehirn und Nervensystem nach einem *Grund* für dieses Erlebnis: »Ich bin …« (setzen Sie ein, was für Sie stimmt). Der Grund ist natürlich nicht richtig. Er beruht auf falschen Schlussfolgerungen nach dem Schock. In der Psychotherapie und der spirituellen Arbeit erfinden wir noch Jahre nach dem Schock eine Geschichte, mit der wir zu erklären versuchen, wie wir diesen falschen Schluss überwinden können.

In einem Workshop sagte eine Frau mir vor kurzem: »Gurdjieff meint aber, wir müssten unsere essentielle Natur entwickeln.« Ich denke, er wollte damit sagen, dass wir das *Bewusstsein* für unsere essentielle Natur entwickeln müssen. Und dies bedeutet gleichzeitig, dass wir die Aufmerksamkeit, die in unserem Falschen Selbst gebunden ist, befreien.

Einfach gesagt: Wir verleugnen und meiden unsere essentielle Natur, weil sie für uns mit dem Schock der symbiotischen Trennung verbunden ist. Daher versuchen wir auch, die Leerheit zu meiden, der wir das (falsche) Etikett »Mangel« aufgeklebt haben. Sobald wir aber merken, dass wir unserer eigenen Natur Widerstand leisten, wird alles anders. Unsere Fixierung auf das Falsche Selbst lässt nach. Dieser Vorgang ist ein Erleuchtungserlebnis der besonderen Art.

Wenn Sie sich der Trance des Falschen Selbst nicht bewusst werden, werden Sie diese immer unbewusst »ausleben«. Das war das Glied, welches mir in Indien immer gefehlt hatte. Stellen wir uns einmal vor, mein Vater wäre Alkoholiker gewesen und ich hätte mit Hilfe von Mantras, Yantras und tantrischen Übungen versucht, über diese Tatsache hinwegzukommen. Ich kann eine wundervolle Meditation erleben, in der ich die Erfahrung der Leerheit mache. Doch sobald ich die Augen öffne und in die Welt zurückkehre, muss ich mich wieder mit den »unbehandelten Samen« in meiner Persönlichkeit beschäftigen. Ich streite mit meiner Frau, mit meinem Vater etc. Man greift fast sofort wieder nach der alten Struktur des Falschen Selbst. Viele Menschen, die versuchen, ihre psychische Struktur zu leugnen, geraten in eine spirituelle Falle. Sie benutzen die Meditation als Arzneimittel, weil sie ihren Gefühlen aus dem Weg gehen wollen. So wird die Suche nach Transzendenz zur Trance, zum Widerstand gegen einen selbst. Auf diese Weise bringt sie wohl kaum die gewünschten Ergebnisse.

Unbehandelte Samen

Ich benutze gerne die indische Metapher von den »unbehandelten« Samen. Damit ist das Ganze nicht verarbeitete psychische »Material« gemeint, d.h. das System aus Falschem Kern und Falschem Selbst. Nehme ich nämlich solche Samenkörner, lege sie in die Erde und gieße sie entsprechend, dann wächst daraus eine Frucht. Wenn ich aber dieselben Körner nehme und sie in einer Pfanne röste, dann kann ich sie gießen, so viel ich will, nichts wird geschehen. Die Quantenpsychologie röstet und sterilisiert die unbehandelten Samen Ihrer Persönlichkeit in der Pfanne der Achtsamkeit, so dass sie nicht mehr sprießen und Früchte tragen können.

In Indien trifft man viele Gurus, die sich sozusagen das Gehirn aus dem Kopf meditieren und ununterbrochen auf der Ebene der essentiellen Natur bzw. des *Ich bin* etc. verharren. Sobald diese Menschen irgendetwas brauchen, gibt es immer jemanden, der sich sofort darum kümmert. Wenn sie hungrig sind, bringt man ihnen zu essen. Wenn ihre Kleidung schmutzig ist, wird sie gewaschen. Dann kommen sie nach Amerika oder Westeuropa. Damit ändert sich der Kontext (die äußere Dimension) und aus ihrem Falschen Selbst treiben die Samenkörner aus. Plötzlich ist alles zu haben: Geld, Sex, Meditationszentren usw. Um ihren Schülern den Unterschied zwischen ihrer Lehre und ihrem Lebenswandel zu erläutern, müssen sie natürlich noch bessere spirituelle Ausreden erfinden.[5] Dann ist Sex plötzlich kein Sex mehr, sondern Tantra. Die Sucht nach Ruhm und Geld geht auf einen göttlichen Auftrag zurück. Bald erscheinen sie auf dem Titelblatt eines bekannten Yoga-Magazins! Und warum das alles? Weil sie ihr Falsches Selbst nicht durchschaut haben. *Unbehandelte Samen, die als solche nicht erkannt wer-*

[5] In Kapitel 14 meines Buches *Die dunkle Seite des inneren Kindes* wird dieser Vorgang detaillierter als »Trance der Spiritualisierung« beschrieben.

den, treiben aus, sobald der äußere Kontext die richtigen Bedingungen bietet. Die Quantenpsychologie versucht nun, mit Hilfe von Achtsamkeit und Gewahrsein die unbehandelten Samen in der Persönlichkeit zu neutralisieren, so dass sie ihre Fähigkeit zu treiben verlieren und die Aufmerksamkeit nicht so binden können, dass der Übende den Kontakt zur essentiellen Natur und den darüber liegenden Bereichen verliert.

Das wichtigste zu neutralisierende Samenkorn ist dabei die Kombination aus Falschem Kern und Falschem Selbst. Diese organisiert die ganze Maschinerie unserer so genannten »individuellen Persönlichkeit«. Sie können Ihr Falsches Selbst nicht einfach wegmeditieren. Sie können es auch nicht mit Mantras vertreiben. Sie müssen es anschauen und alles, was da ist, akzeptieren. Ohne dieses System abzubauen, das »Ihre« Persönlichkeit steuert, werden Sie niemals dauerhaft die Ebenen der *Essenz*, des *Ich bin* etc. erfahren.

Ein Blick durch die Brille des Falschen Selbst

Versetzen wir uns doch einmal in die Lage des Falschen Selbst und versuchen wir, seine Erfahrung zu erleben:

Stellen wir uns vor, dass ein Kind von fünf Jahren missbraucht wird.

Eine mögliche Ausformung des Falschen Kerns sieht so aus: »Mit mir stimmt etwas nicht. Deshalb ist mir das passiert.«

Eine andere: »Ich bin wertlos. Auch Onkel Henry behandelt mich, als ob ich nichts wert wäre.«

Ein anderes Reaktionsmuster wäre es, innerlich einzufrieren und sich völlig »unfähig« zu fühlen, etwas gegen das Geschehen zu unternehmen. Später könnte so ein Mensch enorm übersteigerte Leistungsmaßstäbe entwickeln, um sich zu beweisen, dass er durchaus »fähig ist, etwas zu tun«.

Möglich ist auch folgende Interpretation: »Ich wurde missbraucht, was bedeutet, dass ich absolut unzulänglich bin. Es ist mein Fehler. Ich habe alles falsch gemacht.«

Es gibt Menschen, die das Erlebte von ihrer Persönlichkeit abspalten, d. h. dissoziieren: »Ich bin ja ohnehin nichts. Ich habe auch nichts. Ich existiere ja gar nicht. Daher ist vielleicht auch gar nichts geschehen.« Sie lösen sich quasi aus der emotionalen Dimension ihres Erlebens und aus den Gefühlen, die mit diesem Ereignis verbunden waren. Später spiritualisieren sie dieses Erlebnis eventuell. (Eine Trance, die ausführlich in *Die dunkle Seite des inneren Kindes* beschrieben wird.) Vor kurzem erst erschien ein Buch, das sexuellen Missbrauch zu einer Gabe Gottes umdeutete und spiritualisierte, zu einer Gelegenheit zum Wachstum. Dieses Deutungsmuster aber leugnet den Schmerz, der im sexuellen Missbrauch steckt.

Eine weitere Möglichkeit ist: »Es bedeutet, dass ich allein bin.«

Andere Menschen reagieren vielleicht mit dem Gefühl der Unvollkommenheit: »Ich bin nicht genug. Wenn ich genug wäre oder genug Erfahrung hätte, dann wäre mir das nicht passiert.«

Auch Machtlosigkeit ist ein gängiges Interpretationsmodell. Sehr häufig versuchen diese Menschen, ihre Macht unter Beweis zu stellen, um das Erlebnis des Ausgeliefertseins zu verdrängen. Sie sagen sich vielleicht: »Ich wurde gar nicht missbraucht. Tatsächlich habe ich Onkel Henry verführt. Ich habe ihn dazu gebracht, mich zu missbrauchen.«

Oder der Betroffene bildet einen Falschen Kern heraus, der sich sagt: »Ich wusste ja, dass es keine Liebe auf der Welt gibt.«

Versuche, den Falschen Kern zu heilen

Die narzisstische Kränkung sucht man auf vielerlei Weise zu heilen. Unglücklicherweise geschieht dies meist, ohne das Bewusstsein dessen zu schaffen, was es da eigentlich zu heilen gibt. *Gewöhnlich versucht man in erster Linie, den Grund für den Schock aus der Welt zu schaffen – was den Schock selbst nicht vermindert.* Was immer unser Kernkompensator auch unternimmt, um das Ganze wieder gutzumachen, ist noch falscher als die Grundidentifikation selbst. Denn wie sehr die betroffene Person auch immer versuchen mag, den grundlegenden Mangel (»Ich bin unfähig« oder »Mit mir stimmt etwas nicht«) zu kompensieren, tief innen weiß sie doch immer, dass es nur ein Versuch des Kernkompensators ist, den Falschen Kern zu heilen. Warum aber ist der Kompensator nicht in der Lage, dies zu bewerkstelligen, d. h. den Schock der symbiotischen Trennung zu überwinden? Ganz einfach: weil Falscher Kern und Falsches Selbst eins sind. Sie sind ein Ganzes wie das Aus- und Einatmen beim Vorgang des Atmens. Eines kann nicht ohne das andere existieren. Daher lege ich bei der Beschreibung des Falschen Selbst immer mehr Wert auf die Darstellung des zu Grunde liegenden Falschen Kerns als auf die Kompensationsmechanismen. Mir scheint dies ehrlicher und direkter zu sein.

Bleibt noch anzumerken, dass einige psycho-spirituelle Schulen das Falsche Selbst für »gesünder« halten als den Falschen Kern. Die Quantenpsychologie geht vom Gegenteil aus: Die Schicht der Kompensation macht vielleicht einen gesünderen, sozial akzeptableren »Eindruck«. In Wirklichkeit aber stellt sie eine voll in die Persönlichkeit integrierte Altersregression dar, die sich auch mit bestimmten Tricks gegen die Erkenntnis der symbiotischen Trennung und das Akzeptieren des Falschen Kerns wehrt.

In der Quantenpsychologie gilt der De-Kompensationsvorgang als ehrlicher und direkter. Ganz sicher ist er der unbequemere Weg. Wie dem auch sei: Solange wir den angeblichen Mangel, der sich im Falschen Kern verbirgt, mit all seinen schmerzlichen Gefühlen nicht erkennen, können wir das System aus Grund- und Gegenidentifikation nicht hinter uns lassen. Das bedeutet aber auch, dass wir niemals im stabilen Gewahrsein der essentiellen Natur und aller darüber hinausgehenden Bereiche verharren können.

Quantenpsychologisches Prinzip
Jeder Versuch, die Kränkung des Falschen Kerns zu heilen, *geht unweigerlich vom Falschen Selbst aus*. So aber wird nur weiterhin die Dualität von Grund- und Gegenidentifikation gestärkt.

Viele Menschen reagieren auf ihren Falschen Kern mit der Vorstellung »Wenn ich nur nicht ... [Lücke nach Belieben füllen!] wäre, dann wäre ja alles bestens!« Daher versuchen sie immer und immer wieder, diese innere Struktur durch Überkompensation loszuwerden. Ein paar Beispiele: »Um mit diesem ... [Lücke nach Belieben füllen!] fertig zu werden, nehme ich mir einen neuen Liebhaber«; »Ich werde mehr Geld verdienen, und dann fühle ich mich nicht mehr ... [Lücke nach Belieben füllen!]«; Wenn ich erst mehr Erfahrung habe, werde ich smart genug sein, um ... [Lücke nach Belieben füllen!].« – Doch diese Versuche, das Grundproblem zu lösen, zu heilen, zu transformieren oder loszuwerden, verstärken nur die *unteilbare Natur des Falschen Selbst*. Anders ist es, wenn Sie Ihren Falschen Kern einfach nur zur Kenntnis nehmen: »He, das ist mein Falscher Kern ... [Lücke nach Belieben füllen!]. Ist das nicht interessant? Mein ganzes Leben habe ich um diese Illusion herum aufgebaut. Wie erstaunlich!« Von diesem Moment an erkennen Sie, dass der Falsche Kern nur eine gedankliche Vorstellung ist und nicht der Wahrheit entspricht.

Das Paradoxe daran ist, dass wir mit unserem Falschen Kern arbeiten müssen, *ohne ihn loswerden zu wollen*. Sie arbeiten damit, einfach um zu sehen, was geschieht. Hier fragen mich viele Menschen, ob man nicht eine Absicht formulieren müsse, um etwas tun zu können. *Nein*. Wenn ein Vorgang aus dem zustandslosen Zustand des *Ich bin* heraus geschieht, dann gibt es keine Absicht. Studieren Sie Ihren Kern und bauen Sie ihn ab, bevor er Ihrem Blick wieder entschwindet. Sie können ihn wahrnehmen, beobachten, jeden Gedanken, jedes Gefühl, jede Fantasie bis zu seinem Ursprung zurückverfolgen. Dann erkennen Sie, wie Ihr ganzes Leben sich um die eine Grundüberzeugung dreht. Wenn Sie diese dann genau untersuchen, können Sie sie abbauen. Diese Untersuchung wird so lange weitergehen, bis »Sie« feststellen, dass Sie weder der Untersuchende sind, noch der, der die Antworten gibt. Aber dieses Verständnis kommt sehr viel »später«, wenn Sie bereits erfahren haben, dass Ihre ganze Persönlichkeit um eine innere Struktur herum aufgebaut ist. Erst dann können Sie die Zwangsfixierung auf Ihren Falschen Kern aufgeben. Damit befreien Sie gleichzeitig Ihre Aufmerksamkeit und entdecken, *wer Sie wirklich sind*.

Viele psychologische oder spirituelle Systeme beschränken sich auf die Erforschung der Tendenzen des Falschen Kerns. Unglücklicherweise verstärken sie dadurch die Macht dieser Grundidentifikation über den Patienten noch, indem sie suggerieren, durch eine kompensatorische Arbeit am Falschen Kern könnte die negative Grundüberzeugung geheilt, überwunden oder transformiert werden. Diese Systeme setzen ganz und gar auf die Mechanismen der Kernkompensation. Dabei schaffen sie falsche »archetypische« Mythen wie den »Sündenfall« (der einen natürlichen, biologischen Trennungsprozess erklärt und rechtfertigt). Bitte behalten Sie im Hinterkopf, dass die Struktur von Falschem Kern und Falschem Selbst eine Landkarte ist und dass Landkarten Menschenwerk sind – sie sind nicht das Land selbst.

Quantenpsychologisches Prinzip
Das System von Falschem Kern und Falschem Selbst ist mehr als eine Idee, die Sie von sich selbst haben. Es steht für das »Ich«, als das Sie sich erleben, für Sie und Ihre gesamte Erfahrung von »innerer und äußerer« Welt.

Jede Ihrer Geistesbewegungen geht auf Ihren Falschen Kern zurück. Wirklich wichtig ist nur die Frage: »Welche Kraft steht hinter den Bewegungen meiner Persönlichkeit?« oder »Um welche Struktur herum baut sich mein gesamtes Leben auf?« In der Quantenpsychologie lernen Sie, Ihren Falschen Kern – also das Konzept, das allem zugrunde liegt – klar zu erkennen. Sie entdecken, wie Ihr Verhalten letztlich von eben dieser Grundüberzeugung ausgeht. Das ist ein gewaltiger innerer Prozess. Sie verfolgen ständig Ihre Handlungen, Gefühle, Gedanken zurück bis zu Ihrer grundlegenden Überzeugung von sich selbst. Sobald Sie dort angekommen sind, müssen Sie sich darin versenken. Daran führt kein Weg vorbei. Sie werden diese Struktur nicht ändern. Sobald Sie versuchen, Sie zu verwandeln, ihr Widerstand zu leisten oder sie loszuwerden, verstärken Sie sie nur. Dies sind die fünf Strategien des Zwillingspaares *Falscher Kern – Falsches Selbst*: Widerstand, Wiederaufleben-Lassen, Wiedererschaffen, Wiedererstarken-Lassen und Wieder-Auflösen. Keines der »fünf großen *W*« funktioniert.

In Ihren Falschen Kern zu versinken, bedeutet, dass Sie diese Grundüberzeugung leben oder es sein lassen können. Das heißt nicht, dass Sie sie glauben, mit ihr eins werden und sie gleichzeitig beobachten sollen. Sie sind einfach nur mit ihr, *ohne sie loswerden zu wollen*. Wollen »Sie« darüber hinaus gelangen, dann verbleiben »Sie« einfach auf der nicht-verbalen *Ich bin*-Ebene, die »vorgelagert« ist. Bewegung im Geist entsteht immer durch das Zusammenspiel von Falschem Kern und Falschem Selbst. Nisargadatta Maharaj würde das vermutlich so ausdrücken: »Nimm die Widersprüche im Geist [in Grund- und Gegenidentifikation] zur Kenntnis und sei dir darüber im Klaren, dass das nicht du bist.« Bei den Bewegungen des Geistes geht es fast immer darum, den Schmerz des Falschen Kerns zu vermeiden. Kurz gesagt, das Zwillingspaar Falscher Kern und Falsches Selbst beraubt Sie der Möglichkeit, zu erkennen, *wer Sie sind*. Die zwanghafte Natur dieses Systems bindet Ihre Aufmerksamkeit, so dass Sie der grundlegenden Ganzheitlichkeit der Leerheit nicht mehr gewahr werden. Sobald Sie Ihren Falschen Kern aber »erfasst« haben, können Sie alles bis zu ihm zurückverfolgen.[6]

Die narzisstische Kränkung in Beziehungen

Wie wirkt die narzisstische Kränkung (die Erkenntnis des Getrennt-Seins von der Mutter) mit ihren Verwicklungen auf unser tägliches Leben und im Besonderen auf unseren Beziehungsalltag?

Stellen Sie sich ein Kind vor, das gerade den Schock der Trennung erfahren hat. Als Erstes wird es wohl versuchen, seine Mutter von neuem zu veranlassen, mit ihm eine symbiotische Verbindung einzugehen und/oder es widerzuspiegeln. Das klappt aber nicht, denn es ist nun einmal sowohl in der Außenwelt wie in der Denk-, Gefühls- oder körperlichen Welt von ihr getrennt. Dadurch wird die Grundüberzeugung des Falschen

[6] Den Kern der Persönlichkeit zu »erfassen« ist manchmal sehr schwierig, da er sich gegen diese Erkenntnis wehrt und uns entsprechende Streiche spielt. *Viele Beschreibungen der Enneagramm-Typen wiederum richten sich nicht auf den wahren Schuldigen, d. h. den Persönlichkeitskern. Sie erfassen vielmehr die Anteile der Persönlichkeit, die aus der Kernkompensation entstehen*. In der Quantenpsychologie bezeichnen wir diese als »Gegenidentifikation« oder »Kernkompensator«. Sie sind eine Schutzschicht gegen die Kränkung des Persönlichkeitskerns und daher sekundär.

Kerns verstärkt. Nun tritt das Falsche Selbst auf. Da das Kind seine Mutter nicht dazu bringen kann, es widerzuspiegeln, versucht es, selbst zum Spiegel für die Mutter zu werden und durch Gedankenlesen[7] herauszufinden, was sie will, um es ihr dann zu geben. Dieses Vorgehen soll die Mutter ebenfalls dazu bringen, erneut mit dem Kind zu verschmelzen und mit ihm eine Einheit zu bilden.

Das ganze Leben dieses Menschen dreht sich letztlich also nur darum, dass er andere dazu bringt, mit ihm zu verschmelzen (d.h. er versucht sie zu reflektieren) oder selbst mit anderen zu verschmelzen (d.h. er macht die anderen zum Spiegel). Mit diesem Vorgehen soll die ursprüngliche Einheit wieder hergestellt werden, damit der Schock der Trennung nicht empfunden werden muss. Die essentielle Natur dieser Persönlichkeit wird falsch eingeordnet und als Mangel gesehen. Bitte beachten Sie, dass der Falsche Kern nur eine Repräsentation ist, und ein Grund, den das Ich sich ausdenkt, um sich den Schock der Trennung zu erklären. Später im Leben werden alle Beziehungen nach demselben Prinzip geführt: Entweder Sie spiegeln die anderen Menschen wider oder Sie bringen die anderen dazu, Sie widerzuspiegeln, so dass Sie mit ihnen verschmelzen und dem Schock der Trennung entgehen können. Die dritte Möglichkeit ist, dass Sie diesen Reflexionsprozessen widerstehen, um ein eigenes Selbst auszubilden. Unglücklicherweise steht der Erkenntnis dieser Tatsache häufig eine Neigung zum Psychologisieren, Philosophieren oder Spiritualisieren des Problems entgegen.

[7] In der Gesprächstherapie gilt Gedankenlesen als kognitive Beeinträchtigung.

Psychologisieren

Bei diesem Prozess bauen wir die narzisstische Kränkung zu einem philosophisch-psychologischen Gebäude aus, zu einem Lebensstil, der uns davor schützen soll, diesen ursprünglichen Schmerz zu erleben. Manchmal wird daraus sogar ein Beruf.

Ein Beispiel: Ich kannte eine Psychologin in Indiana, die eine besondere Methode entwickelt hatte, mit dem dysfunktionalen und unvorhersehbaren Verhalten ihrer Mutter fertig zu werden. Sie »ging in die Erfahrung ihrer Mutter hinein« (Gedankenlesen), analysierte das Umfeld und stellte fest, »wo diese sich befand«, um angemessen reagieren zu können. So versuchte sie, die chaotischen Reaktionen ihrer Mutter zu kontrollieren. Jahre später war sie als Psychologin natürlich eine ganz ausgezeichnete Diagnostikerin. Sie selbst steckte jedoch in einer voll ins Leben integrierten Altersregression fest mit entsprechenden Übertragungs- und Gegenübertragungsproblemen. Ihre Schwierigkeit war, dass sie sozusagen immer »im Diagnosemodus« funktionierte. Von außen nach innen könnte man die Schichten ihrer Persönlichkeit wohl folgendermaßen darstellen:

Ebene I: ihr Handeln, die angemessene Maske,
Ebene II: das analytische (psychologische) Einfühlen, Projizieren und Analysieren (dieser Teil gehört zu dem kleinen Mädchen, das in der Altersregression auftaucht),
Ebene III: ein schockiertes, schmerzerfülltes kleines Mädchen,
Ebene IV: die essentielle Natur.

Anders ausgedrückt: Sie fühlte sich von diesem Beruf angezogen und wählte ihn schließlich, um ihre Verteidigungsmechanismen zu unterstützen. Auf diese Weise missbrauchte sie die

Psychologie, um ihre Strategien gegen den Schock (ihre berufliche Persona, ihre analytischen und diagnostischen Fähigkeiten etc.) weiter auszubauen.

Spiritualisieren

Bei diesem Vorgang deuten Kinder ihre Eltern zu Göttern um.

Wenn Mutter und Vater auf andere Personen projiziert werden, die man zum Gott oder Guru umdeutet, dann versucht man, zur Widerspiegelung des Gurus zu werden (man handelt wie er/sie). Auf diese Weise stellt man die symbiotische Verbindung wieder her (man tritt durch das Himmelstor) und verschmilzt mit dem Guru (den man zur Mutter spiritualisiert hat).

Und was kann man nun dagegen unternehmen?

Die Quantenpsychologie unterscheidet sich ganz wesentlich von allen anderen Traditionen, seien diese nun spiritueller oder psychologischer Natur. Diese gehen davon aus, dass Sie Ihr Falscher Kern oder Ihr Falsches Selbst wirklich sind. Daher versuchen sie, dieses Zwillingspaar zu heilen, neu zu ordnen, zu verbessern, das Gute zu nutzen, das Schlechte auszusortieren, sprich: Laster abzulegen und Tugenden zu kultivieren. Sie bemühen sich verzweifelt, neue Assoziationen herzustellen, das System umzustrukturieren, es aufzupolieren oder sogar es zu *beobachten*. Die Quantenpsychologie hält das für reines Bewegungstraining. Die Frage ist doch aber: »Wer bewegt sich?« und: »Wer versucht, den Falschen Kern neu zu ordnen?« Denn all diese Aktivitäten teilen eine Grundannahme, nämlich die, dass Sie Ihr Falscher Kern sind. Die Quantenpsychologie hingegen behauptet, *dass Sie nicht Ihr Falscher Kern sind. Und dass Ihr Falscher Kern nicht Sie selbst sind*. Je stärker Sie sich mit dem Zwillingspaar Falscher Kern – Falsches Selbst identifizieren, desto mehr bestärken Sie es – selbst wenn Sie es angeblich umwandeln oder heilen wollen.

Nisargadatta Maharaj sagte einmal: »Wenn du den Geist hinter dir lassen willst, dann richte den Blick nicht auf ihn und seine Inhalte. [Zieh die Aufmerksamkeit ab.]« In der Quantenpsychologie versuchen wir nicht, unsere Persönlichkeit zu verändern oder das Gute zu entwickeln und das Schlechte zu verwerfen. Für uns gibt es keine »guten« oder »schlechten« Anteile. Sie sind weder Ihr Grund- noch Ihre Gegenidentifikation. Aber Sie können beide benutzen, um zu beschreiben, wer Sie zu sein glauben, dann festzustellen, dass dies nicht der Fall ist, und diese Vorstellungen fallen zu lassen. Nun entdecken Sie, wer Sie wirklich sind. Erinnern wir uns der Worte von Nisargadatta Maharaj: »Um herauszufinden, wer du bist, musst du zuerst entdecken, wer du nicht bist.« Außerdem möchte ich hier noch anmerken, dass das Beobachterselbst ebenfalls Teil des Zwillingspaares ist. Daher können Sie nicht über dieses System Falscher Kern/Falsches Selbst hinausgelangen, indem Sie es einfach nur beobachten.

Wird Ihnen schließlich klar, dass alles, was Sie zu sein glauben, entweder das Beobachterselbst oder das bekannte Zwillingspaar mit seinen Verteidigungsstrategien ist, dann erkennen Sie, dass es kein »Ich« oder »Selbst« gibt. So bleibt am Ende nur das einfache *Ich bin* oder das *Nicht-Ich-Ich*.

Unsere Grund- und Gegenidentifikation zu kennen ist lebenswichtig, denn wohin auch immer unser Geist sich bewegt, wie auch immer er sich bewegt – unsere Hauptidentifikation nehmen wir mit uns. Und wohin auch immer der Geist wandert, Sie können davon ausgehen, dass er dies tut, um dem Schmerz des Falschen Kerns auszuweichen. Ein Schüler von Swami Muktananda erklärte diesem, dass er eine Woche lang Ferien machen würde. Muktananda antwortete ihm: »Nenn mir einen Ort, an den du deinen Geist nicht mit dir nehmen musst, und ich gehe mit dir.« Das Problem liegt doch darin, was all diesen Bewegungen zu Grunde liegt: unser Falscher Kern. Sobald Sie das »erfasst haben«, hört die Bewegung auf. Sie bleiben »vor« der Ebene der Grundidentifikation und bauen diese ab, bis sie sich mit der nicht-verbalen Ebene des *Ich bin* verbindet. Wenn der Falsche Kern schwindet, lösen sich Ihr »Ich« und alles, was damit zusammenhängt, ebenfalls auf. Ohne den Falschen Kern hat Ihr »Ich« (das, was Sie »Selbst« nennen) keinen Boden mehr. »Sie« sind in der Raumzeit nicht mehr vorhanden.

Diese Bewegungen, mit denen der Geist dem Falschen Kern ausweicht, sind für das »Ich« enorm wichtig, denn alles ist letztlich besser, als die Grundidentifikation zu erleben. In *Die alltägliche Trance* habe ich den Falschen Kern das »Organisationsprinzip« genannt, da um dieses Prinzip Ihre ganze psychische Struktur aufgebaut ist. Wenn diese Grundidentifikation (das Organisationsprinzip) sich auflöst (ein Yogi würde dazu sagen: »wenn der Knoten des Herzens durchtrennt ist«), entfalten die *essentielle Natur*, das *reine Sein*, die *Leerheit* sich ganz von selbst. Schneiden Sie jedoch den Falschen Kern (den Knoten des Herzens, d.h. unser assoziatives Netzwerk) nicht durch, dann wird sich die Essenz, das *Ich bin* und das Gewahrsein der Leerheit (Nicht-Ich-Ich) niemals in Ihrer Aufmerksamkeit stabilisieren.

Dem Falschen Kern nachspüren

Um Ihren Falschen Kern zu entdecken, sollten Sie alles, was Sie erleben, bis zu seinem Ursprung zurückverfolgen, indem Sie sich fragen: »Was soll daran so schlimm sein?« oder: »Was ist das Schlimmste, was jetzt geschehen könnte?« Wenn Sie es zurückverfolgen, dann gelangen Sie bis zur Quelle. Bitte beachten Sie, dass es mehr Ausprägungen des Falschen Kerns gibt als bisher beschrieben.

Quantenpsychologische Prinzipien

Sie sind mehr als die Art und Weise, wie »Sie« Ihre Aufmerksamkeit fixieren. Diese Art der Aufmerksamkeitsbindung und das »Ich«, das Sie zu sein glauben, sind Teil des Komplexes aus Beobachter, Falschem Kern und Falschem Selbst.

Es gibt nicht nur einen Beobachter, sondern eine ganze Menge. Mit jeder Erfahrung entsteht ein neuer Komplex aus Beobachtendem, Erfahrendem und Erfahrung und löst sich wieder auf.

Wie in der Quantenphysik, so lässt sich auch in der Quantenpsychologie der Beobachter vom Beobachteten nicht trennen, der Erfahrende nicht von der Erfahrung. Der Beobachter oder Erfahrende ist Teil der beobachteten oder erfahrenen Realität. Beides ist untrennbar miteinander verbunden.

Der Beobachter ist Teil der beobachteten Wirklichkeit

Kern- und Angelpunkt von Werner Heisenbergs Theorie der Quantenphysik ist die Tatsache, dass der Beobachter Teil der beobachteten Realität ist.

Am Anfang ist es wichtig, ein Beobachter-Bewusstsein zu entwickeln, zu bemerken, dass Sie derjenige sind, der betrachtet, und nicht das, was betrachtet wird. Auf dieser Stufe gilt: Alles, was Sie beobachten, sind nicht Sie. In einem nächsten Schritt nehmen Sie wahr, dass der Beobachter sowie der Falsche Kern und die kompensatorischen Strukturen des Falschen Selbst eine Einheit sind. In anderen Worten: Der Beobachter ist Teil der von ihm beobachteten Realität. Schließlich lassen Sie den Komplex von Falschem Kern und Falschem Selbst hinter sich und treten ein in die essentielle Natur des *Ich bin* und des Nicht-Ich-Ich. Das Nicht-Ich-Ich geht über die Dualität von Beobachter und Beobachtetem hinaus. Es ist reines Gewahrsein. Ein Yogi würde es das Bewusst-Sein (von Beobachter und Beobachtetem) nennen.

Der Beobachter ist das Ego, das sich selbst beobachtet. Der Beobachter ist Teil der Struktur, die er beobachtet, und muss daher ebenfalls überwunden werden. Einige Denksysteme wie die Vipassana-Meditation (Einsichtsmeditation), die buddhistische Meditation oder die Arbeit nach Gurdjieff, wie sie derzeit gelehrt wird, nehmen an, dass es einen Beobachter gibt, der »vor« dem Beobachteten existiert hat und dieses nun betrachtet. Sie übersehen dabei, dass der Beobachter Teil der beobachteten Wirklichkeit ist und dass es eine unendliche Menge von Beobachtern gibt, weil es eben eine unendliche Anzahl von Erfahrungen gibt.[8] Wenn »ich« hier in Selbstbeobachtung versunken sitze, dann scheint es, als würden der Reihe nach verschiedene Gedanken aufkommen wie »Ich mag mich« oder »Ich mag mich nicht«. Tatsächlich aber entsteht mit dem Beobachteten (dem Gedanken) ein Beobachter, genauso wie er mit dem Beobachten wieder vergeht. Das ist anders am quantenpsychologischen Ansatz. Und dann kommt ein neuer Beobachter zusammen mit einem Gedanken oder einer Erfahrung auf und vergeht wieder mit diesem Gedanken bzw. der Erfahrung. Es gibt also eine unendliche Anzahl von Beobachtern, die mit jeder Erfahrung aufkeimen und mit ihr wieder erlöschen. Jede Erfahrung »enthält« somit ihren eigenen Beobachter.

[8] Die Quantenpsychologie geht davon aus, dass Gurdjieffs objektives Bewusstsein eine Eigenschaft der essentiellen Natur ist, d. h. die Beobachtung ohne Objekt.

Die Illusionen des Beobachters

Grundsätzlich existieren drei verschiedene Glaubensmomente, die der Beobachter in Bezug auf sich selbst hegt: 1. Er denkt, dass er beobachtet und von der beobachteten Realität getrennt ist (nicht wahr). 2. Er stellt sich vor, dass er erschafft, was er betrachtet (nicht wahr). 3. Er meint, vor dem Beobachteten schon präsent gewesen zu sein (stimmt ebenfalls nicht).

Diese Strukturen sind dem Beobachter-Bewusstsein zu Eigen und müssen überwunden werden. Solange der Beobachter da ist, ist auch der Komplex aus Falschem Kern und Falschem Selbst präsent, die mit ihm eine Einheit bilden. Aus diesem Grund stellt die Quantenpsychologie diesen Komplex so häufig mit Gedankenstrichen dar: Beobachter–Falscher Kern–Falsches Selbst sind eine Einheit. Wollten wir den Beobachter vom Falschen Kern unterscheiden, so käme das dem Versuch gleich, eine Rose von ihrem Duft zu trennen. Sie werden niemals über die Schicht des Falschen Kerns hinausgelangen, solange es einen Beobachter in Ihrem Bewusstsein gibt. Dieser ist nämlich Teil des Systems – er beobachtet. Daher muss der Beobachter ebenfalls erkannt und aufgearbeitet werden.

Der Beobachter als Richter

Viele Menschen glauben, dass sie etwas nur beobachten, während sie es in Wirklichkeit bereits beurteilen. Dieser Vorgang ordnet dem Beobachteten schon einen Wert, eine Bedeutung zu. Außerdem befindet sich der Beobachter häufig in einem besonderen Zustand: 1. Entweder er ist dissoziiert, weil er eine bestimmte Erfahrung ablehnt, oder 2. er ist in einer symbiotischen Struktur gefangen, in der das Kind mit dem Vater oder der Mutter außerhalb seiner selbst verschmilzt, die es als »gut«

oder »böse« beurteilen. Anders ausgedrückt: Kinder lösen sich aus ihrem Körper-Geist und sehen sich selbst mit den Augen von Mutter oder Vater, die es beurteilen. (Dies ist gut, jenes ist böse.) Später werden diese Instanzen oft zu Göttern spiritualisiert.

Da Vater oder Mutter die »äußeren« Beobachter darstellen, die versuchen, unser Verhalten zu ändern, sind wir Jahre später mit einem Beobachter konfrontiert, einem inneren Vater (bzw. einer inneren Mutter), der uns zusieht und versucht, uns zu ändern. Wir versuchen, das »Schlechte« loszuwerden (das Mutter und Vater nicht haben wollen) und es durch »Gutes« zu ersetzen (also durch das, was Mutter oder Vater bzw. später der Guru möchte), damit wir die narzisstische Kränkung heilen können und in den Himmel kommen. Da Lohn und Strafe für das Kind immer von einem als »gut« oder »schlecht« beurteilten Verhalten abhängen, ist dieser symbiotische verinnerlichte Beobachter in Wahrheit Mami oder Papi, die wir uns zu Eigen gemacht haben und die nun die Aufgabe erfüllen, uns zu überwachen.

Quantenpsychologische Prinzipien

Sie sehen und behandeln sich so, wie Ihre Mutter bzw. Ihr Vater Sie gesehen und behandelt hat.

Wenn Ihre Beobachterinstanz mit Vater oder Mutter verschmolzen ist, dann beurteilt er Ihr Verhalten, Ihre Gefühle etc. als »schlecht«, »Sünde«, »Laster« etc. Darum denken Sie, dass es spirituell sei, das »Schlechte« loszuwerden. Tatsächlich haben Sie es aber mit einer altersregredierten, verinnerlichten Wiederbelebung von Mami oder Papi zu tun, die Sie als Beobachterinstanz überwachen, wie sie es mit Ihnen als Kind getan haben.

Auch der richtende Beobachter ist also Teil des Systems und verstärkt es, wo er kann. Mit einer derartigen Struktur fühlen »Sie« (Ihr Komplex aus Beobachter, Falschem Kern und Falschem Selbst) sich von Denksystemen angezogen, die vorgeben, dass man Laster in Tugenden umwandeln (christliche Maske) oder ungesunde in gesunde Anteile (psychologische-gesellschaftskritische Maske) verwandeln könnte.

Die Menschen leben ihren Komplex aus Falschem Kern und Falschem Selbst ununterbrochen aus, weil sie glauben, dieser zu *sein*. Wenn Sie denken, das sei Ihr Selbst, nehmen Sie ebenfalls an, dass Sie diesen Kern nur zu ändern brauchten (ihn irgendwie zu transformieren), um sich selbst zu verändern. Damit ist Ihr Falsches Selbst sehr aktiv. Wenn Sie erst bemerken, dass Sie nicht Ihr Falscher Kern sind, dass Sie bereits da waren, bevor Ihr letzter Gedanke aufkeimte, und dass Sie immer noch da sind, wenn er verklingt – wenn Sie das erkennen, können Sie Ihren Falschen Kern hinter sich lassen, denn dann haben Sie verstanden, dass Sie keineswegs sich selbst wandeln, wenn Sie Ihre Gedanken oder Gefühle verändern. Tatsächlich ist dieser Ansatz eine eher gefährliche Spur, wenn Sie tatsächlich zu sich selbst finden wollen. Das wäre so, als würden Sie glauben, dass Sie Ihr Auto sind, und dann das Auto wechseln, weil Sie sich selbst ändern möchten.

Der Komplex aus Beobachter, Falschem Kern und Falschem Selbst organisiert alles, was Sie als Ihr »Ich« bezeichnen, d.h. Ihre gesamte Persönlichkeit. Deshalb wollen wir an dieser Stelle noch einmal Idries Shah sinngemäß zitieren: Du bist nicht frei, solange du nicht frei bestimmen kannst, worauf du deine Aufmerksamkeit richtest. Die Quantenpsychologie meint dazu: Sie werden nichts vollbringen, solange Ihre Aufmerksamkeit gewohnheitsmäßig an den Falschen Kern, die kompensatorische Struktur des Falschen Selbst und an das Beobachterbewusstsein gebunden ist. Erwachen bedeutet die Erkenntnis, dass Sie nichts davon wirklich sind.

Die Methode

Die Methode besteht in erster Linie in der Selbstbefragung und in bestimmten Übungen, die Sie teilweise auch mit anderen zusammen machen. Die Selbstbefragung bezieht sich auf das, was ich »Ich« oder »Identität« nenne. Alles kann zur Identität werden: »Ich bin oder ich ...« [Lücke nach Belieben füllen]. »Ich mag mich«; »Ich hasse mich«; »Ich bin glücklich, weil ich eine Beziehung habe«; »Ich bin unglücklich, weil ich eine Beziehung habe« – all das sind Identitäten. Das Ziel bei dieser Methode ist es, diese Stück für Stück zu betrachten, so dass am Ende der Untersuchung die einzelnen Konzepte und Annahmen auftauchen, aus denen man sein Selbstgefühl bildet. Damit verschwindet auch das »Ich«, das wir zu sein glauben. Die Quantenpsychologie versucht dabei, die Menschen mit diesen Prozessen so vertraut zu machen, dass sie ihre eigene Struktur erkennen und abbauen können. Am Ende werden der, der abbaut, und das, was abgebaut wird, ebenso verschwinden wie der, der sie dabei beobachtet. Weder das »Ich« noch die Quantenpsychologie werden weiter gebraucht. Nisargadatta Maharaj drückte das so aus: »Ich bin nicht auf der Welt, um Schüler um mich zu sammeln.« Einer der Gründe, warum ich diesen Ansatz »Quantenpsychologie« getauft und ihn nicht mit »meinem« Namen versehen habe, ist, dass Sie so auf jeden Fall mit der Methode arbeiten können, ob Sie mich persönlich nun mögen oder nicht. Die Quantenpsychologie gehört nicht »mir«. Es geht dabei schließlich nicht darum, meine persönliche Beliebtheit zu steigern.

Alles braucht seine Zeit!

Der Falsche Kern wird so gut verteidigt und das Falsche Selbst ist so damit beschäftigt, davon abzulenken und den Schmerz zu kompensieren, dass es ziemlich lange Zeit braucht, den Falschen Kern zu erarbeiten. Ich versuche immer, niemandem zu sagen, was sein Falscher Kern ist. Ich glaube nämlich, dass sich der Falsche Kern einer Person nicht an ihrem Verhalten ablesen lässt. Ich kann höchstens sagen, wonach jemandes Verhalten aussieht. (Das heißt, ich kann sein Falsches Selbst entschlüsseln.) Jeder kann das. Ich kann sagen: »Du handelst, als ob …« [Lücke beliebig füllen]. Aber ich weiß nicht, ob dies Ihr Falscher Kern ist, weil ich nicht weiß, welche *Motive* Ihr Verhalten *auslösen*. Daher ist es schwierig, dem Falschen Kern einer Person auf die Spur zu kommen. Die Motivation hinter der gesamten psychischen Struktur eines Menschen zu entdecken ist wirklich schwierig.

Außerdem: Warum sollte man versuchen, den Falschen Kern einer anderen Person herauszufinden? Meistens ist es nur das eigene Falsche Selbst, mit dem wir in der Persönlichkeit der anderen herumstochern, um den Kontakt mit unserem eigenen Falschen Kern zu vermeiden. Oder das in der Altersregression auftauchende Kind versucht, alles unter Kontrolle zu halten, indem es besonders viel Verständnis an den Tag legt in dem Versuch, Mami und Papi die richtige Antwort zu geben.

Ein Beispiel zur Erläuterung: Ich lernte erst kürzlich eine Psychologin aus Florida kennen, die Diagnosen zu stellen zur Lebensform kultiviert hatte. Ich fragte sie, warum sie das denn tue. Sie antwortete: »Ich habe einen besseren Kontakt zu anderen Menschen, wenn ich sie verstehe.« Ich fragte zurück: »Was ist denn schlimm daran, wenn du andere nicht verstehst und zu ihnen keinen Kontakt hast?« Sie meinte: »Dann fühle ich mich allein gelassen.« Ich hakte nach: »Und was ist so schlimm am Alleinsein?« Sie gab zur Antwort: »Da fühle ich mich wertlos.« Und ich fragte wieder: »Und was ist schlimm daran?« Da sagte sie: »Dann existiere ich nicht.« Ich sagte: »Genau!«

Beachten Sie bitte, dass alle Bewegungen im Geist, alle

Rechtfertigungen für ein bestimmtes Verhalten immer aus dem Falschen Selbst kommen, das versucht, die Grundstruktur des Falschen Kerns zu kompensieren.

Es geht hier um »Sie«!

Sehen wir uns das Ganze doch einmal näher an: Stellen wir uns vor, wir hätten einen Professor von der Universität von Washington vor uns. Er arbeitet sehr hart, bringt enorme Leistungen und hat es auf seinem Gebiet schon weit gebracht. Was steckt hinter seinem Verhalten? Arbeitet er so viel, weil

1. er den Eindruck hat, dass »etwas mit ihm nicht stimmt«;
2. er »sich wertlos fühlt und seinen Wert unter Beweis stellen möchte«;
3. er glaubt, »nichts zu schaffen und deshalb mehr leisten will als alle anderen«;
4. er sich »unfähig« fühlt und daher beweisen möchte, dass er »klug und fähig« ist;
5. er glaubt, »nicht zu existieren« und seine »Existenz beweisen« möchte;
6. er sich »allein« fühlt und versucht, mit anderen »Kontakt« zu bekommen;
7. er sich »unvollständig« fühlt und »die fehlenden Teile ergänzen« will;
8. er sich »ohnmächtig« fühlt und »mächtig« sein möchte;
9. er sich »ungeliebt« fühlt und nach »Liebe« sucht.

Ich glaube, wir legen viel zu viel Wert darauf, andere zu analysieren und zu begreifen. Dabei ist dies in den meisten Fällen nur eine Defensivstrategie des Falschen Selbst, das uns von unserem Weg zum Falschen Kern abbringen will, damit wir den Schock der Trennung nicht spüren. Wir sollten uns besser darauf konzentrieren, wie wir unseren Komplex aus Falschem Kern und Falschem Selbst erarbeiten und erkennen können, dass dies nicht unsere Identität ist.

Die Quantenpsychologie ist ein fortwährender innerer Prozess. Sie versucht, den Menschen immer und immer wieder zu seinem Falschen Kern zu führen, so dass er ihn genau erforschen kann. Zu zweit oder in Kleingruppen arbeitet man dann daran, ihn abzubauen. Dieser Prozess umfasst zwei zentrale Vorgänge: 1. das Aufspüren des Falschen Kerns und 2. die Protokolle, mit deren Hilfe wir an der Polarität von Falschem Selbst und Falschem Kern arbeiten. Jedes Protokoll enthält etwa zwanzig Fragen, die das Zusammenspiel der Pole offen legen.

Die Arbeit des Therapeuten

Quantenpsychologisches Prinzip

Jeder, der Lehrer sein möchte und sich als solcher sieht; jeder, der sich subjektiv als Lehrer erfährt, kann Ihnen nicht helfen, herauszufinden, *wer Sie sind*.

Dieses Prinzip sollten Sie nicht vergessen, denn wenn Ihr Falscher Kern sich auflöst, bleibt keine subjektive Erfahrung eines »Ich« zurück. Sie können nur aus dem Komplex von Beobachter, Falschem Kern und Falschem Selbst heraus agieren oder reagieren.

Die Aufgabe eines Lehrers ist es also:

1. zu verstehen, wer da vor ihm steht, und zwar nicht nur auf psychisch-emotionaler Ebene, sondern auch auf der Ebene des *Ich bin* und der *essentiellen Natur*;
2. die »Person« dort abzuholen, wo sie steht;

3. die Grenzen »ihres« Wissens zu erkennen, die Begrenzungen »ihres« Systems, um dem Betreffenden sagen zu können, in welche Richtung er sich bewegen sollte. Genau das haben die alten Sufimeister getan;
4. zu wissen, dass Übertragungen auf Grund bestimmter Regressionen auf der Lehrerseite ebenfalls möglich sind, und diese nicht zu fördern, so dass es nicht zur gegenseitigen Abhängigkeit kommt. In anderen Worten: Ich glaube nicht, dass es sehr sinnvoll ist, sich mit einer Menge erwachsener Schüler zu umgeben, die in einer Altersregression gefangen sind, und sich aus dieser Beziehung einen Machtzuwachs zu sichern. Die Quantenpsychologie sieht die Übertragung als trancehafte Regression, in der beide Teile, der Patient bzw. Schüler und der Therapeut bzw. Lehrer, feststecken. Wenn Sie als Therapeut diese Übertragungstrance dulden, lösen Sie dadurch nur weitere Trancen, Übertragungsvorgänge und Abhängigkeiten aus.

Meditation

Auch die Meditation hat ihre Grenzen. Ich habe über zwölf Jahre lang täglich drei bis fünf Stunden meditiert, weil mir gesagt wurde, dass die Meditation letztlich alles in Ordnung bringen würde.

Ich lernte und unterrichtete 120 verschiedene Meditationstechniken, vor allem aus der Jnana-, Tantra- und Mantra-Tradition. Die Meditation kann Ihnen einen Vorgeschmack auf die Leerheit, auf die Essenz geben, aber sie wirkt nicht auf der emotionalen oder intellektuellen Ebene. Darum leiden Menschen, die seit Jahren meditieren, immer noch. Wenn sie die Meditation beenden, sich also wieder mit der Außenwelt auseinander setzen, lehnen sie diese mit Hilfe ihrer »spirituellen Philosophien« ab. Auf diese Art bestärken und rechtfertigen sie die Mechanismen, mit denen sie die narzisstische Kränkung zu verdecken suchen (d.h. das Falsche Selbst).[9]

Meditation ist eben nicht alles. Sie kann das Tor zum Gewahrsein der Leerheit öffnen, aber dieses wird sich niemals stabilisieren, solange noch »unbehandelte Samen« in uns ruhen, die uns aus diesem Erleben »herausziehen«. Es ist wichtig zu wissen, dass kein System allein diesen Quantensprung schafft. Ein Beispiel: Ein Therapeut der kognitiven Richtung würde die Dimension des Denkens betonen, »als ob« diese alles im Alleingang erledigen könnte. Doch dem ist nicht so. Wenn Sie zu einem Therapeuten gehen, der glaubt, emotionale Befreiung sei das Entscheidende, dann wird auch dieser sein System für das allein Seligmachende halten. Das ist ebenfalls nicht richtig. Wenn Sie Ihren Steuerberater um Rat fragen, wird dieser die Dimension der Außenwelt betonen. Doch das allein genügt nicht. Rolfing oder Feldenkrais-Arbeit hingegen geht vom Körper aus. Und wieder ist keine dieser Therapien allein imstande, Ihre psychischen Knoten zu lösen.

Jedes System hat seine Grenzen wie ein Anzug, den man trägt. Und es ist sehr wichtig, zu erkennen, welche Dimensionen dieses System bedient. Denn nur dann kann man sinnvoll damit arbeiten. Feldenkrais ist eine fantastische Methode, ebenso wie Rolfing. Wird es aber gegen Ihre Phobien helfen? Vermutlich nicht. Wird es Ihnen helfen, Ihren Falschen Kern aufzuspüren? Wohl ebenso wenig. Aber es kann Ihnen helfen, Ihre Erfahrungen voll zu integrieren. Wenn Sie alle Dimensionen des Bewusstseins integriert haben, können Sie Ihr Leben leben und sich trotzdem der Essenz, des *Ich bin* etc. gewahr sein.

Stellen wir uns einmal einen stark emotional betonten Patienten vor, der zu einem Psychotherapeuten geht. Wenn er eine

[9] Buddha sagte, dass die Menschen, die das Nirwana suchen, voller Unwissenheit sind, und diejenigen, die sich dem Samsara zuwenden, ebenfalls. Warum? Weil Samsara Nirwana ist und umgekehrt. Am Ende steht doch immer nur die Eine Substanz.

Therapieform auswählt, in der es darum geht, seine Gefühle auszuleben, wird sich sein Zustand vermutlich niemals bessern. Diese Form wird nur seine Ablenkungsidentitäten verstärken, die er herausgebildet hat, um der Erkenntnis des Komplexes von Falschem Kern und Falschem Selbst zu entgehen. Haben Sie hingegen einen schizoiden Patienten, dessen Beobachterselbst übermäßig stark entwickelt ist und der die intellektuelle Dimension als Verteidigungswall gegen seine dissoziierten Gefühle einsetzt, dann sollte dieser keineswegs die Vipassana-Meditation (Einsichtsmeditation) üben oder eine Gesprächstherapie machen. Beides wäre sehr schlecht für ihn, denn diese Formen würden seine ursprüngliche Ablenkungsstruktur noch verstärken.

Die »Person« also, die ein System lehrt, muss die Stärken und Schwächen dieses Systems genau kennen. Sie muss wissen, wo es helfen kann und wo nicht. Nur so kann sie den Hilfe Suchenden genau sagen, in welche Richtung sie gehen sollten. Wenn Sie einem Menschen mit einem stark entwickelten Beobachter-Selbst eine Technik wie die Einsichtsmeditation anbieten, dann verstärken Sie damit nur seine Tendenz, sich von seinen Gefühlen abzutrennen. Damit unterstützen Sie ihn bei der Errichtung seines Schutzwalls und bringen ihn keinen Deut weiter. Dasselbe geschieht, wenn Sie jemanden mit einem stark christlichen Hintergrund veranlassen, seine Laster in Tugenden umzuwandeln. So verstärken Sie die Defensivstrategie des Falschen Selbst (Kompensation), die Altersregression (der Falsche Kern) bleibt unbewusst und wird entsprechend integriert (Falsches Selbst). Einem Menschen, der leidet, Systeme anzubieten, die seine Defensivmechanismen unterstützen, wäre dasselbe, als würden Sie einem Alkoholiker einen Drink anbieten.

Psychologische und spirituelle Methoden sind nicht für jedermann passende Allheilmittel. Das ist eines der großen Probleme, die die Verbreitung dieser Techniken mit sich bringt. Erst kürzlich habe ich diesbezüglich einen Prozess mit einer Frau gemacht, die sexuell missbraucht worden war. Dabei kamen drei Dinge zum Vorschein: 1. Ihre Erinnerungen waren in ihrem Rückgrat gespeichert. Wenn sie aufrecht saß (d.h. in Meditationspose), wurden sie aktiviert. 2. Ihr Trauma und die damit verbundenen Erinnerungen hatte sie damals durch Atemkontrolle bewältigt. Atemkontrolle und Kontrolle der Denkvorgänge (wie in der Meditation) lösten das Trauma aus. 3. Um sich selbst gegen die »Empfindung« des Traumas zu schützen, hatte sie ein Bild entwickelt, das sie selbst als kleines Mädchen beim Wäsche-Aufhängen in der Sonne zeigte. Dieses Bild gab ihr Trost und Schutz.

Wenn wir uns das vor Augen halten, wird uns schnell klar, dass jedes »spirituelle« System, das eine Form der Meditation lehrt, bei der es gilt, aufrecht zu sitzen und Atem und Gedankenfluss zu kontrollieren, nur ihre Verteidigungsmechanismen verstärken würde. Das Trauma selbst würde ebenso verstärkt, weil unwissentlich die biologische Komponente der Verarbeitung (der Körper), die das ganze System zusammenhält, betont würde. Ginge diese Patientin zu einem Therapeuten, der ihr einen »positiven Anker« geben würde (wie z.B. ein Hypnotherapeut Ericksonscher Prägung), dann würde sie sich vermutlich bald besser und entspannter »fühlen«. Aber dieses Symbol würde ebenfalls nur ihren Kernkomplex verstärken, da es von dem »kleinen Mädchen« geschaffen wurde, um sich gegen das Trauma zu schützen, und somit zum Trauma gehört.

Hat ein Guru Tausende von Schülern, so erhalten diese häufig dasselbe oder zumindest ein ähnliches Mantra bzw. dieselbe oder eine ähnliche spirituelle Praxis, ganz egal, was der Einzelne wirklich braucht. Mit einer individuellen Auswahl hat das nichts mehr zu tun. Dazu wäre nämlich ein gründliches Kennenlernen vonnöten. Ein Problem aber ist, dass Psychologie und Spiritualität mittlerweile weitgehend zum Geschäft geworden ist. Wenn ein Lehrer sich um Sie persönlich kümmert, verliert er ganz konkret Geld. So ist das nun einmal. Therapie,

Arbeit an sich selbst, Psycho-Spiritualität stellen nicht mehr die Bedürfnisse der Schüler oder Patienten in den Vordergrund, sondern diejenigen der Therapeuten, Lehrer und Gurus. Der Lehrer braucht den Schüler. Die Frage, was dieser besondere Mensch in eben diesem Augenblick nötig hat, wird nicht mehr gestellt.

Eine weitere Schwierigkeit ist, dass die Menschen, die sich heute um ihr psychisch-spirituelles Wohlergehen kümmern, ihre eigenen Vorstellungen und die, auf denen das ganze System beruht, kaum je in Frage stellen. Als ich noch mit Nisargadatta Maharaj zusammen war, schickte dieser manchmal Menschen schon nach ein paar Minuten weg. »Ich denke«, er hatte zwei Gründe dafür: 1. »Er« wusste irgendwie, dass seine Lehren für sie nicht gut waren. Er selbst sagte oft: »Es passt nicht alles für jeden.« 2. »Ich glaube«, wenn »er« den Eindruck hatte, dass man alles hatte, was man brauchte, schickte er einen weg. Er sagte häufig: »Ich bin nicht auf der Welt, um Schüler um mich zu sammeln.«

Einmal kam eine Frau den weiten Weg von Europa bis nach Indien, um bei ihm zu studieren. Nisargadatta Maharaj fragte sie: »Wie lange bleibst du?« Sie antwortete: »Drei Monate.« Er gab zurück: »Nein. Bleib etwa eine Woche, bis du alles verstanden hast. Wenn du zu lange bleibst, wirst du mir nur zuhören, statt das, was ich sage, in die Tat umzusetzen.« Dies ist ein Beispiel für einen Lehrer, der in erster Linie das Wohl der Schüler im Auge hatte – und nicht sein eigenes.

Jeder Mensch braucht andere Mittel und Methoden, etwas, das ganz auf ihn zugeschnitten ist. Psychologische und spirituelle Hilfsmittel sollten für jeden Menschen sozusagen maßgeschneidert werden. Sie sollten nach dem Wohl und Wehe der Schüler bzw. Patienten ausgesucht werden, nicht nach dem des Lehrers. Und die Lehrenden jedes Systems sollten sich der Grenzen ihrer Hilfsmittel bewusst sein und diese offen darlegen, wenn sie darum gebeten werden.

Die Gefahr der Diagnose: Wenn man Menschen für etwas hält, was sie nicht sind

Die psychologische oder spirituelle »Therapie« hat mit einem zentralen Problem zu kämpfen: dem Glauben der Menschen, dass sie wissen, was im anderen vor sich geht. Und dem Glauben, dass sie den solchermaßen Diagnostizierten dann wirklich kennen. Aber wie Korzybski schon sagte, ist die Landkarte nicht das Land selbst, denn die Idee ist nicht identisch mit dem Gegenstand, auf den sie sich bezieht. Also sind Diagnose und Typisierung, die wir vornehmen, keineswegs der Mensch, der in Fleisch und Blut vor uns steht. Falscher Kern, Falsches Selbst, Enneagramm und *D. S. M. IV (das Diagnostic and Statistical Manual of Mental Disorders* ist das Krankheits-Klassifikationssystem der Amerikanischen Gesellschaft für Psychiatrie) sind nichts anderes als Linien auf einer Karte, Konstruktionen des Nervensystems. Aber das Nervensystem hat keine Kenntnis von der allem zu Grunde liegenden Einheit. Das ist gar nicht möglich, denn schließlich ist das Nervensystem selbst eine Verdichtung dieser Einheit. Wenn Sie an die Konstrukte des Nervensystems glauben, werden Sie das Quantenbewusstsein nie erfahren. Vorher müssen Sie zuerst Ihren Kernkomplex de-konstruieren, also abbauen, und Ihre Identifikation mit dieser Struktur zerstören.

Der Fehler der Psychologie

Die größte Falle, in die wir geraten können, ist zu glauben, dass wir unser Falscher Kern bzw. unser Falsches Selbst sind und dass dieser Komplex gute und schlechte Anteile hat. Wenn man aber glaubt, diese Struktur habe einen »schlechten« Teil, und versucht, sich auf den »guten« Teil zu konzentrieren, hält man damit den »negativen« Teil am Leben, der uns sagt, wie wir nicht sein sollen. Auch hier zeigt sich wieder der holographische Charakter dieser Struktur.

Aber Sie sind nicht Ihr Falscher Kern und nicht Ihr Falsches Selbst. Daher ist es völlig uninteressant, ob Sie es mit »gesund« oder »ungesund« etikettieren. Der Kernkomplex ist nur ein Werkzeug, das Ihnen hilft, herauszufinden, wo Ihre Aufmerksamkeit gebunden ist. Auf diese Weise können Sie Ihre Aufmerksamkeit befreien. Glauben Sie aber, Sie seien diese Bindung und müssten Sie besser oder tugendhafter machen, dann haben Sie dadurch nichts gewonnen. Menschen, die Ausdrücke wie »gesund« und »ungesund« oder »Tugend« und »Laster« gebrauchen, geraten leicht in diese Falle. Einfacher gesagt: Wenn ich glaube, dass ich meinen Falschen Kern (das Schlechte) irgendwie ändern muss, dann identifiziere ich mich letztlich weiterhin mit dieser Struktur. Auf diese Art aber werde ich weiterhin ein Falsches Selbst als kompensatorisches Gegenmittel brauchen. Und schon läuft das Hamsterrad von Falscher Kern → Falsches Selbst → Falscher Kern → Falsches Selbst ... weiter.

Spiritualisierte Altersregression

Der Komplex aus Falschem Kern und Falschem Selbst hat nichts damit zu tun, dass Sie eine Aufgabe gestellt bekommen, die Sie in diesem Leben lösen sollen. Die Vorstellung von »Lektionen, die zu lernen sind«, ist ebenfalls ein deutlicher Hinweis auf eine Regression in die Kindheit mit den einhergehenden infantilen Strukturen. Jedes Falsche Selbst hat eine eigene Geschichte, die ihm als psychologischer und spiritueller Verteidigungsmechanismus dient. Diese Geschichte ist ausgesprochen spannend, aber ich würde sie an Ihrer Stelle nicht glauben.

Die Quantenpsychologie beschreibt den Komplex von Falschem Kern und zugehörigen Kompensationsstrategien nur sehr knapp, damit Sie sich nicht allzu sehr in ihn verlieben. Was Sie hingegen immer wieder hören, ist, wie Sie sich davon befreien können, so dass Ihre essentielle Natur, Ihr *Ich bin* zum Vorschein kommen kann.

Der Biologische Pol

Jede Form von psychologischer oder spiritueller Arbeit hat ihre starken und ihre schwachen Seiten. Keiner dieser inneren Wege ist in der Lage, die gesamte Entwicklung im Alleingang sicherzustellen. Ich denke, dass es für beide Seiten – für Patienten und Therapeuten – von großer Wichtigkeit ist, sich der Grenzen des angewandten Systems bewusst zu werden. Erst dann weiß man, was eine Tradition leisten kann und was nicht. Manchmal ist das für beide Beteiligten ein schwerer Schritt. Mitunter wünscht sich der Lehrer, er könnte alles für seinen Schüler tun. Manchmal glaubt er, dass sein System einfach das beste ist. Auch das ist eine Form der Identifikation mit der allmächtigen Mutter. Doch damit überschätzt der Lehrer sich selbst und wird zum klassischen Beispiel einer Gegenübertragung. Stellt man sich hingegen vor, dass die Tradition, Methode oder Technik die ganze Arbeit leistet, überträgt man die Allmacht der Mutterfigur auf das System und wird diesem gegenüber zum prä-verbalen, nicht begrifflich denkenden Kind (siehe dazu »Die alltägliche Trance – der neueste Stand« im Anhang dieses Buches).

Die Schwachstellen der Quantenpsychologie sind ziemlich eindeutig. Eine davon ist die Dimension der Außenwelt. Die andere ist die physische Dimension unseres Körpers, obwohl die Methode der Selbstbefragung auf viele körperbezogene Themen eingeht.

Der Körper aber braucht einen direkteren Zugang. Körperarbeit sollte das anpacken, was Ida Rolf den »Körperlichen Pol«

nennt (siehe dazu Kapitel 8). Daher muss »Körperarbeit« mit dem Material arbeiten, das in unserer Physis gespeichert ist. Die Quantenpsychologie empfiehlt deshalb ganz handfeste Arbeit am eigenen Körper. Wenn beispielsweise jemand zu mir kommt, der Opfer von inzestuösem sexuellem Missbrauch wurde, kann ich zwar all seine Gedanken und Gefühle mit ihm durchgehen. Was aber geschieht, wenn diese Person dann nach Hause geht und Sex mit ihrem Partner hat? Sobald ihr Körper eine Position einnimmt, die sie an den Missbrauch erinnert, lebt das damit verbundene vergangene Trauma sofort wieder auf. Daher braucht man in diesem Fall auch eine Methode, die direkt mit den im Körper gespeicherten Traumata arbeitet. Denn im Körper kann unsere Aufmerksamkeit ebenfalls gebunden sein. Daher empfehle ich in derartigen Fällen fast immer begleitende Körperarbeit.

Körperarbeit, wie Alfred Schatz sie jüngst (1996) beschrieben hat, umfasst auch einen guten Teil »Gehirnarbeit«. Wenn Sie beispielsweise eine traumatische Situation erlebt haben, können Sie vielleicht die psychischen und emotionalen Aspekte dieses Erlebnisses in den Griff bekommen. Nichtsdestotrotz verfügt auch der Körper über ein eigenes »Gedächtnis« und speichert die Erinnerung ab. Nehmen Sie nun eine Körperhaltung ein, die für Ihr Körpergedächtnis untrennbar mit dem Trauma verbunden ist, so brennt sich die Erinnerung noch tiefer in den Speicher ein. Aus diesem Grunde sind manchmal Teile des Gehirns nicht »online«, d.h. nicht verfügbar. Dies führt zur Aussendung von Doppelbotschaften oder dazu, dass Teile des Gehirns überhaupt nicht genutzt werden.

Auf diese Weise werden körperliche Verletzungen zum Teil der Persönlichkeit. Ein Grund, weshalb Traumata meist als so intensiv erlebt werden, ist, dass im traumatischen Erleben die Dimensionen unseres Bewusstseins kollabieren. Anders ausgedrückt: Außenwelt, Gefühls-, Körper- und intellektuelle Welt werden zu einem unentwirrbaren Knäuel. Deshalb sind Traumata, die wir nun als »posttraumatisches Stresssyndrom« bezeichnen, so schwer auseinander zu nehmen (siehe dazu *Das Tao des Chaos*).

Die essentielle Natur

Wie ich bereits im *Tao des Chaos* gezeigt habe, ist die Essenz der leere Raum, um den herum sich der Körper organisiert. Anders als die Schicht des *Ich bin* hat die Essenz bestimmte Eigenschaften wie z.B. bedingungslose Liebe, Mitgefühl, Friede oder objektfreies Gewahrsein. All dies sind Qualitäten der essentiellen Natur. Trotzdem gibt es auf dieser Ebene keine Subjekt-Objekt-Beziehungen wie zwischen Beobachter und Beobachtetem. Wenn eine Person ihren Kernkomplex abgebaut und ihre Essenz vollkommen realisiert hat, dann empfindet sie ihre essentielle Natur nicht mehr – wie vorher – als nagende Leere, als Mangel, sondern als Fülle und Raum, der voller essentieller Qualitäten ist.

Das *Ich bin*

Das *Ich bin* ist ein Geschenk von Nisargadatta Maharaj.

Die verbale Ebene des *Ich bin* liegt vor der Ausbildung von Falschem Kern und Falschem Selbst. Der Falsche Kern sieht so aus: »Ich bin …« [Lücke nach Belieben füllen]. Seine Ausbildung ist nur dann möglich, wenn das verbale *Ich bin* funktioniert.

Das nonverbale *Ich bin* wiederum ist dem verbalen vorgeordnet. Die essentielle Natur ist ebenfalls eine nachgeordnete Schicht. Das nicht-verbale *Ich bin* ist reines Sein. Es ist die Erlebnissphäre der reinen Erfahrung, wenn Sie nicht durch Gedanken, Erinnerungen, Emotionen, Assoziationen oder Wahrnehmungen abgelenkt wären. Und trotzdem ist dieses Ich, das sich als *Ich bin* »ohne Prädikat« erlebt, der Leerheit noch nicht gewahr. Und dieser Punkt unterscheidet die Sphäre des *Ich bin* vom Nicht-Ich-Ich.

Die quantenpsychologische Abkürzung

Beobachten Sie Ihre Erfahrungen. Was geschieht, wenn ich sage: »Welcher Beobachter beobachtet diese Erfahrung?«? Vielleicht gibt es jetzt eine Art Kurzschluss, denn wenn ich Sie bitte, zu beobachten, welcher Beobachter diese Erfahrung beobachtet, dann bitte ich Sie, über die Dualität von Beobachter und beobachteter Realität hinauszugehen. Damit aber lösen sich beide auf. Übrig bleibt die Beobachtung ohne Objekt, also das nicht-verbale *Ich bin*. Wenn sich in diesem Moment ebenfalls das Gewahrsein der Leerheit einstellt, haben Sie den Zustand des Nicht-Ich-Ich erreicht. (Genauere Erläuterungen zu diesem Thema folgen später.)

Das kollektive Unbewusste – die Dimension des Archetypischen

Das kollektive Unbewusste ist verdichtete Leerheit. Dorthin gehören u. a. die physikalischen Dimensionen[10] von Energie, Raum, Masse, Zeit, Gravitation, starker und schwacher Wechselwirkung, Licht und elektromagnetischer Kraft.

Es bildet den Urgrund für unsere Archetypen. An diesem Ort werden die Kräfte geboren, die unser Leben steuern und

[10] Ich verwende hier den Begriff »physikalische Dimension«, um diese Eckdaten der physischen Welt von den Dimensionen des Bewusstseins in der Quantenpsychologie abzugrenzen.

die außerhalb unseres individuellen Bewusstseins liegen. Da die Ebene des Psychisch-Spirituellen ein Nebenprodukt der Interaktion dieser physikalischen Dimensionen ist, müssen wir uns mit diesen auseinander setzen.

Und schließlich ist in dieser Dimension der Schlüssel zu allem beheimatet: der Archetyp des *Ich bin*. Nisargadatta Maharaj meinte einmal, das *Ich bin* sei im Kollektiven verwurzelt.

Das Nicht-Ich-Ich

Der Nicht-Ich-Zustand ist der Augenblick, wenn der Zeuge die Dualität von Beobachter und Beobachtetem zur Kenntnis nimmt, ohne darauf zu reagieren. In diesem Zustand ist das Bewusstsein Zeuge des reinen Gewahrseins der Leerheit. Jenseits dieses Gewahrseins ist die reine Leerheit, wo es weder Gewahrsein noch ein Bewusstsein gibt, das sich gewahr wird.

Aus diesem Grund kann man die reine Leerheit, das *Namenlose Absolute* und den Bereich *jenseits davon* nicht mehr als Dimension bezeichnen.

Die Leerheit des ungeteilten Bewusstseins: die Seele

Der buddhistischen Lehre zufolge erkannte Buddha, dass es keine individuelle Seele gibt, die von Existenz zu Existenz wandert und immer wieder geboren wird.

Die Leerheit verdichtet sich und bringt aus sich alles hervor. Es gibt kein individuelles Selbst, das sich inkarniert. Stattdessen zieht die Leerheit sich zusammen und wird zum »Gedanken«, zu »ich«, zu »mein«, zu »Großvater«, »Coca-Cola« oder was auch immer. Eines Tages wird die Leerheit des ungeteilten Bewusstseins sich wieder entgrenzen und zur reinen Leerheit werden. Das

Verdichten der ungeteilten Leerheit nennen wir »Leben«, die Entgrenzung »Tod«. Aber ganz egal, ob sie nun in verdichtetem oder in entgrenztem Zustand vorliegt, es handelt sich doch immer um dieselbe Leerheit des ungeteilten Bewusstseins, des Bewusstseins ohne Differenzierungen, das sich selbst nicht kennt.[11]

Ein Zen-Meister sagte einmal: »Der Große Weg ist leicht zu gehen – wenn du keine Vorlieben hast.« Und der berühmte Physiker John Wheeler äußerte sich ähnlich: »Das Nichts ist der Baustein des Universums.« Stellen Sie sich die Welt also ruhig vor wie Eiswürfel in der Badewanne. Anfangs haben sie Form, sind also verdichtete Leerheit. Dann zerfließen sie zu Wasser, haben also ihre Form verloren wie die entgrenzte Leerheit. Nichtsdestotrotz bleiben sie immer ein und dasselbe. Es gibt keine individuelle Seele, die sich ständig neu inkarniert. Es gibt letztlich nur eine Seele, und Ihre und meine Seele sind eine Seele. Wenn Sie nun für das Wort »Seele« den Begriff »Substanz« einsetzen, gibt es nur *Eine Substanz*, nicht zwei oder mehr Substanzen. Reine Spiritualität bedeutet, dass man begreift, dass es nur Eine Substanz gibt und dass aus dieser Substanz alles entsteht.

[11] Nicht zu verwechseln mit dem individuellen Bewusstsein. In vielen New-Age-Gruppierungen findet man häufig die Auffassung, dass das Ich als Bewusstsein die Welt erschafft. Doch es ist das ungeteilte Bewusstsein, in dem es kein Ich gibt, das für die Erschaffung der Welt verantwortlich ist. Ein »Ich«, das von sich selbst sagt: »Ich schaffe«, ist ausdifferenziertes Bewusstsein. Wenn wir uns vorstellen, dass das ungeteilte Bewusstsein, in dem es kein Gewahrsein mehr gibt, das völlig ohne Bewusstsein oder Ich auskommt, etwas schafft, wünscht, bevorzugt, Willen und Absichten zeigt, dann stellen wir uns dieses Bewusstsein wie ein Ich vor. Wir ordnen ihm also menschliche Qualitäten zu, versehen es gleichsam mit einem Nervensystem, machen es zum Abbild des Menschen. Wir projizieren also ein menschliches Bewusstsein dorthin, wo es keines geben kann. Beispiele für diese Haltung sind Ideen wie die folgenden: »Die göttliche Quelle will es so«; »Der göttliche Ursprung befiehlt es«; »Gott wünscht …«; »Das Universum steuert …« – Keine dieser Entitäten hat ein Nervensystem, das solche Vorgänge erlauben würde – und trotzdem projiziert unser Nervensystem diese Qualitäten auf sie.

Die Quantenphysik hat bewiesen, dass alles mit allem verbunden ist. Hinter all den scheinbaren Unterschieden gibt es ein einheitliches Feld vernetzter Ganzheitlichkeit. Die Quantenpsychologie formiert sich vor dem Hintergrund eben dieses Feldes.

Das Namenlose Absolute

Wenn die Leerheit endet, wird uns das Namenlose offenbar. Nisargadatta Maharaj antwortete auf viele meiner Fragen mit den Worten: »Es wird dir offenbart werden.« Das Namenlose Absolute sieht die leeren Universen als Paralleluniversen (wie in der Physik). Es transzendiert die Ebene des Zeugen. Daher kann man es aus rein sprachlichen Gründen als »Höchsten Zeugen« ansehen. In diesem »Bereich« gibt es keine Wahrnehmung mehr. Nicht einmal mehr die Fähigkeit zur Wahrnehmung oder Selbstwahrnehmung ist vorhanden. Wie gesagt: Als ein Schüler Nisargadatta Maharaj fragte: »Wer bist du?«, antwortete dieser: »Nichts, was man denken oder wahrnehmen könnte.«

Und dann gibt es da noch den »Bereich« jenseits

Schlussbemerkung

Jenseits der Quantenpsychologie

Falscher Kern und Falsches Selbst sind abstrakte Strukturen, eine Erfindung, doch letztendlich müssen genau diese Strukturen aufgelöst werden, wenn Sie zu sich selbst gelangen wollen. Dabei sollten wir aber nicht vergessen, dass Landkarten immer von Menschen angefertigt sind. Die Quantenpsychologie ist eine Landkarte. Sie ist nicht das Land selbst. Oder wie ein altes Zen-Wort sagt: »Der Finger, der auf den Mond weist, ist nicht der Mond selbst.« Unser »Mond« ist die essentielle Natur, die Ebene des *Ich bin* und die allem zu Grunde liegende Einheit des ungeteilten Bewusstseins. Das »Wie« ist der Finger (hier die Quantenpsychologie), den wir ebenfalls hinter uns lassen müssen.

Die Quantenpsychologie versucht, Ihnen einen Weg zu zeigen, auf dem Sie herausfinden können, wer Sie sind. Doch am Ende lösen der Weg, der, der ihn geht, und das Ziel, das er anstrebt, sich gemeinsam auf. Die Wahrscheinlichkeit, dass dies geschieht, wird hoffentlich durch ein bestimmtes Mittel noch gesteigert: die Entwicklung des multidimensionalen Bewusstseins. Dadurch lernen Sie, Ihre durch den Kernkomplex gebundene Aufmerksamkeit zu befreien. Trotzdem gibt es keine Garantien. Im Prozess der Auflösung kann es sein, dass sich die essentielle Natur, das *Ich bin*, die Leerheit zeigen. An diesem Punkt verschwindet das »Ich«, das »Sie« zu sein glaubten, und übrig bleibt nur die Eine Unteilbare Substanz. Die Erkenntnis, dass alles miteinander vernetzt ist, dass alles ein Ganzes ist und aus derselben Substanz besteht und dass es sogar noch *jenseits davon*, an dem Punkt, wo Sie von sich »Ich bin DAS« sagen können, reine Spiritualität gibt, ohne Subjekt-Objekt-Beziehung.

Genießen Sie den Weg dorthin!

Persönlichkeit ist nur eine falsch verstandene Identität.

Nisargadatta Maharaj

Herauszufinden, wer Sie sind, hat nichts zu tun mit: mehr sein, mehr tun, mehr haben, mehr darstellen, mehr schaffen, der Beste sein, die eigene »Berufung« oder den »Lebenssinn« finden oder den eigenen finanziellen Erfolg steigern.

Herauszufinden, wer Sie sind, meint einzig und allein die Erkenntnis, dass alles und jedes auf dieser Welt aus derselben Substanz besteht. Dass also auch Sie die Eine Substanz *sind.*

Stephen Wolinsky

Kapitel 3

Warum Quantenpsychologie?[1]

Wenn wir die Geschichte der Psychologie bis zu den frühen griechischen Philosophen zurückverfolgen, stellen wir fest, dass sie sich aus der Suche des Menschen nach der Antwort auf die wichtigste aller Fragen entwickelte: »Wer bin ich?« Diese Frage stellt sich der Mensch seit Tausenden von Jahren, seit der Zeit, in der Menschen ein Selbstgefühl entwickelt haben bzw. eine von ihnen getrennte Instanz der Erkenntnis. So wurde die Selbst-Betrachtung überhaupt erst möglich. Religiöse und spirituelle Lehren entstanden, die den Menschen glauben machten, es gäbe etwas Größeres als sie selbst, eine übernatürliche Kraftquelle.

Mit dem Aufkommen der Psychoanalyse seit Sigmund Freud wurde die Psychologie als Weg zur Erforschung des eigenen Selbst immer beliebter. Doch dieses Selbst schien ein dunkles, ja perverses Unbewusstes zu haben und seine Instinkte brachten Leid, Konflikte und Probleme mit sich. Das »Ich« war der Mittler dieser Wünsche, Triebe und Bedürfnisse, die Freud als das »Es« bezeichnete. Das »Über-Ich« wurde zur Regulationsinstanz, die dem Es elterliche und gesellschaftliche Wunschvorstellungen aufzwang. Der Kampf zwischen dem Es und dem Über-Ich zog Grenzlinien, zwischen denen das »Ich« oder Ego seinen Platz fand.

Damit wurde die tiefer gehende Suche nach unserer Identität und unserem vollständigen Wesen in die zweite Reihe verwiesen. Die erste Geige spielte fortan die Erforschung von Problemzuständen und die Suche nach der Lösung. Die Sinnsuche des Menschen wurde auf die Diagnose und Behandlung

1 Zu diesem Kapitel siehe auch Stephen Wolinsky: *Jenseits des Enneagramms*.

von Problemen beschränkt. Wie lösen wir nun unsere Lebensprobleme?

Die industrielle Revolution und die moderne Technik haben uns entmenschlicht, indem sie uns zu Maschinen machen wollten. Die Geschichte zeigt uns, welch wichtige Rolle die industrielle Revolution gespielt hat. Mit der zunehmenden Industrialisierung Europas wandelte sich die zentrale Frage der Philosophie (»Wer bin ich?«) in das Anliegen der heutigen Psychologie: »Wie sichere ich mein Überleben und wie werde ich mit den Problemen des modernen Lebens fertig?« Die Suche nach dem »Wer bin ich?« wurde aufgegeben und man hielt fortan Ausschau, wie es möglich ist, innerhalb der gesellschaftlichen Grenzen einwandfrei zu funktionieren. Und wenn jemand nicht in die schnelllebige industrialisierte Welt passte, dann fragte er sich nicht, was an diesem System falsch sei, sondern: »Was stimmt mit mir nicht?«

Die industrielle Revolution machte die Technik zu unserem Gott und den Besitz von Gütern zu unserem Halbgott. Sogar in unserer heutigen Gesellschaft geht es nicht mehr darum, wer wir sind, sondern einzig und allein um das, was wir haben oder tun. Unsere Gesellschaft krankt daran, dass wir die Verbindung zum Menschsein um der technologischen Entwicklung willen aufgegeben haben. Das galt als fortschrittlich und gesund. *Wer sich nicht anpassen konnte und nicht zurechtkam, war eben nicht gesund.*

Man könnte sagen, dass die Menschen weder Zeit noch Energie hatten, sich die Frage nach ihrem Selbst zu stellen. Das Fließband steigerte Produktivität und »Fortschritt«, aber der Preis dafür war hoch. Die Menschen waren immer mehr Stress ausgesetzt und die Ängste nahmen in einem bisher nicht gekanntem Maß zu, da der Mensch aus seiner natürlichen Umgebung herausgenommen und in eine industriell geprägte hineinversetzt wurde. In gewisser Weise war schon das unmenschlich.

Es scheint so, als habe die Entmenschlichung, die mit der

zunehmenden Industrialisierung und Technologisierung einherging, auch auf die uns heute bekannte Psychologie übergegriffen. Dieser Zusammenhang ist ziemlich eindeutig.

Als ich mich Ende der 60er-Jahre auf die Reise zu mir selbst machte, gab es in der Psychologie immer noch einen Hauch von Hoffnung: Die Menschen waren auf der Suche nach sich selbst. Aber als »ich« 1982 zurückkehrte, war die Psychologie eine einzige Geschäftemacherei geworden. Man lief dem nach, was man wollte oder was man zu wollen glaubte, und war also Teil der industrialisierten Welt. Das Wichtigste war nun, zu überleben, indem man gut aussah, sich gut fühlte und es einfach »schaffte«. Die Frage nach dem »Wer bin ich?« (Ursprung aller Psychologie) war völlig auf der Strecke geblieben.

Quantenpsychologie

Die Quantenpsychologie wurde geboren, um diese Frage zu beantworten und uns damit zu den Wurzeln der Psychologie zurückzubringen. Dabei dienen ihr das wissenschaftliche System der Physik als philosophischer Rahmen, die Individualpsychologie als Grundlage und die Religionen des Nahen und Fernen Ostens als Eckpfeiler. Die Quantenpsychologie entwickelte das Konzept des multidimensionalen Bewusstseins als möglichen Weg zur Entdeckung dessen, wer wir wirklich sind.

Heutzutage können wir den Luxus interdisziplinären Forschens leider kaum mehr genießen. Mit dem Zeitraffer der modernen, industrialisierten Welt haben wir gelernt, »unser« Leben und »unser« Selbst in einem engeren Rahmen zu betrachten. Die Frage nach dem Lebenssinn wurde zur Suche nach Lösungen für spezifische Probleme. Seelische Problemzustände werden als Hindernisse angesehen, die überwunden werden müssen, ja die Patienten selbst werden von ihren Therapeuten, Psychologen und Psychiatern als Problem eingestuft. In den letzten hundert Jahren wurde die Psychologie vor dem Hintergrund der industriellen Revolution immer mehr zum Werkzeug, mit Hilfe dessen man die Gesundheit des Einzelnen misst. Die Psychologie wurde also zur lösungsorientierten Wissenschaft, deren Ergebnisse man auf dem Marktplatz verkaufen konnte. Das erste und einzige Ziel für Therapeuten und Klienten ist es, dass der Klient mit den Rahmenbedingungen dieser Welt zurechtkommt. Aus diesem Grund können wir die Frage nach unserem Sein fast nur noch mit dem Hinweis auf unser Tun und unseren Besitz beantworten.

Schnelle Veränderungen, erzwungene Anpassung, mangelndes Sicherheitsgefühl, der Einfluss der Medien und unsere Maßstäbe, was Aussehen, Erfolg und Gesundheit anbelangt – all das hat die bloße Lebensbewältigung in den Mittelpunkt der Psychologie gerückt. Erst kürzlich fand ich im Fachmagazin *The Family Therapy Networker* einen Artikel über die wichtigsten Psychologen unserer Zeit. Ich war schockiert, denn ich kannte keinen einzigen. Das einzige Problem, das diese »Psychologen« zu haben schienen, war ihre Sorge um ihr eigenes Überleben nach der Gesundheitsreform. Kein Wort über den Dienst am kranken Menschen, über die Suche nach dem Selbst etc. Es geht nur um das Problem der Gesundheitsvorsorge und wie die Psychologie als Geschäftszweig unter den neuen Bedingungen überleben könne.

Der Kontext

Die Psychologie hat vergessen, welche Bedeutung der Kontext hat und in welchem Ausmaß er das Individuum beeinflusst. Ein Heroinabhängiger z. B. kann aus dem Kontext seiner Umgebung herausgenommen werden. Dann wird er sofort aufhören zu spritzen. Versetzt man ihn aber in seine alten Lebensumstände zurück, wird er sofort wieder Drogen nehmen.

In unserer Gesellschaft wird diese Macht des Kontextes durch die Allgegenwärtigkeit der Medien und ihrer Botschaften sogar noch stärker. Das Image ist wichtiger als die persönliche Befriedigung. Was wir haben oder tun zählt mehr als das, was wir sind. Sogar die Stärksten unter uns werden von der Gesellschaft hypnotisiert und in Trance versetzt, so dass sie den Kontakt mit ihren ureigensten menschlichen Werten verlieren. Überspitzt gesagt könnte man es wohl so ausdrücken: Der Vorgang des Bratens ist wichtiger geworden als das Steak.

In den 70er-Jahren machte ein erschreckender Film über Gewalt und das Unwesen von Banden von sich reden: *Uhrwerk Orange* von Stanley Kubrick. Um den Titel zu verstehen, musste ich das Buch lesen, doch ich war fasziniert, als ich entdeckte, was damit gemeint war: »Uhrwerk Orange« bezeichnet nämlich einen Menschen, der zwar menschlich oder organisch (hier: orange) erscheint, in Wirklichkeit aber längst zu einem Uhrwerk, einer Maschine geworden ist. Dies ist der gesellschaftliche Kontext, in dem wir leben. Der Weg zum vollkommenen Mensch-Sein besteht darin, aus dieser Trance aufzuwachen.

Wir wissen nicht, wonach wir auf unserer Suche nach Menschlichkeit Ausschau halten müssen, bevor wir nicht erkennen, wer wir sind. Zu diesem Zweck müssen wir die kleinen Schritte erarbeiten, die uns noch vom Mensch-Sein trennen. In den nächsten Kapiteln werden wir uns daher der Entwicklung des multidimensionalen Bewusstseins zuwenden. Am Ende des Buches werden wir uns in einem gesonderten Abschnitt mit den Trancen und »spirituellen Fallstricken« beschäftigen. Wir werden uns die am häufigsten missverstandenen (»weltlichen«, psychologischen und spirituellen) Trancen genauer ansehen, die uns aus dem direkten Erleben unseres Körpers, unserer Beziehungen, Umwelt, Gegenwart und Menschlichkeit herausreißen und damit das Gewahrsein unserer essentiellen Natur und der zu Grunde liegenden Einheit des Quantenbewusstseins verhindern.

Mein Lehrer Nisargadatta Maharaj pflegte zu sagen: »Du kannst etwas erst dann loslassen, wenn du weißt, was genau es ist.« Die Quantenpsychologie geht noch einen Schritt weiter: »Sie können etwas erst dann loslassen, wenn Sie bereit sind, es zu erfahren.« Der Abschnitt über die Trancen mag Ihnen vielleicht auf den ersten Blick schwierig erscheinen. Ich möchte Sie trotzdem bitten, dabeizubleiben und weiterzulesen. Denn hier werden Sie die automatischen Vorgänge der Trance beschrieben finden, die uns handeln lassen wie Maschinen. Diese sind am schwierigsten aufzulösen, weil sie den größten Widerstand leisten und es uns schwer fällt, uns mit ihnen auseinander zu setzen. Doch genau das sind die Elemente unserer inneren Arbeit: Auseinandersetzung, Abbau und Erwachen in einen größeren Kontext, indem wir unser Selbst in allen Dimensionen der Realität spüren und es dann hinter uns lassen können. Dies ist der *Weg des Menschlichen*.

Kapitel 4

Die Stufen der »Manifestation«

Aus der Perspektive der Quantenpsychologie lässt sich sagen, dass die Leerheit bzw. Fülle der *Einen Substanz* sich verdichtet bzw. entgrenzt. Diese Substanz wurde von Einstein als »Leere« bezeichnet, als »Leerheit« von Buddha, als »Gott« in der jüdisch-christlichen Tradition und als »Shiva« oder »reines (ungeteiltes) Bewusstsein« von den hinduistischen Yogis. Ich möchte hier anmerken, dass reine Spiritualität mit der Erkenntnis endet, dass all dies *Eine Substanz* ist: *DAS bin ich*, die *Eine Substanz*. Was *jenseits davon* liegt, lässt die Grenzen der Spiritualität ebenfalls hinter sich und kann daher nicht mehr als spirituell bezeichnet werden, wie dies so häufig geschieht.

Diese Eine Substanz (das ungeteilte Bewusstsein bzw. die Leerheit) verdichtet sich zuerst zu reinem Gewahrsein oder zum »Zeugen«, den wir hier das »Nicht-Ich-Ich« nennen. Die weitere Verdichtung des »Nichts« bildet das heraus, was Jung das »kollektive Unbewusste« nannte. Diese kollektive Dimension, in der auch die Archetypen aufgehoben sind, kommt »nach« dem reinen Gewahrsein.

»Sobald« die Eine Substanz sich verdichtet, gehen aus ihr zunächst das universelle Konzept der Archetypen und dann die einzelnen Archetypen (darunter auch die physikalischen Fundamentalkonstanten) hervor.

Die kollektive Dimension erschafft unseren tiefsten Archetyp, nämlich das Konzept des *Ich bin*. Wenn dieser zustandslose Zustand sich weiterhin verdichtet, entsteht die essentielle Natur. Danach manifestieren sich das persönliche Unbewusste, der Körper (das Nervensystem), die Außenwelt, das individuelle Bewusstsein.

Quantenpsychologisches Prinzip
Was auf einer Stufe wahr ist, kann auf einer anderen falsch sein.

Aus diesem Grund möchte ich zunächst damit beginnen, die einzelnen Dimensionen des Bewusstseins darzustellen, damit die Aufmerksamkeit, die in jeder einzelnen Dimension gebunden ist, frei wird. Erst dann werden wir diese Dimensionen hinter uns lassen und unser Bewusstsein vollkommen befreien.

Die Entwicklung des multidimensionalen Bewusstseins

Wie ich bereits erwähnte, fragen mich die meisten Menschen: »Wie kann ich mein Mensch-Sein und mein Körperbewusstsein bewahren, wenn ich einen spirituellen Weg gehe?« Die Antwort liegt vielleicht darin, dass wir unser Bewusstsein aus der Eindimensionalität lösen müssen. Das bedeutet zuallererst, dass wir erkennen müssen, wie und worauf wir unsere Aufmerksamkeit ausrichten. Richten Sie Ihr Bewusstsein beispielsweise auf ein Objekt in der Außenwelt, dann ist es eindimensional ausgerichtet. Wenn Sie aber Ihre Aufmerksamkeit teilen und sie halb nach innen (auf Ihre Denkprozesse), halb nach außen richten, dann hat Ihr Bewusstsein schon zwei Dimensionen gewonnen. Wenn Sie es zu einem Drittel nach außen, zu einem Drittel auf Ihre Gedanken und zu einem weiteren Drittel auf Ihre Gefühle lenken, dann ist Ihr Bewusstsein dreidimensional. Sie können es ebenfalls auf vier Aspekte richten: auf die Außenwelt, Ihr Denken, Ihr Fühlen und Ihren Körper. Dann betreten Sie den »Raum« des essentiellen *Ich bin* (des *Nicht-Ich-Ich*), weil Sie die Dualität von Beobachter und beobachteter Realität transzendieren. Dies ist vierdimensionales Bewusstsein. Der nächste

Schritt ist die Erfahrung des Fünfdimensionalen: Ihre Aufmerksamkeit richtet sich zu je einem Fünftel auf die Außenwelt, Ihr Denken, Ihr Fühlen, Ihren Körper und die essentielle Natur. Und schließlich lassen wir die Ebene des *Ich bin* hinter uns und gehen in das *Nicht-Ich-Ich* ein, welches nicht mehr beobachtet, sondern nur noch Zeuge des dualen Komplexes aus Beobachter und Beobachtetem wird, während es sich gleichzeitig der Leerheit und des Gewahrseins bewusst ist.

Damit stellt sich die Frage: »Wie können wir uns dieser Dimensionen bewusst werden und diese Bewusstheit aufrechterhalten?« Im nächsten Abschnitt geht es genau um dieses Thema: Wie können wir das Gewahrsein dieser unterschiedlichen Dimensionen vertiefen und es so stabilisieren, dass wir uns gleichzeitig aller acht Dimensionen des Mensch-Seins bewusst sind?

Die Ebenen verwechseln

In Kapitel 1 dieses Buches habe ich die acht Ebenen des Bewusstseins und der Manifestation bereits vorgestellt.

Ziel und Zweck der Quantenpsychologie ist es, dass Sie herausfinden, wer Sie wirklich sind. Ein *möglicher* erster Schritt dabei führt Sie vielleicht zur Entwicklung multidimensionalen Bewusstseins. Erst wenn Sie dieses entwickelt haben, können Sie über das Bewusstsein selbst hinausgehen, was Ihnen wiederum hilft, Ihren wahren Kern zu entdecken.

Unglücklicherweise haben wir dabei mit unserer Gewohnheit zu kämpfen, dass wir versuchen, die Aufmerksamkeit auf eine Ebene einzuschränken. Dies kann in der Außendimension geschehen, aber auch das Denken bzw. Fühlen oder den Körper betreffen. Sogar auf der Ebene der essentiellen Natur kann die Aufmerksamkeit gebunden sein. Das mag zwar auf den ersten Blick toll erscheinen, aber natürlich führt diese Fixierung ebenfalls zu diversen Problemen. Ein Beispiel: Bedingungslose Liebe, die eine wesentliche Eigenschaft der Essenz ist, mag sich zwar gut anfühlen, aber wenn Sie dabei gleichzeitig die Außendimension aus den Augen verlieren, werden Sie leicht übers Ohr gehauen.

In Deutschland traf ich vor kurzem eine Frau, die mitten in einer schwierigen Scheidung steckte. Ihr Ehemann war äußerst unfair und nutzte ihre Gutmütigkeit aus, indem er versuchte, ihr das gemeinsam Erarbeitete wegzunehmen. Als sie mir sagte, dass sie versuche, in ihrer essentiellen Natur zu bleiben, verwies ich sie auf ein quantenpsychologisches Prinzip, demzufolge man das Problem auf der Ebene bearbeiten solle, auf der es entsteht. In diesem Fall bedeutet das: In Ordnung, bleib ruhig in deiner Essenz, aber für die Dimension der Außenwelt wäre ein guter Anwalt nicht schlecht.

Quantenpsychologische Prinzipien

Bearbeiten Sie das Problem auf der Ebene, auf der es auftritt.

Vermeiden Sie eine Verwechslung der Ebenen. Dies führt unweigerlich zu Problemen.

Was auf einer Bewusstseinsebene richtig ist, muss auf der anderen noch lange nicht stimmen.

Ein Beispiel: Nur weil ich glaube (Dimension des Denkens), dass ich ein großartiger Sänger oder Chirurg bin, bedeutet das nicht, dass ich an der Mailänder Scala singen oder an einem berühmten Krankenhaus operieren kann (Außendimension). Auf der Ebene des Denkens ist mein Glaube an mich wahr, in der Außenwelt muss er sich deshalb noch lange nicht als richtig erweisen.

Wenn ich im Traum (kollektive Dimension) fliege, heißt das nicht, dass mein *Körper* tatsächlich fliegen kann. Wenn ich mich auf der Stufe der Leerheit befinde, muss die Ebene der Emotionen trotzdem nicht leer von Gefühlen sein. Wie ich noch zeigen werde, kommt es immer zu Missverständnissen und schmerzhaften Erlebnissen, wenn die Ebenen verwechselt werden.

Klar ist aber, dass jede gewohnheitsmäßige Fixierung der Aufmerksamkeit auf eine bestimmte Dimension unweigerlich die Sphäre der Erfahrung einschränkt, so dass wir unser volles Potential nicht mehr leben können. Daher zielt die Quantenpsychologie auf ein *funktionales Bewusstsein* ab. Für den Anfang bedeutet dies, dass wir lernen, unsere Aufmerksamkeit, auch wenn sie noch gebunden ist, beliebig auf andere Ebenen zu richten. Oder mit den Worten des Sufimeisters Indries Shah gesprochen: Du bist nicht frei, solange du nicht frei bestimmen kannst, worauf du deine Aufmerksamkeit richtest.

Was wahr ist
in der äußeren Dimension,
muss für die anderen Dimensionen
nicht richtig sein.

Kapitel 5

Die äußere Dimension

Du kannst nicht zwei Mal in denselben Fluss steigen.
frei nach Heraklit

Dimension 1: die äußere Welt

Auf den ersten Blick würden wir sagen: »Ach, das ist leicht. Man ist sich einfach der Dinge bewusst, die um einen herum geschehen.« Doch die Fähigkeit zur reinen Wahrnehmung der Außenwelt bedeutet, dass wir Menschen, Situationen, Objekte etc. erfahren, ohne auf unsere Gedanken, Erinnerungen, Gefühle, Assoziationen oder früheren Eindrücke zurückzugreifen. Wie schwierig das ist, soll Ihnen das folgende Beispiel veranschaulichen: Ich treffe jemanden, der mich an eine andere Person erinnert, die ich früher einmal gekannt habe. Dann beginne »ich«, »meine« Erinnerungen hervorzukramen. Ich beziehe mich also auf meine geistigen Inhalte und verliere so die Gegenwart aus den Augen. Der andere tut das ebenfalls. Wir kommunizieren also von »Selbst« zu »Selbst«. In anderen Worten: Ich gehe in eine Trance hinein und verliere das JETZT der Außenwelt (Näheres dazu in *Die alltägliche Trance*).

Diese Form des Kontakts steckt dahinter, wenn ich sage: »Sie erinnern mich an …« (setzen Sie ein, was für Sie stimmt) oder: »Diese Situation (Ereignis, Therapie etc.) ist wie …« (einsetzen, was für Sie wahr ist). Die Tendenz, sich vorzustellen, dass die Gegenwart genau wie die Vergangenheit sein müsste, ist ein Mechanismus des Nervensystems, der das Überleben sichern soll: ein Prozess der Generalisierung, der die Informationsaufnahme vereinfacht. In der Quantenpsychologie nennen wir das die »Assoziationstrance«. Diese Trance kommt immer dann zustande, wenn die Beobachtungsfunktion des Nervensystems verallgemeinert und annimmt, dass die Gegenwart genauso ist wie die Vergangenheit. »Sie« können dann die Unterschiede zwischen den Menschen, Situationen und Ereignissen gar nicht mehr erkennen. Diese Trance projiziert die chaotische Erfahrung der Gegenwart (die chaotisch, also noch ungeordnet, ist, weil Sie sie ja noch nicht kennen) auf eine assoziierte, geordnete Erfahrung der Vergangenheit. Damit verliert die Gegenwart ihren bedrohlichen Charakter. Ein Beispiel: Mein Vater war gewalttätig und groß. Ich musste mich gegen ihn verteidigen. Mein Nervensystem wird später immer wieder alarmiert auf große Männer reagieren, ob sie nun gewalttätig sind oder nicht. Auf diese Weise nimmt die Assoziationstrance dem Betreffenden die Fähigkeit, die reale Gegenwart wahrzunehmen.

Ein weiteres Beispiel: Eine Psychologin aus New York bestand darauf, dass ich *genauso* sei wie ihr Mann. Wenn sie über Quantenpsychologie sprach, meinte sie immer, diese sei *genau wie* der Ausbildungskurs, den sie gerade machte. So wurde ihre gegenwärtige, chaotische Erfahrung, die darin bestand, dass sie »nicht wusste«, wie sie reagieren sollte, kurzzeitig geordnet. »Ich« war wie ihr Mann und »meine« Arbeit war dieselbe wie ihre.

Man entwickelt also die erste Dimension des Bewusstseins der äußeren Welt, um die gegenwärtige Realität völlig ohne die Bürde früherer Erfahrungen wahrzunehmen. Das ist ziemlich schwierig, da unsere Erlebnisse auf dieser Ebene ein Produkt unseres Nervensystems sind, das ständig Assoziationen schafft – immer und immer wieder.

Die äußere Welt ist die Dimension der Wirklichkeit, in der es um Menschen, Objekte und Ereignisse geht. Wenn ich z. B. aus dem Fenster springe, folgt aus dieser Realität die *Wahrscheinlichkeit*, dass ich mir den Hals breche. Ganz egal, was ich glaube, in der Dimension der äußeren Welt ist die Wahrscheinlichkeit, dass es eintritt, ziemlich hoch. Wenn ich etwas kaufen möchte, dann brauche ich sehr *wahrscheinlich* genug Geld dafür. Wenn ich aus dem Laden gehe, ohne zu bezahlen, ist es ziemlich *wahrscheinlich*, dass dies Konsequenzen hat. Die Außenwelt ist die Außenwelt. Sie existiert. Schmerz und der Verlust der Bewusstheit entstehen daraus nur dann, wenn wir nicht erkennen, dass unsere Aufmerksamkeit auf diese Dimension fixiert ist oder dass wir diese Dimension mit einer anderen verwechseln bzw. versuchen, die eine mit der anderen zu heilen.

Die äußere Welt ist einfach: Das ist ein Stuhl, dies ein Mensch. Es gibt einen bestimmten Kontext, der die ganze Gesellschaft steuert. Aber wir erleben in dieser Welt die Dinge nur sehr selten, wie sie wirklich sind. Gewöhnlich nehmen wir eher unsere Gedanken und Assoziationen (Dimension des Denkens) wahr. Wenn Sie beispielsweise jemanden treffen, werden Sie feststellen, dass die Kommunikation mit dieser Person nicht richtig funktioniert. Weshalb? Weil Sie diesen Menschen nicht in der Gegenwart treffen. Sie rufen vergangene Muster auf und der andere tut das auch. Sie beziehen sich auf ein Bild, eine Idee oder Trance aus der Dimension des Denkens oder Fühlens. Einfach gesagt: Sie behandeln die äußere Welt der Gegenwart so, »als ob« sie die Welt der Vergangenheit wäre. Und das Schlimmste ist, dass wir es nicht einmal merken. Das ist das Hauptthema meiner Bücher *Die alltägliche Trance* und *Die dunkle Seite des inneren Kindes*. Wir verlieren den Sinn für das, was vor unseren Augen geschieht, und gleiten in die Trance hinein.

Beziehungen beginnen meist in der Sphäre der äußeren Welt, denn gewöhnlich lernt man Menschen in dem Kontext kennen, in dem man lebt, arbeitet, spielt – dort also, wo unsere Interessen liegen.

Die Regeln des äußeren Kontexts

Verschiedene Formen des Kontexts, also der äußeren Umstände, rufen natürlich verschiedene innere Antworten hervor. Stellen wir uns einmal vor, in Ihrem Leben läuft alles glänzend. Sie haben zwar keine Beziehung, sind aber recht glücklich mit Ihrer Arbeit, Ihren Freunden etc. Sie fühlen sich richtig gut. Bald treffen Sie jemanden, Sex kommt ins Spiel. Und plötzlich kommen all ihre ungelösten Probleme hoch. Warum? Nun, *Veränderungen in der Außenwelt rufen ungelöste innere Probleme wach.*

Übungen für die erste Bewusstseinsdimension: die äußere Welt

Übung 1:

1. Schritt: Die Augen sind offen. Schauen Sie sich langsam im Raum um und betrachten Sie Menschen und Gegenstände. Achten Sie darauf, welche Erinnerungen, inneren Stimmen und Assoziationen automatisch in Ihnen aufsteigen.

Übung 2:

1. Schritt: Schauen Sie sich jetzt im Raum um, ohne das Gedächtnis, den Geist oder Assoziationen zu benutzen.
2. Schritt: Machen Sie sich bewusst, wie unterschiedlich die Erfahrung in Übung 1 und Übung 2 ist.

Praxis:
Üben Sie ein paar Stunden täglich, mit den Menschen in Ihrem Leben zusammen zu sein, *ohne auf Ihre Erinnerungen, Erfahrungen, Assoziationen zurückzugreifen.*

Die Außenwelt dominiert

Die Erfahrung der Außenwelt ist in unserem Leben dominant. Doch Menschen, die sich mit der Heilkunst beschäftigen oder der New-Age-Bewegung angehören, leugnen diese Dimension manchmal. Sie »glauben« (Denkdimension), dass sie die Außenwelt in den Griff bekommen, indem sie ihre inneren Vorstellungen, Glaubenssätze oder Gedankenbilder (siehe auch hier »Die Dimension des Denkens«) kontrollieren. Wie wir später noch sehen werden, ist das keineswegs der Fall. Solche Menschen versuchen, einer Dimension mit Hilfe einer anderen beizukommen, was nicht funktioniert. In der Psychoanalyse spricht man hier vom »Komplex der kindlichen Selbstüberschätzung«.

Ein Beispiel: Sie möchten eine Boutique genau in *der* Straße eröffnen, in der es bereits 47 andere ähnliche Läden gibt. Wie klar Ihre Vorstellungen auch sein mögen, wie intensiv Sie an Ihren Glaubenssystemen auch arbeiten, wie weit Sie Ihre Mutter-Vater-Problematik schon aufgearbeitet haben, wie viel Sie visualisiert und gebetet haben mögen, die *Wahrscheinlichkeit*, dass Sie damit Erfolg haben werden, ist ziemlich gering. Die äußere Welt ist dominant. *Und sie bringt die »unbehandelten« Samen zum Vorschein*.

Allerdings unterscheiden sich die von der äußeren Welt »geweckten Geister« je nach Alter. In Ihrer persönlichen Entwicklung durchlaufen Sie verschiedene Stadien mit verschiedenen äußeren Kontexten. Dementsprechend werden unterschiedliche »Samen« angesprochen. Ein Beispiel: Während eines Workshops über quantenpsychologische Methodik sagte ein Mann nach dem ersten oder zweiten Tag des Workshops: »Ich weiß überhaupt nicht mehr, was los ist. Ich habe das Gefühl, in einer Regressionstrance festzusitzen. Normalerweise fühle ich mich nicht so.« Ich fragte ihn, wie er sich fühle, und er antwortete: »Ich fühle mich, als wäre ich in der Schule. Ich bin fünf Jahre und habe gerade angefangen, die Schule zu besuchen.«

Er zog sich ganz zurück, versuchte fast, zu verschwinden. Er war sich nicht bewusst, dass er versuchte, mehr Information zu erhalten. Tatsächlich hatte er sich schon die ganze Zeit beschwert, dass es »keine schriftlichen Zusammenfassungen« gibt. Er »agierte« seinen Falschen Kern aus: »Ich existiere nicht.« Daher war er in eine Regressionstrance geglitten, die ihn als fünfjährigen Jungen zeigte, der sich der Herausforderung des Schullebens zu stellen hatte. Genau zu diesem Zeitpunkt beginnt unser soziales Leben. Wir verlassen unser Heim und gehen zur Schule.

Daher hat jedes Alter einen anderen Kontext und verlangt uns andere Entwicklungsschritte ab. Hier bringen wir unsere »unbehandelten« Samen ein, mit denen wir (erfolglos) versuchen, dieser Herausforderung zu begegnen. Anders gesagt, wir nehmen unsere »unbehandelten« Samen mit in jeden neuen Kontext. Aus diesem Grund gelingt es uns auch nicht, das neue äußere Umfeld als neu zu sehen. Wir nehmen es vielmehr durch die Linse der Vergangenheit wahr. Die Samen der Vergangenheit werden so zur Wurzel unserer subjektiven Erfahrung in der Gegenwart. Genau darum geht es in dem Sprichwort: »Du kannst nie zwei Mal in denselben Fluss steigen.« Nur die Assoziationstrance des Falschen Kerns lässt uns glauben, dass der Fluss noch derselbe sei wie vorher. Ganz egal, in welcher Situation wir uns befinden, wir handeln so, »als ob« diese identisch wäre mit einer bereits erlebten. Aus diesem Grund erfahren wir Suzuki Roshis *Zen-Geist – Anfänger-Geist* nicht.

Spirituelle Kreise leugnen häufig die äußere Welt zugunsten der »inneren«. In Indien erlebte ich oft, dass Gurus zu ihren Schülern sagten, »innerer Segen sei bedeutsamer als äußerer«. Auch psychologische oder New-Age-Gruppen unterschätzen die Domäne der Außenwelt ganz gewaltig. Viele halten sie für ein Problem, das gelöst werden muss. Man geht davon aus, dass man in der Außenwelt bekommt, was man haben möchte, wenn man vorher mit seinen verinnerlichten Glaubenssätzen

(Dimension des Denkens) arbeitet. Das stimmt nur, wenn man den Kontext berücksichtigt. Wie ich bereits sagte: Wenn ich zwar all »meine« psychologischen Probleme gelöst habe, meine Boutique aber in einer ungünstigen Gegend eröffne, kann ich innerlich noch so »klar« sein, der Laden wird trotzdem ein Flop werden.

Auch der alte Grundsatz, man müsse nur tun, was einem am meisten Spaß macht, dann würde der Erfolg sich schon einstellen, zeigt nur, wie häufig die verschiedenen Dimensionen verwechselt werden und wie wenig der äußere Kontext Berücksichtigung findet. Man sollte diesen Grundsatz besser so formulieren: »Mach, was dir Spaß macht. Wenn der äußere Kontext förderlich ist, wirst du *eventuell* (?) Erfolg haben.« Die Täuschung liegt in der Idee: »*Wenn ich mir über etwas klar bin und es mir wünsche, werde ich es auch bekommen.*« Wir verwechseln Wünschen und Erhalten, so als ob diese beiden notwendigerweise aneinander gekoppelt wären. Es ist zwar ganz nett, wenn Sie sich über Ihre Wünsche im Klaren sind, aber letztlich bestimmt der äußere Kontext, in dem Sie versuchen, diese zu realisieren, ob sie zu verwirklichen sind. Die äußere Welt ist die wichtigste Komponente der Manifestation. Anders ausgedrückt: *Ihre Wahrnehmung muss sich auf die Bedingungen der physischen Realität gründen*, sonst sitzen Sie dem kindlichen Missverständnis auf, das ständig die Ebenen verwechselt: »Wenn ich meine innere Welt [Gedanken, Bilder etc.] im Griff habe, dann kann ich auch die äußere Welt kontrollieren.« Diese Selbstüberschätzung entsteht, wenn Kinder für die Kontrolle ihrer Gefühle, Handlungen, Gedanken etc. von Mutter oder Vater belohnt werden. Sie hören von den Eltern, dass sie dies oder jenes bekommen hätten, weil sie so brav gewesen seien. Jahre später projizieren sie in einem trancehaften Übertragungsprozess die Rolle von Vater oder Mutter auf die Welt oder Gott und stellen sich vor, dass sie wieder für Wohlverhalten (nach den elterlichen Vorstellungen) belohnt werden, wenn sie ihr Innenleben kontrollieren. Sie glauben immer noch, sie bekämen, was sie sich wünschen, weil sie brav sind.

Wenn Sie aber die Außenwelt vernachlässigen und dem Kontext, in dem Sie leben, keinerlei Aufmerksamkeit zollen, so rächt sich das. Sie vergessen ihre »Deckung« auf dieser Seite. Die äußere Welt bringt mit tödlicher Sicherheit zum Vorschein, was noch nicht bearbeitet wurde (Ihre »unbehandelten Samen«). Gurus kommen nach Amerika oder nach Europa und mit einem Mal meldet sich ihre biologische Seite wieder; ein bestimmtes Imagedenken kommt auf und mit einem Mal wollen sie Geld und Macht. Anfangs trägt der Guru noch Lumpen, später *muss* es dann schon Seide sein. Und er *muss* seine Schüler warten lassen. Auf diese Weise bringt die äußere Welt, die ganzheitlich mit den anderen Dimensionen verbunden ist, die »unbehandelten Samen« zum Treiben. Ob Sie Ihren äußeren Kontext also akzeptieren wollen oder nicht: Sie müssen ihn auf jeden Fall berücksichtigen.

Den Unterschied wahrnehmen[1]

Die beiden folgenden Übungen werden mit offenen Augen durchgeführt. Es ist sinnvoll, diese Übungen in einer Kleingruppe zu machen, da der Unterschied klarer wird, wenn man Augenkontakt mit einem Partner aufnehmen kann und den Partner dann wechselt.

Die Aufmerksamkeit stabilisieren:
Betrachten Sie einen Gegenstand im Raum und ziehen Sie dann Ihre Energie von diesem Gegenstand »zurück«. Während

[1] Die folgenden Übungen finden sich auch in *Quantenbewusstsein* und *Das Tao der Meditaion*. Sollten Sie diese also bereits gemacht haben und keine Auffrischung brauchen, überspringen Sie die folgenden Seiten einfach.

sie an ihn denken und mit dem Eindruck, den er bei Ihnen hinterlassen hat, löschen Sie sozusagen alles Wissen über diesen Gegenstand aus. (*Vijnana-Bhairava,* nach Jaideva Singh)

Praxis:
Suchen Sie sich einen Gegenstand im Raum. Ziehen Sie dann Ihre Aufmerksamkeit von diesem Gegenstand wieder ab. Mit anderen Worten: Ihre Aufmerksamkeit geht von Ihnen aus und bewegt sich auf den Gegenstand zu – etwa auf das Sofa. Dann nehmen Sie die Aufmerksamkeit wieder zu sich zurück. Ziehen Sie die Aufmerksamkeit zurück ... zu dem Punkt, *bevor* Sie einen Eindruck von diesem Gegenstand haben oder ein Gedanke über ihn auftaucht.

Eine Kursteilnehmerin berichtete, dass sie die Aufmerksamkeit zwar abziehen konnte, bevor sie etwas über den Gegenstand »wusste«, dass die Farbe aber einfach »hängen blieb«. Ich antwortete ihr, dass sie die Farbe zwar weiterhin sehen werde, dass sie sie nur nicht gleich mit dem Teppich im Wohnzimmer assoziieren werde. Anders gesagt: Die Farbe ist immer noch da. Sie verschwindet nicht einfach. Aber Sie ziehen die Energie von ihr ab, bevor es zu einem Gedanken oder einem Eindruck kommt, bevor Sie ihn »erkennen«.

Suchen Sie sich für die nächste Übung bitte einen Partner.

Praxis:
Schließen Sie kurz die Augen. Wenn Sie sie wieder öffnen, suchen Sie den Augenkontakt mit Ihrem Partner. Nehmen Sie nun Ihre Energie zu sich zurück ... zu dem Moment, *bevor* in Ihrem Geist Eindrücke, Gedanken oder Informationen über diese Person entstehen. Ziehen Sie die Aufmerksamkeit einfach immer stärker zurück. Schließen Sie dann wieder die Augen. Wenn Sie sie erneut öffnen, suchen Sie den Augenkon-

takt mit einem anderen Menschen. Auch hier nehmen Sie Ihre Aufmerksamkeit wieder zurück, bevor Sie mit dem visuellen Eindruck irgendetwas verbinden können. Suchen Sie den Raum *vor* der Information. Ziehen Sie Ihre Aufmerksamkeit zu dem Punkt zurück, *bevor* …

Ein Teilnehmer erzählte: »Alles wurde unscharf und meine Partnerin wurde immer durchlässiger. Es war wirklich interessant, denn je mehr ich sie aus dieser Position betrachtete, desto durchlässiger wurde sie. Alles trug einen starken Lichtschein und dann fühlte ich mich plötzlich von allem losgelöst.«

Ein anderer Teilnehmer berichtete Folgendes: »Das Fokussieren kam sehr schnell. Ich verlor die Grenzen der Objekte völlig aus den Augen.« Ich antwortete ihm: »Alles verliert seine Form, weil wir (unser Nervensystem) eine Form als Stuhl erscheinen lassen, als festes Objekt, indem wir auf diese Weise darüber denken.« Mit anderen Worten: Unser Nervensystem lässt die unsichtbare Quantenwelt »fest« werden, indem es statt mit den Objekten selbst mit unseren Ideen und Bildern davon umgeht.

Diese Methode eignet sich sehr gut, wenn Sie sich mitten in einer heißen Diskussion mit Ihrem Partner befinden – erinnern Sie sich in diesem Moment daran, wie die Übung geht. Sie lassen alle Eindrücke, Informationen und Vorstellungen los, die Sie von der anderen Person haben. Wenn Sie die Übung regelmäßig machen, wird diese Art der Wahrnehmung zu Ihrer ständigen Sichtweise. So kann jeder Augenblick jetzt, in der Gegenwart, erfahren werden. Das gegenwärtige Erlebnis ist nicht mehr eingefärbt von den Strukturen der Vergangenheit, die Sie (Ihr Nervensystem) zur Interpretation heranziehen.

Eine meiner Kursteilnehmerinnen meinte dazu: »Es kam mir so vor, als ob niemand da wäre. Man hat das Gefühl, dass einem nichts bleibt. Plötzlich war mein Partner weg.« »Ich« fragte das Mädchen, ob sie selbst da gewesen sei. »Nein«, sagte sie. »Auch ich habe mich aufgelöst.«

Ich bat sie, die Übung noch einmal mit mir zusammen zu machen. »Ich« sagte zu ihr: »Ziehen Sie während des Atmens Ihre Aufmerksamkeit zurück und sehen Sie mich dabei an. Was geschieht?« Sie antwortete: »Ich glaube, ich suche ununterbrochen nach einem Sinn. Diese Übung aber bewirkt, dass alles seinen Sinn verliert.«

Ich versuchte, ihr klar zu machen: »Wenn Sie von Sinn sprechen, meinen Sie im Grunde, dass die Dinge einen Sinn im Leben haben sollen – Sinn und Zweck. Es ist die Natur des Geistes, Sinn und Zweck zu suchen. Doch Sie sind nicht Ihr Geist. Ich sage nicht, dass Sie nicht nach Sinn suchen sollen. Aber Sie sollten dies dem Geist überlassen. Sie sind sich seines Suchens nur einfach gewahr. Wenn Sie hier eingreifen und den Sinn selbst suchen wollen, brauchen Sie enorm viel Energie. Ich meine, dass Sie Ihren Geist das tun lassen sollen, was er eben tut.« Sie antwortete: »Ich glaube, ich suche einfach Frieden und Glück.« Da wiederholte ich, was Nisargadatta Maharaj erwiderte, als jemand zu ihm einmal sagte: »Ich möchte aber glücklich sein.« Er sagte: »Unsinn! Glück ist dort, wo das Ich nicht ist.«

Was wahr ist
in der Dimension des Denkens,
muss für die anderen Dimensionen
nicht richtig sein.

Kapitel 6

Die Dimension des Denkens

In der zweiten Dimension entwickeln wir Bewusstheit auf der Ebene des Denkens.

Damit sind nicht nur unsere Gedanken und Vorstellungen gemeint, sondern auch unsere Fantasien, Wertvorstellungen, Konzepte, Ideen und Wahrnehmungen. Um diese Dimension ganz zu verstehen, müssen wir »unsere« Aufmerksamkeit vertiefen und uns der Dinge bewusst werden, die sich in unserer Psyche abspielen. Sonst werden wir niemals die Gegenwart erkennen, wie sie wirklich ist, und niemals Menschen oder Situationen im Hier und Jetzt erleben.

Gedanken und Vorstellungen schaffen nicht die äußere Realität! Das ist ein Punkt, der häufig missverstanden wird. Sie schaffen unsere Interpretation dieser Welt, also unsere subjektive Erfahrung der äußeren Wirklichkeit – wenn wir an sie glauben. Und dann wird unsere subjektive Erfahrung auf die Außenwelt projiziert. Ich möchte Ihnen dazu ein Beispiel geben: Wenn ich meinen Gedanken: »Du magst mich nicht« in ein »Du magst mich« ändere, dann kann ich zwar meinen Eindruck, also »meine« innere Erfahrung ändern, ob die gemeinte Person mich aber nun tatsächlich mag oder nicht, das bleibt dahingestellt. Warum ist es nun so wichtig, herauszufinden, wie unser Innenleben funktioniert?

Nisargadatta Maharaj wurde einmal gefragt, warum wir überhaupt meditieren sollten.

Er antwortete:

> Von der äußeren Welt wissen wir sehr viel. Von der inneren hingegen nur sehr wenig. Alle Dinge, derer du dir nicht bewusst bist, machen dich zum Sklaven. Wenn du etwas erkannt hast, kannst du dich davon befreien. Wir meditieren

also, um mehr Erkenntnis zu erlangen und uns von den unbewussten Anteilen unseres Selbst zu befreien.

Unbehandelte Samen

Die äußere Welt wird in psychologischen und in vom New Age beeinflussten Kreisen häufig unterschätzt. Man »glaubt« hier, dass sie von unseren Glaubenssätzen, Traumata etc. abhängt. Das New Age hat sich dies sogar zum Wahlspruch erhoben: »Unser Denken erschafft unsere Wirklichkeit.« Aber unser Denken ist nur eine Dimension der Manifestation der Einen Substanz, die äußere Welt ist eine andere. Sie sind zwar miteinander verbunden, haben aber unterschiedliche Funktionen. Vergessen Sie nicht: Unsere Gedanken schaffen zwar unsere subjektive, innere Realität, aber keineswegs unsere äußere Wirklichkeit.

Nimmt man das an, so verwechselt man einfach die Ebenen. Stellen Sie sich vor, ein Guru, der sich nie mit seinen leiblichen oder sonstigen Bedürfnissen auseinander setzen muss, ruht vollkommen in seiner Essenz. Wenn Sie nun den Kontext (die äußere Welt) ändern, werden die Anteile seiner Persönlichkeit, mit denen er sich bislang nicht auseinander gesetzt hat, plötzlich aktuell. Die meisten Gurus entwickeln, wenn sie nach Europa oder Amerika kommen, eine enorme Gier nach Geld und Sex. Und das führt zu Verwicklungen, denn wie wir aus eigener Erfahrung selbst wissen: Es kann rundum alles gut gehen. Alles läuft bestens. Wir fühlen uns glänzend. Und plötzlich haben wir einen neuen Sexualpartner und alles ist anders als vorher. All unsere ungelösten Probleme (unbehandelten Samen) scheinen auf einmal aufzutauchen.

Das beste Bild, das »mir« einfällt, um dieses Phänomen zu beschreiben, habe ich sozusagen aus Indien »importiert«. Dort nennt man diese ungelösten Schwierigkeiten »unbehandelte

Samen«. Wenn ich eine Hand voll Samenkörner nehme, sie in die Erde lege und gieße, dann wird daraus eine Pflanze wachsen, die früher oder später Früchte trägt. Nehme ich aber die Samen und röste sie in einer Pfanne an, dann können sie keine Früchte mehr tragen, auch wenn ich sie jeden Tag wässere. Die Hitze, welche die Samenkörner in unserem Bewusstsein sterilisiert, heißt Achtsamkeit. Die Quantenpsychologie funktioniert unsere Aufmerksamkeit um, so dass unsere unbehandelten Samen (Glaubenssätze, Konzepte, Meinungen etc.) nicht mehr länger treiben können.

Aber kehren wir doch zu unserem Guru zurück. Solange er in seiner Höhle sitzt und meditiert, gibt es gar kein Problem. Es ist ziemlich einfach, reines Gewahrsein zu erfahren, wenn man die Augen geschlossen hat und andere Menschen versorgen einen mit allem, was man so braucht. Aber sobald diese Menschen eine Beziehung aufnehmen oder für ihren Lebensunterhalt sorgen müssen, werden auch ihre *unbehandelten Samen* zu sprießen beginnen. Aus diesem Grund verändern sich Gurus mitunter recht unvermittelt, wenn sie in den Westen kommen. Auf einmal wollen sie Geld, Sex, Meditationszentren und Hochglanzbroschüren, weil Gott ihnen nämlich eine Mission zugedacht hat. Unglücklicherweise sind sich die meisten Lehrer oder Gurus ihrer »unbehandelten Samen« nicht bewusst. Ganz im Gegenteil: Meist verfallen sie in die Trance der Spiritualisierung (siehe dazu: *Die dunkle Seite des inneren Kindes*, Kapitel 14). Dann wird gewöhnlicher Sex zum Tantra und im Hunger nach Ruhm und Geld drückt sich die göttliche Mission aus. Kurz gesagt: Bevor sie sich dieser Tatsache bewusst werden können, treiben die unbehandelten Samen aus und werden mit dem Mäntelchen der Spiritualität bedeckt. Wie Sie sehen, ist es für manche Gurus recht einfach, sich auf den Weg des Nicht-Tuns zu begeben, wenn alles für sie getan wird. Anders ausgedrückt: Die Philosophie des Gurus passt sich dem Kontext an.

Zu diesem Thema gibt es eine hübsche Sufi-Geschichte über einen Mann namens Sheik Nasudin. Dieser war im Garten, da wurde ihm heiß und er ging für einen Moment ins Haus. Da kam eine Ziege, knabberte sich durch das Seil, das den Garten begrenzte, und begann dann, die Blumen aufzufressen. Als er dies sah, stürzte Nasudin aus dem Haus und schlug mit einem Stock auf die Ziege ein. Ein Passant beobachtete das und rief: »Halt ein. Wie kannst du nur eine wehrlose Ziege schlagen?« Und Nasudin antwortete: »Ich bin es nicht, der dies tut. Gott ist für alles verantwortlich. Ich tue gar nichts.« Der Spaziergänger fiel auf seine Knie nieder und berührte Nasudins Füße: »Ach, es tut mir so Leid. Ich habe nicht bemerkt, dass Ihr ein erleuchteter Weiser seid. Bitte vergebt mir.« Dann fuhr er fort: »Übrigens ist das ein sehr schöner Garten. Wer hat denn diese Pracht geschaffen?« Und Nasudin antwortete stolz: »ICH war das!«

Die äußere Welt bringt unsere unbehandelten Samen zum Sprießen. Jedes Mal wenn sich der Kontext ändert, kommen neue Samen zum Vorschein. Normalerweise reagiert unser Nervensystem dann mit einer Assoziationstrance. Sein »Alarmsystem« reagiert auf neue Situationen, indem es sie mit anderen, früher erlebten vergleicht und die Gegenwart nach dem Muster der Vergangenheit behandelt. Dieser Überlebensmechanismus ist ein starker Verteidigungswall gegen neue Erfahrungen, die unter Umständen neue Probleme ans Licht bringen. Ein Beispiel: Eine meiner Patientinnen hatte mit ihrem Mann praktisch keine sexuelle Beziehung mehr. Sobald sie einen anderen Mann traf, behandelte sie diesen wie ihren Ehemann, damit keinerlei sexuelle Komponente in diese Beziehung trat. Dann unterdrückte sie ihre eigenen sexuellen Gefühle mit Hilfe der Meditation. Und schließlich hatte sie noch ein bestimmtes Denkkonzept aus der Vergangenheit parat, das besagte, Sex außerhalb der Ehe sei schlecht. Auf diese Weise machte sie regelmäßig alle gegenwärtigen sexuellen Gefühle zunichte.

Meditation und unbehandelte Samen

Sie können in der Meditation ein tiefes Stadium der Versenkung erreichen, doch bevor Sie Ihre psychischen und emotionalen Probleme nicht geklärt haben, werden Sie immer wieder aus dem Gewahrsein der Essenz, des *Ich bin*, des Nicht-Ich-Ich gleiten. Wir alle haben unsere Trancen und genau diese wollen wir doch loswerden. Es geht schließlich darum, dass wir uns dehypnotisieren. Um mit den Worten Nisargadatta Maharajs zu sprechen: »Was immer du zu sein glaubst, bist du nicht.«

In der Quantenpsychologie geht es um die Befreiung der Aufmerksamkeit, die gleichzusetzen ist mit dem Vorgang der De-Hypnose. Irgendjemand fragte mich einmal, ob Meditation dabei nicht hilfreich sei. Doch, natürlich. Meditation kann zum Samadhi führen, was bedeutet »Nicht-Ich«. Aber das Gewahrsein dieser Dimension bleibt nicht stabil, wenn man die Probleme auf den anderen Ebenen nicht gelöst hat.

Das ist so ähnlich wie in der Geschichte über die Badenden im Ganges, die Swami Muktananda gern erzählt. In Indien gilt ein Bad im Ganges als *das* Mittel, um sich von allen Sünden reinzuwaschen. Aber Swami Muktananda zufolge verstecken sich die Sünden (unbehandelten Samen) in den Bäumen am Fluss, so dass sie einen wieder befallen, sobald man das Wasser (die Meditation) verlässt.

Genau das geschieht, wenn man Probleme auf der intellektuellen oder emotionalen Ebene nicht löst, bevor man in den zustandslosen Zustand eintritt. In der Meditation kann »ich« bequem ruhig sitzen und meinen Geist in Leerheit aufgehen lassen. »Ich« kann darin baden wie im Ganges. Doch sobald ich diesen Zustand wieder verlasse, ist mein alter Geisteszustand wieder da.

Nachdem wir in der ersten Dimension das Bewusstsein für die Außenwelt entwickelt haben, ist es nun nötig, eine Dimension hinzuzufügen und das Denken in unsere Bewusstheit einzubeziehen. In Beziehungen beispielsweise verlieren wir häufig uns selbst, indem wir uns zu sehr auf den Partner konzentrieren. Andere wiederum verlieren die Verbindung, weil sie sich auf den Partner nicht einlassen. Daraus entsteht eine klassische Double-bind-Situation, in der es nur zwei Möglichkeiten zu geben scheint: »Entweder habe ich eine Beziehung und verliere mich selbst. Oder ich habe meinen Platz, aber keinen Raum für eine Beziehung.« Aus dieser Zwickmühle entstehen viele der Beziehungsprobleme, mit denen ich in meinen Workshops zu tun habe. Eine der meist gestellten Fragen in meinen Kursen lautet: »Wie kann ich bei mir selbst sein (meinen Raum haben) und gleichzeitig eine Verbindung zu einem anderen Menschen eingehen?«

Die folgende Übung suggeriert, dass man beides haben kann, indem man die eigene Aufmerksamkeit teilt und gleichermaßen auf Innen- wie auf Außenwelt richtet. P. D. Ouspensky (1949), ein bekannter Schüler Gurdjieffs, der den Vierten Weg gelehrt hat, beschreibt das sinngemäß so: Wenn meine Aufmerksamkeit auf die äußere Welt gerichtet ist, dann bin ich wie ein nach außen gerichteter Pfeil. Wenn ich die Augen schließe und in mich hineinsinke, wird meine Aufmerksamkeit zu einem nach innen gerichteten Pfeil. Jetzt versuche ich, beides gleichzeitig zu tun – den Pfeil nach innen und außen zu richten –, und stelle sofort fest, dass das unglaublich schwierig ist. Nach ein, zwei Sekunden vergesse ich entweder die äußere Welt und verliere mich in einem Tagtraum oder ich vergesse mich und gehe in dem auf, was ich betrachte.

Auch diese Übung verlangt also vom Praktizierenden, dass er sich an sein Selbst erinnert: dass er sich auf die Dimension des Denkens (innen) und auf die äußere Welt gleichzeitig und in ausgewogener Weise konzentriert. Die Quantenpsychologie verlangt am Ende weit mehr, d. h. die gleichzeitige Integration von drei und mehr Bewusstseinsebenen.

Zur Dimension des Denkens gehören unsere Glaubenssätze, Trancen, Grundannahmen, Entscheidungen und Werte. Alles also, was mit der Ebene der Gedanken zu tun hat. Es geht nun nicht nur um das Denken und Glauben, unsere Bilderwelt spielt dabei ebenfalls eine Rolle. Stellen Sie sich vor, Sie sitzen gemütlich auf dem Sofa und plötzlich haben Sie ein bestimmtes Bild vor Augen: der Strand, die Berge, die Beziehung, die Sie sich immer gewünscht haben, Ihre Mutter, Ihr Vater, vergangene oder zukünftige Ereignisse – all das ist ein Teil Ihres Denkens. Natürlich sind mit diesen Bildern auch Emotionen verbunden, aber wir werden sehen, dass diese zu einer anderen Dimension gehören.

Dummerweise konzentrieren wir uns meist nur auf eine Ebene der Realität. Ein Beispiel: Sie sprechen mit einer anderen Person. Sagen wir einmal, es ist Ihr Liebster, und plötzlich gehen Sie auf eine Fantasiereise, in der Sie verlassen werden. Diese Fantasie zieht unsere Aufmerksamkeit von der äußeren Dimension der realen Beziehung ab und lässt uns in die Dimension des Denkens abgleiten. Wir verlieren den Kontakt zur Wirklichkeit. In *Die alltägliche Trance* habe ich diesen Vorgang genauer beschrieben. *Dabei sehen wir die andere Person nicht mehr länger so, wie sie gegenwärtig ist, sondern bauen unsere Beziehung zu unserer Vorstellung auf, die wir von ihr haben.*

Wir (unser Nervensystem) ziehen unsere Schlüsse, nehmen bestimmte Aspekte wahr, andere nicht, bis unser Denken uns letztlich vollkommen in Beschlag nimmt. Dann hat die reale Erfahrung in der äußeren Welt keinen Einfluss mehr auf uns. Auch hier würde Alfred Korzybski, der Begründer der Allgemeinen Semantik, sagen: »Die Landkarte ist nicht das Land selbst.« Die Quantenpsychologie beschreibt das folgendermaßen: Wir haben in diesem Moment eine Vorstellung von der äußeren Welt, die dieser nicht entspricht. Wenn ich mir nämlich einbilde, die Person, mit der ich zusammen bin, wird mich verlassen, dann verliere ich nicht nur den Kontakt zum Hier und Jetzt, ich *interpretiere* die Situation ja auch. Ich picke mir bestimmte Aspekte heraus und frage mich, was sie wohl *bedeuten* mögen. Situationen eine bestimmte Bedeutung zuzuordnen ist ein Weg, dem Chaos Widerstand zu leisten, das unser Nervensystem in jedem Augenblick schafft. (Doch dazu später.)

Quantenpsychologische Prinzipien

Jeder Mangel an Bewusstheit, jede Loslösung aus dem Gewahrsein auf einer der Realitätsebenen bewirkt einen Verlust des multidimensionalen Bewusstseins.

Jeder Verlust von Bewusstheit auf den einzelnen Ebenen bewirkt, dass wir unser Mensch-Sein aufgeben.

Jedes Sich-Lösen aus einer Realitätsebene bewirkt, dass wir unsere Bewusstheit des Hier und Jetzt verlieren. Dasselbe gilt für die Fixierung auf eine der Ebenen.

Je mehr Bewusstheit, desto stärker die »subjektive« Erfahrung der Freiheit. Je weniger Dimensionen bewusst erlebt werden, desto geringer die »subjektive« Erfahrung der Freiheit.

In der Dimension des Denkens sind unsere Gedanken, Fantasien und Bildwelten beheimatet. Wenn Sie – quasi ohne Vorwarnung – plötzlich das Bild Ihrer Mutter vor Augen haben, ist das ebenfalls ein Teil des Denkens. Das zugehörige Gefühl gehört auf die Ebene der Emotionen. Bei einem Trauma fallen die Grenzen zwischen den Dimensionen weg, so dass sie ineinander fallen. Deshalb sind traumatische Erfahrungen so schwer aufzulösen, denn in ihnen verschmelzen alle Dimensionen miteinander.

Im Folgenden werde ich Ihnen ein paar Übungen an die Hand geben, mit denen Sie Ihre Bewusstheit auf der Ebene des Denkens steigern können.

Die Dimension des Denkens – Übung 1[1]

Brennpunkt:
Wenn ein Gedanke auftaucht, fragen Sie sich: »Woher kommt dieser Gedanke?«

Wenn wir uns dies immer wieder fragen, stellen wir sehr bald fest, dass ein Gedanke entsteht und vergeht, dazwischen aber ist ein gewisser Raum. Fragen wir uns nach jedem Gedanken: »Woher kommt dieser Gedanke?«, so kommen wir auf diese Lücke zwischen zwei Gedanken zurück, wodurch wir das Entstehen und Vergehen jedes Gedankens wahrnehmen können.

Stellen Sie sich etwa vor, Sie erwachen morgens neben dem Menschen, den Sie lieben. In Ihrem Bewusstsein steigt der Gedanke auf: »Oh, das ist toll. Das finde ich wirklich super!« Dann denkt Ihr Geist plötzlich: »Ich mag ihr/sein Aussehen« oder »Es gefällt mir, dass er/sie so klug ist« und »Ich mag es, wie sie/er neben mir schläft« und dergleichen mehr. Zwei oder drei Tage später wachen Sie auf und betrachten den geliebten Menschen und denken: »Oje, was mache ich nur mit ihm/ihr?« Als Nächstes ertappen Sie sich bei dem Gedanken: »Ich möchte viel lieber mit jemand anderem zusammen sein« oder »Vielleicht sollte ich mich ja scheiden lassen?« und »Ich habe mich getäuscht. Das hier ist reine Zeitverschwendung«.

[1] Viele dieser Übungen wurden bereits in *Quantenbewusstsein* oder *Das Tao der Meditation* beschrieben. Wenn Sie Ihre Kenntnisse nicht wieder auffrischen möchten, lassen Sie sie einfach weg.

Noch häufiger machen Sie wahrscheinlich folgende Erfahrung: Sie wachen morgens gut gelaunt auf. Der Gedanke: »Ich fühle mich toll!« macht sich in Ihrem Bewusstsein breit. Sie identifizieren sich mit diesem Gedanken. Als Nächstes sucht der Verstand nach Gründen, weshalb man sich gut fühlt. »Ich fühle mich gut, *weil* ich lange geschlafen habe«; »Ich fühle mich gut, *weil* ich nur kurz geschlafen habe«; »Ich fühle mich gut, *weil* ich heute früh meditiert habe«; »Ich fühle mich gut, *weil* ich viel zu Abend gegessen habe«; »Ich fühle mich gut, *weil* ich wenig zu Abend gegessen habe«.

Etwa um die Mittagszeit denken Sie dann: »Ich bin müde.« Wenn Sie sich mit diesem Gedanken identifizieren, dann sagen Sie sich vielleicht: »Ich bin müde, wieso muss ich arbeiten? So ein Stress! Ich wusste es ja – ich habe zu viel/zu wenig geschlafen.« Die Reihenfolge kann sich natürlich ändern. Dabei geschieht Folgendes: Ein Gedanke entsteht, vergeht wieder und dazwischen ist eine Lücke. Gedanken existieren auf diese Weise: Sie keimen auf und verlöschen – dazwischen aber ist Raum!

Der Sinn dieser Übung besteht darin, Sie in die Lücke, den Raum zwischen den beiden Gedanken bzw. vor dem letzten Gedanken zu bringen. Machen Sie sich klar, dass Sie von allem begrenzt werden, womit Sie sich identifizieren.

Da tauchen Gedanken auf wie »Ich fühle mich gut« oder »Ich fühle mich schlecht«; »Wäre ich doch bloß dort«; »Ich bin hier«; »Ich wünschte, ich wäre nicht hier« usw. Wenn einer Ihrer Gedanken lautet: »Ich verstehe das nicht«, dann identifizieren Sie sich damit und schon zieht er eine Kette von Assoziationen nach sich wie: »Ich verstehe das nicht«; »Ich habe noch nie etwas verstanden.« – »Das ist das Drama meines Lebens.«

Alles, womit Sie sich als »Ich« identifizieren, begrenzt Sie. Es ist die Natur des Geistes, unstet zu sein. Daher lieben Sie im einen Moment Ihren Job, im anderen würden Sie am liebsten alles hinwerfen. In diesem Augenblick sind Sie mit Ihrer Beziehung zufrieden, im nächsten schon nicht mehr. An einem Tag fühlen Sie sich mit Ihrem Leben so rundum wohl, am nächsten Tag verursacht es Ihnen Depressionen. Heute verlieben Sie sich unsterblich, morgen verstehen Sie sich selbst nicht mehr. Aus diesem Grund können wir uns auf unser Denken nicht verlassen.

Auf die Frage »Woher kommt dieser Gedanke?«, gibt es keine Antwort. Aber achten Sie einmal darauf, was passiert, wenn Sie diese Frage stellen. Suchen Sie nach dem Raum, aus dem jeder Gedanke aufsteigt. Es geht darum, sich daran zu erinnern, wer unsere Gedanken denkt und wer sie beobachtet.

Ich habe einmal in einem Workshop mit einem Ehepaar gearbeitet. Sie hatten sich zusammengetan, um sich gegenseitig zu fragen: »Woher kommt dieser Gedanke?« Plötzlich unterbrach sich die Frau, schaute zu mir herüber und sagte: »Ich überlege mir gerade, was ich sagen soll – ich überlege mir ständig, was ich sagen soll.« Ich gab zurück: »Das ist Ihre Lebensgeschichte.« Und sie antwortete: »Ja.« Dieser Gedanke »Ich sollte etwas sagen« ging vorbei und sie identifizierte sich damit. Dann durchlief sie alle möglichen Fantasien, um zu klären, weshalb sie nie wusste, was sie sagen sollte.

Wenn also Gedanken aufkommen, dann fragen Sie sich einfach immer wieder: »Woher kommt dieser Gedanke?«

Angenommen da ist ein Gedanke, etwa: »Ich habe Angst.« Im nächsten Schritt identifizieren Sie sich damit und haben das Gefühl: »Das bin wirklich ich.« Dann sagt ihr Geist auf einmal: »Ich habe Angst, weil ich nicht genug Geld habe« oder »Ich fürchte mich, weil meine Beziehung nicht mehr läuft«. Und so weiter: »Ich habe Angst, weil ...« (setzen Sie ein, was für Sie stimmt). Sobald man sich mit einem Gedanken identifiziert, stellen sich all die damit assoziierten seelischen und emotionalen Reaktionen ein. Und dann hat Ihr Geist Tausende von Gründen parat, warum Sie Angst haben oder warum Sie in drei Wochen Angst haben sollten. Zum Beispiel: »Was ist, wenn ich meinen Job verliere?« oder »Und wenn mich mein Partner verlässt?« Eines der

Grundprinzipien des Jnana-Yoga lautet: Du bist nicht deine Gedanken. Denken Sie daran, dass die zahlreichen Begründungen immer erst nach der Erfahrung selbst auftauchen. Wenn Sie das Problem, das da lautet »Ich habe Angst, weil ich mich ungeliebt fühle«, lösen wollen, indem Sie Ihre Partnerin dazu bringen, Sie noch mehr zu lieben, haben Sie eine Lösung für das falsche Problem geschaffen. Die Lösung gehört also ebenfalls in den Bereich des Falschen, d. h. des Falschen Selbst.

Nisargadatta Maharaj fragte einmal Jean Dunn, die gerade seinen Vortrag auf Band mitschnitt, um daraus ein Buch zu machen: »Wie lautet der Titel meines nächsten Buches?« (Als ob ihn das interessiert hätte!) Sie antwortete: »Jenseits des Bewusstseins«. Er gab zurück: »Nein, nein. Es sollte heißen *Vor dem Bewusstsein*, *vor* dem letzten Gedanken, *vor* dem Gedanken, den man zuletzt hatte. Dort sollte man ruhen.«

Praxis:
Beobachten Sie, wie die Gedanken, einer nach dem anderen, in Ihrem Bewusstsein auftauchen. Jedes Mal, wenn ein Gedanke aufkeimt, fragen Sie sich: »Woher kommt dieser Gedanke?«

Ich saß einmal bei Nisargadatta Maharaj, als ein Psychiater und seine Frau aus Frankreich zu Besuch kamen. Der Psychiater stellte umständliche Fragen über Geburt und Tod und wollte gar nicht mehr aufhören. Maharaj sah ihn an und fragte dann: »Wer sagt Ihnen denn, dass Sie überhaupt existieren?« Der Psychiater sah seine Frau an, diese gab den Blick zurück (ich saß hinter ihnen) und Nisargadatta meinte: »Ihr Geist sagt Ihnen, dass Sie existieren. Das Bewusstsein sagt Ihnen, dass ›Sie‹ existieren, und Sie glauben es. Es ist völlig ausreichend, wenn Sie das verstehen.«

In Beziehungen taucht häufig der Gedanke »Ich bin wütend auf dich« auf und mit einem Mal glaube ich das. Ich identifiziere mich also mit diesem Gedanken und der Geist sucht nach

Gründen. Zum Beispiel: »Ich bin wütend auf dich, weil du zu groß bist oder weil du zu klein bist oder weil ich mehr bzw. weniger Zuneigung brauche.« Wenn ich also eine Beziehung mit Ihnen habe und mich mit dem Gedanken identifiziere: »Ich möchte, dass du größer bist«, dann könnten Sie in Versuchung geraten, sich Schuhe mit hohen Absätzen zuzulegen und Ihr Haar zu toupieren. Wenn Sie sich aber auf meine Gedanken über sich einlassen, dann könnten Sie sie dazu benutzen, um Ihren Falschen Kern zu verdecken.

Um Ihre Aufmerksamkeit stattdessen auf den unveränderlichen Raum zu lenken, der immer da ist, ist noch eine weitere Übung nötig.

Die Dimension des Denkens – Übung 2

Brennpunkt:
Wenn ein Gedanke auftaucht, fragen Sie sich: »Wem kommt dieser Gedanke?« Antwort: »Mir.« Fragen Sie sich dann: »Wer ist dieses ›Ich‹?« (nach: Ramana Maharshi)

Ziel und Zweck dieser Übung ist es, die vorübergehenden Ich-Gedanken aus der Dimension des Denkens herauszulösen. So können wir sehen, wie sie entstehen und wie sie unser Leben beeinflussen, indem sie eine innere subjektive Realität schaffen. Erst dann können wir sie gehen lassen oder – wie Nisargadatta Maharaj sagen würde – beiseite legen. Folgendermaßen gehen Sie dabei vor: Sobald ein Gedanke aufkeimt (und nur dann), fragen Sie sich: »Wem kommt dieser Gedanke?« Antworten Sie sich selbst: »Mir.« Und fragen Sie weiter: »Wer ist dieses ›Ich‹?« Auf diese Weise machen Sie das Subjekt des Ich-Gedankens (also sich selbst) zum beobachtbaren Objekt. Der »Ich-Gedanke« wird verschwinden und ein neuer taucht auf, der seinen Platz einnimmt.

Dies kann hervorragend mit einem Partner geübt werden. Stellen Sie Augenkontakt her. Sobald ein Gedanke ins Bewusstsein kommt, spricht die erste Person ihn laut aus. Zum Beispiel: »Ich mag das nicht« oder »Ich mag das gerne«; »Es ist warm«; »Es ist kalt«; »Wäre ich doch nicht hier!« usw. Die gegenübersitzende Person stellt dann die Frage: »Wem kommt dieser Gedanke?« Und die erste antwortet: »Mir.« Dann fragt die zweite Person: »Wer ist dieses ›Ich‹?«

Eine Kursteilnehmerin fragte mich: »Gibt es denn überhaupt eine Antwort auf diese Frage?« Ich sagte zu ihr: »Wem kommt der Gedanke: ›Gibt es eine Antwort auf diese Frage?‹« »Mir«, antwortete sie. Ich hakte nach: »Wer ist dieses ›Ich‹?« Sie gab zurück: »Der Gedanke ist verschwunden.« Wenn ein Gedanke in Ihrem Geist auftaucht, fragen Sie sich: »Wem kommt dieser Gedanke?« Antworten Sie: »Mir.« Fragen Sie sich dann weiter: »Wer ist dieses ›Ich‹?« Ein Teilnehmer sagte einmal: »Ich glaube nicht, dass ich weiß, was ich tue.« Ich fragte ihn: »Wem kommt dieser Gedanke?« Er antwortete: »Mir.« Ich fragte weiter: »Wer ist dieses ›Ich‹?« und sagte: »Haben Sie bemerkt, dass es einen Raum nach der Frage nach dem Ich gibt?«

Noch einmal zur Wiederholung: Alles, was Sie über sich selbst glauben, schränkt Sie ein: »Ich fühle mich gut« oder »Ich fühle mich schlecht«; »Ich bin groß, klein, dick, dünn, hässlich etc.« Jeder im Geist auftauchende Gedanke, mit dem Sie sich identifizieren, begrenzt Sie. Der Inhalt spielt gar keine Rolle. »Es gefällt mir hier«; »Ich liebe mich«; »Ich hasse mich«; – das alles sind nur Gedanken. Wenn ein Gedanke kommt wie »Ich fühle mich gut«, dann fragen Sie: »Wem kommt dieser Gedanke?« Antwort: »Mir.« Fragen Sie dann: »Wer ist dieses ›Ich‹?« Im Laufe der Zeit werden Sie feststellen, dass sich nach dieser Frage ein Raum auftut. Achten Sie auf diesen Raum.

Als »ich« in Indien war, habe ich immer morgens um drei Uhr mit der Meditation begonnen. Eines Morgens meditierte »ich« in einer Höhle und mir kam der Gedanke: »Es ist ein harter

Kampf.« Er schlich sich ganz leise ein. »Ich« betrachtete ihn und fragte: »Wer ist dieses ›Ich‹?« Augenblicklich verschwand er. Tatsächlich hatte ich mein Leben immer als harten Kampf betrachtet, weil meine Mutter mir diese Vorstellung vermittelt hatte. Ich war mir ihrer nie bewusst gewesen und so hatte ich sie nie in Frage stellen können. Sobald ich den Gedanken als solchen sein ließ und mich nicht damit identifizierte, verschwand er. Ich denke, das Wichtigste, was Nisargadatta Maharaj mir beigebracht hat, ist, die richtigen Fragen zu stellen.

Meher Baba verglich das Ego oder das »Ich« einmal mit einem Eisberg. Man sieht nur 10 Prozent davon, die restlichen 90 Prozent liegen unter Wasser und sind nicht zu sehen (außerhalb des Bewusstseins). Wenn Sie anfangen zu meditieren, kommt das, was unter Wasser liegt, allmählich nach oben. Sie müssen damit nichts tun, nur feststellen, dass es da ist, und beobachten, wie es Ihre innere, subjektive Realität und damit Ihr Leben beeinflusst. Dann können Sie dieses Material »beiseite legen«.

Wenn Ihnen der Gedanke kommt: »Es ist schwierig« und Sie identifizieren sich mit diesem Gedanken, wird sich der Geist eine plausible Begründung ausdenken, um den Ich-Gedanken, mit dem Sie sich identifiziert haben, zu begründen: »Ich habe das noch nie gekonnt«; »Ich habe das noch nie geschafft«; »Ich wusste, ich hätte nicht hierher kommen sollen«; »Ich wusste, ich hätte ins Kino gehen sollen« usw. In dem Moment, in dem Sie sich mit diesem Gedanken identifizieren, treten Sie eine ganze Lawine von Assoziationen los und Ihre Erfahrung wird am Ende mit dieser Kette von Gedanken übereinstimmen. Angenommen Sie würden genau anders reagieren: »He, das ist klasse!« Sofort identifizieren Sie sich damit und verschmelzen mit dem Gedanken. Und schon machen Sie die Erfahrung, dass etwas ganz toll ist. Denn wie sagte Nisargadatta Maharaj, als jemand zu ihm sagte, er wolle einfach glücklich sein: »Unsinn! Glück ist dort, wo das *Ich* nicht ist.«

Sie sind nicht Ihre Denkmuster oder Assoziationsketten. Sie sind nicht, was Sie denken. Bleiben Sie *vor* dem Denken.

Praxis:
Machen Sie sich über die Antwort keine Gedanken. Schließen Sie die Augen und achten Sie darauf, wie Sie sitzen. Wenn ein Gedanke in Ihnen auftaucht, fragen Sie sich: »Wem kommt dieser Gedanke?« Antwort : »Mir.« Fragen Sie weiter: »Wer ist dieses ›Ich‹?«

Die Dimension des Denkens – Übung 3

Brennpunkt:
Wenn ein Gedanke auftaucht, fragen Sie: »Wer hat dir das gesagt?« Antwort: »Der Verstand.«

Der Sinn dieser Übung besteht darin, zu erkennen, dass alle Informationen aus dem Geist kommen. Es liegt in der Natur des Geistes, sich ständig zu verändern. Daher müssen wir verstehen, dass Gedanken und Geist dasselbe sind. Durch diese Meditation wird die Identifikation mit den Geistesinhalten gelockert. Nisargadatta Maharaj sagte immer: »Um über den Geist hinauszugelangen, muss man vom Geist und seinen Inhalten wegschauen.«

Auch diese Übung kann mit einem Partner gemacht werden. Fragen Sie sich jedes Mal, wenn ein Gedanke kommt: »Wer hat dir das gesagt?« Antworten Sie: »Der Verstand.« Sie können nur dann etwas fühlen oder erfahren, wenn die Stimme in Ihrem Hinterkopf sagt: »Ich bin glücklich« oder »Ich bin traurig« und dergleichen.

Eine meiner Kursteilnehmerinnen fragte mich einmal: »Warum spricht man von *einem* Geist?« Ich gab zur Antwort: »Weil die Vielfalt im Geist aus den Gedanken kommt. Gedanken, mit denen wir uns identifizieren, machen wir zu unseren Gedanken. Es ist also nur ein Geist, auch wenn es sich um viele Gedanken handelt.« Und um hier schon den Samen für die spätere Weiterentwicklung zu legen: Es gibt nur einen Geist, nicht mehrere.

Praxis:
Setzen Sie sich etwa sieben bis zehn Minuten lang hin. Achten Sie auf jeden Gedanken, der durch Ihr Bewusstsein geht. Sagen Sie zu sich selbst: »Wer hat dir das gesagt?« Antworten Sie sich: »Der Verstand.«

Das Ziel dieser Übung ist es, sich mit nichts zu identifizieren. Die im August 1982 verstorbene Heilige Ananda Mayi Ma sagte immer, wenn ihr jemand eine Frage stellte: »Der Körper denkt« oder auch »Der Geist denkt«, niemals: »Ich denke.«

Die Dimension des Denkens – Übung 4

Brennpunkt:
Bei jedem Gedanken, der auftaucht, fragen Sie sich: »Wohin verschwindet dieser Gedanke?«

Diese Übung stammt von Ramana Maharshi, einem Weisen des 20. Jahrhunderts, der die Kunst der Selbstbefragung zur Perfektion führte. Ein Gedanke entsteht und vergeht: Achten Sie darauf, wohin der Gedanke verschwindet. Gibt es auf diese Frage eine Antwort? NEIN. Wir nehmen nur einfach den Raum wahr. Sobald Sie einmal in diesem Raum sind, gibt es nichts mehr. Da ist nichts. Dann entsteht ein anderer Gedanke: »Ich weiß nicht recht, ob ich das richtig gemacht habe.« Wohin verschwindet dieser Gedanke?

Ein Teilnehmer fragte mich nach Bildern, die auftauchten, weil dies das Einzige sei, dessen er sich bewusst sei. Er dachte vielleicht, er solle diese Bilder analysieren. Ramana Maharshi sagte immer: »Wenn du dein Haus putzt, dann analysierst du ja auch nicht den Schmutz.« Ich riet ihm, den Film langsamer werden zu lassen, bis jedes Bild einzeln sichtbar sei. Wenn man einen Film langsam abspielt, sieht man die Leerräume zwischen den einzelnen Bildern – dort haken Sie ein! Gedanken und Bilder erscheinen wie ein ununterbrochener Fluss, so als wäre das Bewusstsein ein Strom. Aber tatsächlich gibt es einen Zwischenraum zwischen den Bewusstseinsinhalten, aus dem jeder einzelne entsteht und in den hinein er wieder verschwindet.

Praxis:
Wenn Gedanken im Bewusstsein auftauchen, achten Sie darauf: »Wohin verschwindet dieser Gedanke?« Folgen Sie ihm in den Raum, in dem er sich auflöst. Dieser Raum existiert. In ihm entsteht dann der nächste Gedanke. Beobachten Sie den Vorgang. Wohin verschwindet dieser Gedanke?

Die Dimension des Denkens – Übung 5

Brennpunkt:
Fragen Sie sich jedes Mal, wenn ein Gedanke auftaucht: »Wessen Gedanke ist das?«

Praxis:
Beobachten Sie die Gedanken, die durch Ihr Bewusstsein ziehen. Fragen Sie sich: »Wessen Gedanke ist das?« Ständig ziehen Gedanken durch den ungeteilten, einen Geist. Bei einigen sagen Sie: »Das bin ich.« Bei anderen: »Das bin nicht ich.« Fragen Sie: »Wessen Gedanke ist das?«

Sie können die Gedanken, die Sie in fünf oder zehn Minuten haben werden, nicht kontrollieren, weshalb sollten Sie also versuchen, Sie jetzt zu kontrollieren? Swami Prakashananda sagte einmal: »Man hat nicht einmal sehr viel Kontrolle darüber, wann man zur Toilette muss. Lassen Sie also einfach geschehen, was jetzt geschieht. Beobachten Sie nur.«

Ein Prinzip der Quantenpsychologie besagt, dass in jedem Gedanken auch der Beobachter dieses Gedankens steckt, derjenige, der den Gedanken denkt und ihn erfährt. In anderen Worten: Es ist eine Illusion, sich Gedanken und Denker als getrennt vorzustellen. Es gibt nur das Denken; *derjenige, der den Gedanken denkt, beobachtet und erfährt, steckt im Gedanken selbst*.

Der Grundgedanke des kaschmirischen (nordindischen) Shivaismus, der sich im 2. Vers zu den Shiva-Sutren ausdrückt, ist *Jnanam Bandhah*: »Wissen ist eine Fessel.« Das bedeutet, dass alles, was Sie wissen (über sich oder die Welt), Sie bindet. Sie denken, dass Sie klug sind, stark, nicht liebenswert. Sie glauben, spirituell zu sein oder wertlos. Doch was immer Sie glauben, es schränkt Sie ein. Daher ist Wissen eine Fessel.

Die Dimension des Denkens – Übung 6

1. Schritt: Richten Sie Ihre Aufmerksamkeit auf einen Gedanken oder ein Gefühl, das Sie gerade haben.
2. Schritt: Ziehen Sie die Aufmerksamkeit von dem Gedanken bzw. Gefühl zurück, bevor Sie den Gedanken oder dem Gefühl ein Etikett geben, bevor Sie also »wissen«, worum es sich bei dieser Bewegung im Geist handelt.
3. Schritt: Betrachten Sie den Gedanken oder das Gefühl von diesem neu entdeckten Raum aus, als würden Sie ihn bzw. es zum ersten Mal wahrnehmen.
4. Schritt: Achten Sie darauf, was geschieht.

Zweidimensionales Bewusstsein entwickeln

Die Aspekte des Bewusstseins[2]

Das differenzierte (geteilte) Bewusstsein weiß zu unterscheiden. Es ist ein subtiles Etwas, das Unterscheidungen trifft.[3, 4] Diese Ausprägung des Bewusstseins lässt uns den Unterschied zwischen Tisch und Stuhl oder zwischen Ihrem Arm und meinem Kopf erkennen. Auf einer anderen Ebene ermöglicht es uns, zwischen einem Gedanken und einem Gefühl, einem Laut und einer visuellen Wahrnehmung, einer Erinnerung und einem gegenwärtigen Erlebnis zu unterscheiden. Doch leider bringt das Bewusstsein diese Ebenen häufig durcheinander, was eine Menge Chaos verursacht, weil wir dann nicht mehr genau wissen, was jetzt geschieht, was bereits geschehen und nur in unserer Erinnerung präsent ist. Manchmal wissen wir nicht einmal mehr, welche Gefühle »unsere« und welche die der anderen sind.

Bevor wir uns der Leerheit des undifferenzierten Bewusstseins zuwenden können, sollten wir uns die unterschiedlichen Aspekte des Bewusstseins klar machen. Ich habe diesen Aspekt bereits im Hinblick auf die Trancen der Persönlichkeit behandelt. Näheres dazu finden Sie in meinen Büchern *Die alltägliche Trance* und *Die dunkle Seite des inneren Kindes*. Wie ich bereits erwähnt habe, sagte mein Lehrer Nisargadatta Maharaj

[2] Dieser Vorgang wurde zum ersten Mal in *Die alltägliche Trance* beschrieben.

[3] *The Shuranyama Sutra*, Buddhist Text Translation Society, Vol. 3 (1980) California, The Sino-American Buddhist Association, S. 22.

[4] Bitte beachten Sie, dass das differenzierte Bewusstsein ein eigenes »Ich« besitzt, das all die psychologischen Aspekte wie Vorlieben, Vergleiche etc. aufweist. Das *ungeteilte Bewusstsein* hingegen kennt keine Vorlieben oder Vergleiche. Es ist leerer als die Leerheit selbst und ist frei von jeder Ich-Vorstellung. Ein Zen-Meister sagte einmal: »Der Große Weg ist leicht zu gehen – wenn du keine Vorlieben hast.«

häufig: »Bevor du etwas aufgeben kannst, musst du erst wissen, worum es sich handelt.«

Zu Beginn dieses Prozesses müssen wir uns also den einzelnen Aspekten unseres Bewusstseins zuwenden und sie definieren. Diese Aspekte fungieren oft als Trance. Wir werden uns in der Folge die Bedeutung dieser Trancen erarbeiten und erkennen, wie sie uns an der Wahrnehmung der gegenwärtigen Realität hindern.

Gedanke meint den einzelnen Denkvorgang; eine Idee oder Vorstellung.[5]

Innerer Dialog: In dem Buch *Die alltägliche Trance* wird dieser Bewusstseinsvorgang als »posthypnotische Suggestion« bezeichnet. Es handelt sich hier um innere Stimmen, die bestimmte Resultate suggerieren. So sagt z. B. eine innere Stimme: »Das wird nie klappen« oder »Ich weiß, dass er/sie sich von mir trennen wird, also ziehe ich mich lieber gleich zurück und lasse mich nicht weiter darauf ein«.

Intuition bezeichnet das unmittelbare Verstehen ohne den Vorgang des Nachdenkens, das direkte Erkennen eines Objekts, das nicht Ergebnis einer Schlussfolgerung oder einer früheren Erkenntnis ist.

Therapeutische Anmerkung:
Ich möchte Ihnen hier ein Beispiel geben, da die Intuition häufig mit Erfahrung oder Übung verwechselt wird. Nehmen wir an, ein Mann oder eine Frau kommt zu mir in die Therapie und sagt: »Ich habe Probleme mit Beziehungen.« Wenn ich nun antworte: »Könnte dies etwas mit Ihren Eltern zu tun haben?«,

[5] Diese und alle weiteren Definitionen in diesem Kapitel wurden *The American College Dictionary* (Random House, New York 1963) entnommen.

dann ist das keine Intuition, sondern beruht auf *Erfahrung*. Wenn ich zu dem Patienten sage: »Hatten Sie einen Hund namens Fred, der starb, als Sie zwei Jahre alt waren?«, dann ist das *Intuition*. Der Sufi-Meister Pir Vilayat Khan drückte das etwa so aus: Intuition ist es immer dann, wenn die Information unmöglich auf anderem Weg zu Ihnen gelangt sein kann. Um Erfahrung handelt es sich, wenn Sie diese Informationen durch Übung erlangt haben.

Gedächtnis meint die Fähigkeit des Geistes, Eindrücke zu bewahren und wieder aufleben zu lassen bzw. gemachte Erfahrung wieder zu erkennen und zurückzurufen.

Abblocken: das Nicht-Sehen oder Nicht-Erinnern eines Ereignisses oder einer Situation.

Reaktion: Aktion im Gegenzug auf einen Einfluss bzw. eine Aktion, die vom Widerstand gegen eine andere ausgelöst wird.

Dissoziation bedeutet, dass man sich aus der Gegenwart verabschiedet, sozusagen »auf Automatik schaltet« und sich ausklinkt.

Verwirrtheit: das Erzeugen eines Zustandes von Nicht-Wissen. Dieser entsteht gewöhnlich dann, wenn man nicht weiß, was man tun soll, oder wenn man ein aktuelles Geschehnis nicht zur Kenntnis nehmen will.

Fantasie: ein erschaffener Traum, auch »hypnotischer Traum« genannt. Wird häufig als Puffer gegen augenblicklichen Schmerz benutzt. Fühlt man sich beispielsweise einsam und deprimiert, ergeht man sich in Fantasien darüber, dass eine Person kommen wird, die einen aus diesem Zustand herausholt.

Halluzination: Erscheinung von geistigen Bildern, die in der Vorstellung bzw. Fantasie existieren. Dies ist immer dann der Fall, wenn alte Vorstellungen von Mutter oder Vater ins Bewusstsein treten, ohne dass man diesen Vorgang kontrollieren kann.

Glaubenssatz: ein verfestigter Gedanke, der zur Wertvorstellung über das Selbst oder die Welt werden kann. Diese Art von fixer Vorstellung prägt das Verhalten entscheidend, wenn sie zur Grundlage eines ganzen Lebens wird.

Beobachtung: der Akt des Beobachtens von Gedanken, Emotionen, Assoziationen, Empfindungen, Personen etc. Dieser Vorgang gehört zum Gedanken, zur Assoziation usw., obwohl er von einem getrennt existierenden Bewusstsein ausgeführt zu werden scheint, das ebenso scheinbar unabhängig und ewig existiert und vor dem Gedanken etc. bereits vorhanden ist. Tatsächlich aber kommt das Beobachten mit dem beobachteten Gegenstand auf. Manche glauben, dass es vom Beobachter geschaffen wird. Wir sollten wissen, dass die Beobachtung häufig auch mit einem Urteil (»gut« oder »schlecht«), einer Bewertung »Das ist wichtiger als jenes« oder einer Bedeutungsverleihung »Das bedeutet dies oder jenes« einhergeht.

Gewahrsein: der Akt der reinen Wahrnehmung (ohne Urteil, Wertung oder bedeutungsmäßiger Einstufung). Das Gewahrsein liegt jenseits der Dualität von Beobachter und Beobachtetem.

Therapeutische Anmerkung:
Ein ganz wichtiger Punkt ist, dass der Beobachter wegfallen muss, damit wir unser Gewahrsein der essentiellen Natur des Ich bin, des Nicht-Ich-Ich etc. stabilisieren können. *Der Beobachter ist Teil der Persönlichkeit und des Geistes* (dazu

später mehr). In der Quantenpsychologie heißt es weiter: »Alles, was Sie über sich zu wissen glauben, sind nicht Sie selbst.« Warum? Weil alles Wissen zum Wissenden gehört. Das Selbst aber liegt jenseits des Wissenden oder des Gewussten. Da Sie sich also des Beobachters bewusst sein können, sind Sie nicht der Beobachter. Der Beobachter kann eine dissoziative Tendenz haben. Sehr häufig wird diese innere Gestalt dazu benutzt, den Verteidigungswall gegen unerwünschte Gefühle oder andere Dimensionen, vor allem emotionaler und biologischer Natur, zu verstärken. Wie ich bereits in meinem Buch *Quantenbewusstsein* erwähnt habe: Wir müssen frei sein, in etwas aufzugehen und dieses Etwas zu sein oder nicht zu sein. Wenn wir diese Freiheit, etwas zu sein oder nicht zu sein, nicht besitzen, haben wir uns nicht befreit. Dies ist die Quantenform des Beobachtens, die sich vom normalen Beobachtungsvorgang unterscheidet.[6]

Verdichtung: ein verdichteter Zustand bzw. eine verdichtete Form, der Akt des Sich-Verdichtens oder Zusammenziehens; das Verdichten eines Gases zuerst zur Flüssigkeit und dann in einen festen Aggregatzustand. Alles ist Verdichtung. Da »alles Leerheit ist und Form verdichtete Leerheit ist«, sind alle vorher beschriebenen Zustände Verdichtungen *ein und desselben Bewusstseins*.

Therapeutische Anmerkung:
Auch das ist ein ganz zentraler Punkt. Einstein selbst sagte, dass alles, Leere und Form, verdichtete Leere ist. So können Sie nun beginnen, sämtliche Manifestationen als verdichtete Leerheit zu betrachten – und dazu gehört ebenfalls der Beobachter von Gedanken, Gefühlen und Objekten, derjenige, der die Gedanken denkt. Dann verschwindet die Dualität von Beobachter und

[6] Siehe dazu: Stephen Wolinsky, *Quantenbewusstsein*

Beobachtetem, von Denker und Gedanken. Sie geht auf (verschmilzt) im *Nicht-Ich-Ich* des reinen Gewahrseins.

Mit den Aspekten des Bewusstseins arbeiten

Übung 7: Mit dem Menü umgehen

1. Schritt: Erspüren Sie im Laufe des Tages, was in Ihrem psychisch-emotionalen Bereich vor sich geht – entweder mit offenen oder mit geschlossenen Augen.
2. Schritt: Erkennen Sie die einzelnen Bewusstseinsvorgänge. Dabei wählen Sie einfach einen oder mehrere Begriffe aus dem »Menü« aus, die zu Ihrer Erfahrung passen. Zum Beispiel: Wenn Sie einen störenden Gedanken haben, nennen Sie ihn »Gedanke«; wenn Sie eine lästige innere Stimme hören, sagen Sie sich, dass dies ein innerer Dialog ist. Auf diese Art und Weise lernen Sie, die verschiedenen Aspekte des Bewusstseins zu unterscheiden.
3. Schritt: Halten Sie nun Zwiesprache mit einem der Aspekte. Fragen Sie ihn: »Gegen welche Erkenntnis über dich selbst sträubst du dich?« Schreiben Sie Ihre Antworten auf, bis keine mehr in Ihnen aufsteigen.
4. Schritt: Stellen Sie fest, wogegen sich dieser Aspekt wehrt. Fragen Sie immer weiter.
5. Schritt: Wenn Sie erkannt haben, wogegen der Aspekt sich wehrt, lassen Sie zu, dass er genau das erfährt. Machen Sie sich nun klar, dass er nur ein Aspekt der Leerheit ist. Erkennen Sie die Leerheit dieser Erfahrung. Beides, Leerheit und Erfahrung, sind eins.

6. Schritt: Bleiben Sie auf der Ebene des nicht-verbalen *Ich bin*, das vor dem Aufkeimen von Gedanken existiert. Ruhen Sie EINFACH im SEIN. Dies ist der Aspekt des *Ich bin*, der uns zum zustandlosen Zustand des *Nicht-Ich-Ich* führt, das jenseits aller Beobachtung (d. h. jenseits der Dualität Beobachter – beobachteter Gegenstand) liegt.

Diese Übung wird Ihnen hoffentlich helfen, die Pforte zu durchschreiten und jenseits Ihrer Identifikation mit der Ebene des Denkens zu verweilen.

Vorläufige Zusammenfassung

Die Dimension des Denkens ist einfach die Art und Weise, in der wir (unser Nervensystem) denken und die Welt interpretieren. Daher ist es so wichtig zu begreifen, wie wir die gegenwärtige Wirklichkeit mit Hilfe dieser Dimension auslegen. Erst dann können wir uns langsam von den Gedanken trennen, die wie eine Brille unseren Blick auf uns selbst und die Welt lenken. »Um etwas loszulassen, musst du zuerst wissen, was es ist.«

Dabei ist keine Dimension besser oder von höherem Wert als die anderen. Das Bewusstsein mag auf einer Ebene durchaus schon klar funktionieren (d. h. »unsere« Aufmerksamkeit nicht fixieren), während die anderen Ebenen immer noch unsere Energie binden. Vor nicht allzu langer Zeit hielt ich in Deutschland einen Vortrag. Was vor sich geht, wenn man die Ebenen verwechselt, interessierte die Menschen. Nach dem Vortrag stand eine Frau auf und erzählte von einem Guru in Indien, der ihr immer sagte: »Konzentrier (Fixiere) dich auf mich. Sieh mich an, konzentriere dich ganz auf mich. Richte deinen Geist ganz auf mich aus. Du wirst DAS nur durch mich realisieren.« Nun, das ist ein klassisches Beispiel, wie die Leerheit mit dem unbehandelten Samen »Narzissmus« des Gurus auf gedanklicher und emotionaler Ebene begrifflich verschmolzen wird.

Ein tibetischer Guru starb an alkoholisch bedingter Leberzirrhose. Kurz darauf wurden sein Leben und sein Tod zur »Crazy Wisdom« (Verrückte Weisheit) spiritualisiert, einer Erkenntnislinie, deren Lehrer nicht immer den Geboten der Ethik folgen. Er übertrug seine »Linie« (als ob eine Person eine »Linie« weitergeben könnte!) auf einen seiner Schüler, der Aids hatte. So breitete sich Aids unter der gesamten Schülerschaft aus. Als man ihn fragte, warum er das getan hatte, antwortete er: »Ich dachte, ich sei der Dorje (der erleuchtete Halter der spirituellen Übertragungslinie) und könne deshalb Aids gar nicht weitergeben.« Dieser Mann verwechselte die Dimension des Körpers und des Denkens mit seinem Verständnis der Leerheit. Hier also wirkte sich das *Verwechseln der Ebenen* ebenfalls äußerst negativ aus.

Die Assoziationstrance: Wie wir die Ebenen des Bewusstseins vermischen

Denkmuster gibt es nur, weil es die Assoziationstrance gibt.

Unser Nervensystem hat die Angewohntheit, seine Umgebung ständig zu scannen. Sobald ihm etwas auch nur ansatzweise bekannt vorkommt, verallgemeinert es bereits gemachte Erfahrungen und wendet sie – unnötigerweise – auf die Gegenwart an. So kommt es zu ununterbrochenen Assoziationsketten. Dies ist eine grundlegende Funktionsweise unseres Geistes. Wenn jemand schon einmal ein Trauma erlebt hat, werden ein vergangenes, ein gegenwärtiges und ein zukünftiges Körperbild miteinander assoziativ verknüpft und auf die gegenwärtige Erfahrung der Außenwelt angewandt. Stellen wir uns einmal vor, jemand leidet unter Magersucht und Bulimie. Diese

Personen halluzinieren ständig. Sie sehen im Spiegel nicht etwa das knochige Persönchen, das sie geworden sind. Stattdessen nehmen sie eine dicke Person wahr. Sie leben nicht in der Gegenwart, sondern in der Vergangenheit oder in ihrer Einbildung, die ihnen ein bestimmtes Körperbild vorgaukelt. Und wenn jemand ein Trauma hat, dann sind nicht nur sein Denk-, Emotions- und Körperprozess miteinander verschmolzen, sein vergangenes Körperbild wird zudem mit dem gegenwärtigen verwechselt. Jede Identität, jeder Ich-Zustand hat ein eigenes Körperbild, mit dem er bzw. sie verbunden ist.

Quantenpsychologisches Prinzip
Ihr Körper ist nicht das Bild Ihres Körpers.

Wenn jemand etwa einen Autounfall hatte und später Angst davor hat, Auto zu fahren, so liegt das daran, dass diese Person in dem vergangenen Bild von ihrem Körper gefangen ist. Das Körperbild ist sozusagen eingefroren und wird unbewusst genauso erlebt wie zur Zeit des Unfalls. In der Quantenpsychologie aber versuchen wir, das, was wir wirklich sind, von dem zu trennen, was wir zu sein glauben. In diesem Fall: Wir versuchen, das Bild, das wir uns von unserem Körper machen, hinter uns zu lassen, weil wir die Gegenwart nicht erfahren können, wenn unser vergangenes Körperbild mit dem gegenwärtigen verschmolzen (assoziiert) ist. Auf der Ebene des Denkens haben wir es nämlich nicht nur mit Glaubenssätzen und Gedanken zu tun, sondern auch mit Bildern. Ganze Gruppen von solchen Bildern schaffen unser Wertesystem, unsere Lebensphilosophie. Wenn ich die Straße hinunterspaziere und plötzlich das Bild meiner Mutter vor Augen habe, dann existiert dieses Bild nur auf der Ebene des Denkens, obwohl ich es vielleicht auf meine realen Beziehungen übertrage. Wenn das geschieht, spalten wir uns von unserem Gegenwartsbewusstsein ab. Das geht gewöhnlich mit verminderter Achtsamkeit auf der körperlichen bzw. biologischen Ebene einher. Daher berichtete Alexander Lowen, dass seine Patienten gewöhnlich tief erschöpft sind, wenn er mit ihnen bioenergetische Übungen macht. Bei diesen Übungen wird ihr »Emotionspanzer« auf der körperlichen Ebene gelockert und damit kommt die bisher unterdrückte Erschöpfung zum Vorschein. Viele Menschen sagen nach einer Therapiesitzung: »Ich bin total erschöpft.« Sie sind müde, weil sie hart daran gearbeitet haben, ihre Defensivstrategien am Leben zu halten. Die daraus resultierende Erschöpfung wird gewöhnlich ebenfalls unterdrückt, was eine Menge Energie kostet.

Häufig ist sogar der zwanghafte Versuch, etwas zu verstehen, nichts anderes als eine Verteidigungsstrategie gegen das, was im Augenblick geschieht. Wir wehren uns gegen das Chaos, weil wir einen Glaubenssatz verinnerlicht haben, der besagt: »Wenn ich nur verstehen kann, was geschieht, dann ist alles in Ordnung.« Zwanghafte Tendenzen beruhen meist auf ganz bestimmten Grundüberzeugungen. Eine davon ist, dass das Chaos schon in den Griff zu bekommen ist, wenn wir ihm nur rational beikommen. Die zweite ist: »Wenn ich herausfinde, was ich falsch gemacht habe, kann ich die Situation kontrollieren, und dann kommt so etwas nie wieder vor.« Die dritte: »Wenn ich das nächste Mal alles richtig mache, passiert das fragliche Ereignis nie wieder.« Mit all diesen Strategien versuchen wir, uns gegen das, was geschehen ist, zu wehren. Die Assoziationstrance dient dabei als Überlebensstrategie. Man glaubt, dass das Chaos verschwinden wird, wenn man nur in der Lage ist … (Lücke selbst ausfüllen) zu verstehen. So wird der Wunsch nach rationaler Durchdringung des Geschehens zur Strategie gegen die Erfahrung der Wirklichkeit, führt also letztlich zur Aufrechterhaltung des unwissenden Zustands. Häufig ist dies das geheime Motiv, das Menschen dazu treibt, andere zu charakterisieren und zu diagnostizieren.

Unglücklicherweise geht es in der Psychologie gerade darum, Lebensgeschichten aufzuarbeiten und andere Menschen dabei zu unterstützen. Daher mündet die Arbeit des Psychologen so oft darin, neue Geschichten zu erschaffen, mit denen die alten überdeckt werden. Informationen ansammeln, sie in einen neuen Bezugsrahmen stellen, neue Geschichten über bereits vorhandene Geschichten schreiben, das Abgleiten in die Zukunft (eine weitere Trance) – all diese Schritte geben der Assoziatonstrance neue Nahrung. Dahinter steckt immer wieder der Glaubenssatz: »Wenn ich … tue (setzen Sie ein, was für Sie stimmt), wird dies oder jenes nicht mehr geschehen.« Das Ziel dieser Assoziationstrance ist es, die Erfahrung der Gegenwart zu verhindern.

Der Kampf-Flucht-Mechanismus ist eine Art »interaktive Sucheinheit«, die uns unsere Umgebung ständig daraufhin überprüfen lässt, ob sich irgendeine Information mit dem Erfahrungsschatz der Vergangenheit verrechnen lässt, und Teil unserer »Biologie«. Unglücklicherweise arbeitet dieser Überlebensmechanismus nicht in der Gegenwart. Er verschmilzt die Ebenen miteinander, so dass wir für gegenwärtig halten, was eigentlich der Vergangenheit angehört. Ihre Gegenwartswahrnehmung wird mit früheren Ereignissen verwechselt, die dem Gegenwärtigen ähnlich sind. Um dies abzubauen, müssen Sie nur eines tun: *Zerreißen Sie das Netz der Assoziationen*. Erst dann wissen Sie, was tatsächlich eine Bedrohung für Sie ist und was nicht. Ihre »interaktive Sucheinheit« durchsucht sämtliche bisher gemachten Erfahrungen, also Ihren gesamten psychischen Apparat. Ihre Biologie bestimmt also, was Sie auf der psychischen Ebene erfahren, nicht umgekehrt. Spüren Sie Ihren Falschen Kern auf – hinter all den Assoziationen, die Ihre Überlebensmaschinerie Ihnen aufdrängt.

Wenn Therapeuten und spirituelle Meister die Ebenen verwechseln

Das Problem muss auf der Ebene des Problems angegangen werden.

Probleme lassen sich nur dann lösen, wenn Sie sie auf der Ebene angehen, auf der sie entstehen. Wenn Sie also ein psychisches Problem haben, dann sollten Sie es auf der Ebene der Persönlichkeit zu beheben versuchen. Sie können jahrelang Feldenkrais-Sitzungen machen, die *Wahrscheinlichkeit*, dass Sie damit Ihre finanziellen Probleme lösen, ist relativ gering. Vielleicht nehmen Sie ja schon seit Ewigkeiten Rolfing-Sitzungen. Bei Ihren Beziehungsschwierigkeiten wird Ihnen das allerdings nicht besonders nützlich sein. Gehen Sie das Problem auf der Ebene an, wo es entstanden ist, oder wenden Sie sich zumindest an einen Therapeuten, der dazu in der Lage ist. Wenn jemand Rückenschmerzen hat, können wir das mit Beten vielleicht hinkriegen. Ein guter Chiropraktiker, Rolfing- oder Feldenkrais-Lehrer wäre allerdings viel effektiver.

Die Quantenpsychologie betrachtet es als gefährlich, Menschen mit philosophischen Erkenntnissen zu traktieren, für die sie noch nicht reif sind. Wenn Sie jemandem, der ganz in der Suggestion des Falschen Kerns aufgeht, sagen, dass er nicht der ist, der seine Gedanken denkt, dann wird diese Information wiederum nur vom Falschen Kern verarbeitet. Die Wahrheit dieses Satzes dringt nicht zu ihm durch. Er wird sie nur dazu benutzen, seinen ursprünglichen Fehlschluss im Hinblick auf seine Persönlichkeit zu verstärken.

Jede der Bewusstseinsdimensionen hat eine andere Funktion. Die Aufgabe des Denkens wird von der Dimension des Denkens erledigt. Fühlen gehört zur Dimension des Fühlens, wie der Gang zur Toilette Teil der körperlichen Dimension ist. Daher ist die Annahme, dass sexuelle Abstinenz uns Gott näher bringt, in etwa so sinnvoll wie die, dass wir ganz sicher Erleuchtung finden, wenn wir nie mehr wieder zur Toilette gehen: beides sind biologische Funktionen. Wenn Sie also annehmen, dass Enthaltsamkeit auf der biologischen Ebene Sie der Erkenntnis der undifferenzierten Leerheit des Bewusstseins näher bringt, dann verwechseln Sie die Ebenen. Jede Dimension hat ihre eigene Funktion. Wir sollten daher nicht versuchen, die einzelnen Dimensionen gegeneinander auszuspielen oder die eine mit der anderen zu »besiegen«. Überschneidungen oder das Verdrängen einer Dimension durch eine andere bringen uns ebenfalls nicht weiter.

Multidimensionales Bewusstsein ist eine Art funktionaler Achtsamkeit. Sie schenkt uns die Freiheit, alle Dimensionen gleichzeitig im Bewusstsein zu halten oder keine von ihnen.

Quantenpsychologisches Prinzip

Je flexibler Ihre Aufmerksamkeit ist in Bezug auf das, worauf Sie sie ausrichten, desto größer wird Ihre subjektive Erfahrung von Freiheit sein.

Kapitel 7

Die Dimension des Fühlens

Die emotionale Dimension umfasst unsere Gefühlszustände wie Ärger, Trauer, Furcht, Freude etc. All das sind emotionale Zustände. Traumata sind vor allem deshalb so schwer wieder aufzulösen, weil in der traumatischen Erfahrung ein bestimmtes Erlebnis sozusagen eingefroren wird. Die Aufmerksamkeit wird vollkommen beansprucht und sämtliche Ebenen der Erfahrung werden ineinander verschmolzen. Sie werden eins. Ihre Differenzierung geht dabei verloren. Stellen wir uns vor, eine Person wird von Onkel Robert sexuell belästigt. Die Schrecken erregende Intensität der äußeren Erfahrung führt dazu, dass alle Dimensionen ineinander fließen: Außenwelt, Denken, Fühlen, körperliches Erleben und vielleicht sogar die essentielle Natur – all diese Ebenen werden eins und verfestigen sich in dieser Undifferenziertheit. Sobald sie ineinander verschmolzen sind, gibt es keine Veränderung mehr. Sobald etwas in der Gegenwart diese Erfahrung aufleben lässt, wird die Welt nur noch durch die Brille der Vergangenheit wahrgenommen – mit dem vergangenen Denken, dem vergangenen Fühlen und Körper-Erleben.

Mit der emotionalen Dimension arbeiten[1]

Energieumwandlung

Umwandlung lässt sich definieren als Zustandsveränderung oder Veränderung geistiger Qualitäten und Zustände. In der Alchemie ist Umwandlung die Verwandlung von Grundmetallen

[1] Nähere Informationen dazu finden Sie in: Stephen Wolinsky, *Quantenbewusstsein* (1996) und *Das Tao der Meditation* (1997)

in Silber oder Gold. In der Biologie ist damit der Übergang von einer Art zu einer anderen gemeint: die Evolution also. Die Chemie bezeichnet damit den Übergang von einem Element in ein anderes. Umwandlung bedeutet daher: sich von einer Form in eine andere Form verwandeln.

Für diejenigen, die sich selbst erforschen wollen, sowie für Therapeuten und spirituell Suchende ist eines unerlässlich: Sie müssen verstehen, was Gefühle, Ereignisse und Situationen so einfrieren lässt, dass wir sie erfahren, wie sie sind. Ein Beispiel: Wut ohne begriffliches Etikett ist einfach nur eine Energie, die sich von der der Traurigkeit unterscheidet. Traurigkeit wiederum ist eine Energie, die sich vom Hass unterscheidet. Wenn man der Erfahrung dieser Energien keine Etiketten aufklebt und sie nicht bewertet, steht den einzelnen Schritten der Umwandlung nichts entgegen. Ziehen Sie als Erstes das Etikett von der Empfindung, dem Gefühl etc. ab. Beobachten Sie die Erfahrung ohne Wertung, Urteil oder Einschätzung. Erleben Sie sie einfach als Energie.

Das ist ein völlig müheloser Vorgang. Energie und Bewusstsein wandeln sich selbst um. Wollen wir es mit den Worten der Chaostheorie ausdrücken, so hieße das, dass wir dem Chaos erlauben, sich selbst zu organisieren (siehe dazu *Das Tao des Chaos*). Es geht dabei nicht darum, eine Sache in eine andere zu verwandeln, weil Sie glauben, dass diese besser sei. Genau darin besteht die subtile Wertung, welche die Erfahrung in Raum und Zeit einfriert, festhält und verschließt. Die Psychologie lässt uns normalerweise nur die Wahl zwischen dem Ausdrücken und dem Unterdrücken von Gefühlen, die durch einen vorhergehenden Lernprozess als negativ oder unerwünscht eingeschätzt werden.

Die Umwandlung bietet sich hier als dritte Möglichkeit zum gewohnten Mechanismus, Gefühle entweder auszudrücken oder zu unterdrücken, an. Bereits die Tatsache, dass wir das Etikett von unserer Erfahrung ziehen und sie einfach als Energie erleben, kann schon zu einer Umwandlung derselben führen. Einfach gesagt: Eine Umwandlung findet immer dann statt, wenn Sie Ihre Aufmerksamkeit auf die Tatsache lenken, dass Gefühle »Energie sind«.

Ich möchte hier noch anmerken, dass die Psychologie von 1960 bis heute davon ausgeht, dass es zu einer Heilung bereits dann kommt, wenn man unerledigte Erfahrungen, also die Situationen, denen man aus dem Weg gegangen ist, von neuem durchleben kann. Und trotzdem erledigten sich die Probleme nicht, wenn die Betroffenen ihre Gefühle im Psychodrama auslebten, selbst wenn sie sich für den Augenblick besser, erleichtert, klüger, mächtiger fühlten. Warum? Ganz einfach: Sie sitzen einem Irrtum auf: *Sie setzen das Ausleben von Gefühlen mit dem »Fühlen« des Gefühls gleich*. Die Quantenpsychologie hingegen glaubt, dass hier ein wichtiger Unterschied besteht. Gefühle auszudrücken und sie zu empfinden sind zwei völlig verschiedene Dinge.

Was bedeutet es, Gefühle zu spüren? Wenn Sie ein Gefühl empfinden, verschmelzen Sie vollkommen damit. Sie sind untrennbar eins mit diesem Gefühl – ungeteilt. Und Sie lassen das Gefühl zu, ohne es zu unterdrücken oder auszudrücken. Ohne es zu beurteilen, zu bewerten oder seine Bedeutung einzuschätzen. Und ohne den Versuch, es loszuwerden. Dieses Kapitel wird sich darauf konzentrieren, wie das Fühlen von Gefühlen funktioniert – ohne dass wir sie in irgendeiner Form loswerden wollen. Wir werden unsere Emotionen, Gedanken und Gefühle beobachen und zulassen; sie das sein lassen, was sie sind, nämlich Energie. Und damit verwandelt die Erfahrung sich selbst – sie organisiert sich selbst.

Quantenpsychologisches Prinzip

Wenn Sie versuchen, Ihre Gefühle loszuwerden, unterwerfen Sie sie einem Urteil, einer Einschätzung, einer Bewertung. Sie wehren sich gegen Ihre Emotionen.

Die Erfahrung »purer Energie« ist dem Quantenbewusstsein näher als die emotionale Erfahrung, denn Energie ist eine frühere Manifestation der *Leerheit des ungeteilten Bewusstseins* als die Etiketten »Ärger«, »Traurigkeit«, »Freude« etc. Beschreibungen, Geschichten, Glaubenssätze, mit denen wir unsere Erfahrungen deuten, bringen uns von der Quantenebene noch weiter weg (dazu später mehr).

Sinn und Zweck der folgenden Übungen ist es, Ihnen die Umwandlung all Ihrer Erfahrungen zu erlauben, so dass Sie intellektuelle und emotionale Energien, die jetzt vielleicht miteinander verbunden sind, auf ihrer rein energetischen Ebene erleben können. So werden Sie Ihre Aufmerksamkeit befreien und sich mehr und mehr der Quantenebene des Bewusstseins, nämlich der undifferenzierten Leerheit nähern.

Der Grundgedanke, die Aufmerksamkeit auf das Gefühl zu richten, stammt ursprünglich aus dem Vijnana-Bhairava, einer der Hauptschriften des kaschmirischen Shivaismus. Dieser Text enthält so genannte »Dharanas«[2], tantrische Übungen, die uns zeigen, wie wir unsere Aufmerksamkeit ausrichten können. *Dharana* wird definiert als Richten der Aufmerksamkeit auf einen bestimmten Bereich. *Tantra* hingegen bedeutet »Erweiterung des Bewusstseins«. Das Tantra-Asana fasst diese Übung mit folgenden Worten zusammen: »Man erhebt sich durch das, was einen zu Fall bringt.« In der ersten Übungsserie geht es dar-

[2] Dharanas sind Möglichkeiten, die Aufmerksamkeit bewusst auszurichten und in dieser Hinsicht keinem Automatismus zu verfallen. Die Quantenpsychologie geht hier von dem Ericksonschen Grundsatz (Milton Erickson ist der Begründer der modernen Hypnotherapie) aus, dass das Symptom gleichzeitig die Therapie ist. In anderen Worten: Das Symptom (Problem) ist, dass Sie einer Selbsthypnose unterliegen, d. h., Sie richten gewöhnlich Ihre Aufmerksamkeit nur auf bestimmte Bereiche. In der Quantenpsychologie versuchen wir, unsere Aufmerksamkeit ganz bewusst und absichtlich auf die Emotionen als Energieformen zu lenken. Wir nutzen also die Neigung zur Aufmerksamkeitsfixierung aus, um uns von diesem Bann zu befreien. Besser gesagt, die frühen tantrischen Praktiken tun dies.

um, die Gefühle als Energie zu betrachten, in der zweiten darum, das Gefühl zu beobachten und darum, dass alle Objekte Teil desselben Bewusstseins sind.

Wenn Sie beispielsweise Angst haben, findet der Geist sofort ungefähr zwanzig Gründe, weshalb das so ist. Normalerweise befassen sich die Menschen mit der Frage, weshalb sie Angst haben. Ich möchte Sie stattdessen bitten, Ihre Aufmerksamkeit vom Grund für Ihre Angst abzuwenden und sich direkt auf die Angst zu konzentrieren: »Wo genau spüre ich die Angst im Körper?« Fangen Sie an, Ihre Aufmerksamkeit auf die Angst selbst zu richten. In dieser Übung lernen Sie, wie Energie sich verwandelt und selbst organisiert, sobald das Etikett (das Urteil, die Einschätzung, die Wertung) abgezogen wird.

Auch Sex oder sexuelle Energie kann auf diese Weise von den zugehörigen Etiketten befreit werden. Wenn Sie eine sexuelle Fantasie haben und sich darauf konzentrieren, werden Sie eine wie auch immer geartetete körperliche Reaktion erfahren. Sie fantasieren weiter und suchen nach der Erfüllung dieser Fantasie außerhalb Ihrer selbst. Ich habe den Vijnana-Bhairava zum ersten Mal vor etwa zwanzig Jahren gelesen. Eine der Dharanas, die sich dort finden, lässt sich wie folgt zusammenfassen:

> Nur die Erinnerung an die Berührungen, Umarmungen oder Küsse erzeugt bereits ein angenehmes Gefühl. Da aber niemand da ist, der es verursacht haben könnte, kommt dieses Gefühl ganz offensichtlich aus deinem Inneren.

Hierin liegt tiefe Weisheit. Da während der Fantasie niemand sonst in Ihrem Zimmer ist, kommt das Gefühl aus Ihrem Inneren. Wenn Sie die Aufmerksamkeit von der Fantasie abwenden und sich auf das Gefühl selbst konzentrieren, wenn Sie das Etikett von dem Gefühl ziehen und es als reine Energie erfahren, wandelt es sich und organisiert sich selbst.

Umwandlung

Beachten Sie bitte, dass das Abziehen des Etiketts absichtslos, also ohne Zielvorstellung, geschieht. Wenn Sie versuchen, das Etikett nur zu verändern, dann haben Sie bereits ein Ziel, dem eine bestimmte subtile Wertung zugrunde liegt, nämlich, dass dies besser ist als jenes – vielleicht effektiver oder tugendhafter, weniger sündhaft, gesünder oder weniger ungesund, vielleicht auch wohltuender, göttlicher oder was auch immer. Anders gesagt: Das Gefühl besteht bereits aus Energie. Was umgewandelt wird, ist die Art, wie Sie diese Energie erfahren. Ziehen Sie das Etikett »Angst« ab und schon erleben Sie dieses Gefühl als reine Energie. Wenn ein Engegefühl in der Brust Ihnen normalerweise als Anzeichen dafür gilt, dass Sie Angst haben, konzentrieren Sie sich darauf, dass die Spannung in der Brust einfach nur zusammengepresste Energie darstellt. Mit anderen Worten: Für Sie mag sich Furcht in einem Engegefühl der Brust niederschlagen, andere empfinden sie vielleicht eher im Magen, im Herzen oder in den Händen. Das Symptom ist also nicht ursächlich mit dem Gefühl verbunden. Daher können wir uns auch auf die Energie der Emotion konzentrieren, statt unseren Blick auf die Geschichte zu richten, die zu unserer Angst gehört.

Ich hoffe, mit Hilfe dieser Übungen werden Sie direkt erkennen, dass Angst, Wut, Freude oder Glück – jede Art der Emotion – eine Form von Energie ist.

Schuldgefühle

Ein Kursteilnehmer fragte mich einmal: »Und wie gehen Sie mit Schuldgefühlen um?« Meine Antwort lautete: »Dazu müssen wir erst einmal herausfinden, was Schuldgefühle eigentlich sind.« In der Gestalttherapie beispielsweise nimmt man an, dass Schuldgefühle Wut oder Ärger sind, die sich gegen einen selbst richten. Daher gilt es zuerst, dem Gefühl eine andere Richtung zu geben. Anders gesagt: Wenn ich auf jemanden wütend bin und dieses Gefühl nicht ausdrücke, fällt es auf mich zurück. Das bedeutet, dass ich meinen Ärger nicht ausdrücke, sondern zurücknehme, und dann bekomme ich Schuldgefühle.

Bei Schuldgefühlen müssen wir also zuerst versuchen, unsere Energie neu auszurichten. Dazu benutzen wir Sätze wie: »Ich bin so wütend auf …« Diese Vorgehensweise sorgt zumindest dafür, dass die Energie sich nicht gegen uns selbst richtet, sondern bei der Person oder Sache ankommt, die unseren Ärger erregt. Das ist eine Möglichkeit. Und es kann tatsächlich sein, dass diese einfache Methode funktioniert. Handelt es sich um eine ausgewachsene Depression, so mag hier Wut die wahre Ursache sein – gegen einen selbst gerichtete Wut oder eine Erfahrung, der wir lieber aus dem Weg gehen. Daher gibt es zwei Möglichkeiten: Entweder Sie entscheiden sich, Ihren Zorn zu fühlen (falls Sie welchen empfinden), oder Sie nehmen zur Kenntnis, welcher Erfahrung Sie ausweichen – und entscheiden sich dann dafür, diese Erfahrung zu machen. Ärger (Schuldgefühle) ist ein wenig leichter zu handhaben als Depressionen (Wut). Je tiefer die Depression, desto mehr Wut haben Sie in sich angesammelt bzw. desto mehr Erfahrungen sind Sie aus dem Weg gegangen. In Sanskrit bezeichnet man die Depression als Mangel an *shakti* oder Energie. Das englische »motion« bedeutet »Bewegung«, und zwar Bewegung, die sich nach außen richtet. Wenn Sie eine Emotion haben, die Sie nicht nach außen lassen, brauchen Sie eine Menge Energie, um dem Widerstand zu leisten. Daraus entsteht nun die Depression oder Antriebslosigkeit.

Die Dimension des Fühlens – Übung 1[3]

Angst

Brennpunkt:
Richten Sie Ihre Aufmerksamkeit auf das Gefühl und nicht auf die Geschichte, mit der Sie dieses Gefühl rechtfertigen. Erfahren Sie das Gefühl als pure Energie.

Praxis:
Erinnern Sie sich zu Beginn der Übung an ein vergangenes Ereignis oder malen Sie sich ein zukünftiges Ereignis aus, das mit Angst verbunden war bzw. sein könnte. Es kann sich vor einer Woche zugetragen haben, vor einem Monat oder vor einem Jahr. Lassen Sie die Erinnerung in Ihrem Geist aufsteigen. Achten Sie dabei darauf, was Sie in dieser Fantasie für Kleidung tragen. Welche Farbe haben Ihre Kleidungsstücke? Kommen noch andere Menschen in Ihrem Angst-Film vor? Welche Geräusche hören Sie? Spüren Sie nun Ihre Angst. Wo im Körper sitzt sie?

Nun möchte ich, dass Sie diese Erinnerung bis in alle Details durchleben. Lassen Sie Ihre Angst zu. Wenn Sie einen hohen Grad an Intensität erreicht hat, gehen Sie mit der Aufmerksamkeit weg von der Erinnerung und richten sie auf die Angst bzw. das Gefühl selbst. Wo im Körper sitzt es? Jedes Mal, wenn der Gedanke zur angstbesetzten Erinnerung zurückgehen will, führen Sie ihn wieder zum Gefühl der Angst. Ziehen Sie der Angst das Etikett ab und versuchen Sie, das Gefühl als Energie zu sehen. Betrachten Sie das Gefühl als Energie und lassen Sie ihr freien Lauf. Versuchen Sie nicht, sie zu verändern.

3 Diese Übungen habe ich meinen Büchern *Das Tao der Meditation* und *Quantenbewusstsein* entnommen. Wenn Sie mehr darüber wissen möchten, können Sie dort nachlesen.

Ein Kursteilnehmer meinte im Anschluss an diese Übung einmal, sein Kopf fühle sich ganz anders an, so als würde Energie durch ihn hindurchströmen. Er sagte: »Mein Kopf fühlt sich ganz anders an als der Rest.« Ich fragte, ob er das Gefühl habe, sein Kopf sei nach oben offen, und er bestätigte das. »Ich spüre enorm viel Energie darin, die sich ausbreiten möchte.«

Als ich 1976 in Indien war, rezitierte ich eines schönen Tages im Monat Mai Sanskrit-Mantras. Draußen waren über 40° C im Schatten und ich hatte eine ungeheure Wut im Bauch. Ich hörte auf zu rezitieren. (Mein Geist dachte sich verschiedene Gründe für meine Wut aus: »Es ist heiß. Es ist so voll hier …«) Dann legte ich das Buch mit den Sanskrit-Versen hin und richtete meine Aufmerksamkeit ganz auf meine Wut. In den *Spanda Karikas*, einem tantrischen Text, heißt es in etwa: Wenn du in dem Augenblick, in dem du dich überaus glücklich, fröhlich, zornig, traurig oder ängstlich fühlst, die Aufmerksamkeit nach innen richten könntest, würdest du *spanda*, den göttlichen Pulsschlag, erfahren. Was dort natürlich nicht steht, ist die Tatsache, dass einem der Sinn in solchen Momenten nicht gerade nach Introspektion steht! Plötzlich wurde mir klar, dass ich genau das tun musste: Ich musste das Etikett von meinem Gefühl abziehen und es als reine Energie erleben. Ich konzentrierte mich auf die Wut als Energie und erlebte tiefen Segen.

So etwas kann bei dieser Übung entstehen. Es kommt allerdings darauf an, dass Sie das Gefühl als Energie erfahren, ohne den Versuch, es loszuwerden. Wenn Sie sich seiner entledigen wollen, bauen Sie einen Widerstand auf und halten es so fest. Wie Sie sehen, braucht es ein bisschen Übung, um die Aufmerksamkeit von der mit dem Gefühl verbundenen Geschichte abzuwenden, diese loszulassen und sich auf die Emotion selbst zu konzentrieren. Sobald Sie diese Übung aber beherrschen, werden Sie feststellen, dass Ihre Gefühle damit viel von ihrer Macht verlieren. Statt unsere Gefühle also abzubauen, wie so viele Therapiemethoden es vorschlagen, sollten wir uns ganz auf sie konzentrieren, damit wir sie als reine Energie erfahren können.

Sie werden erstaunt sein, was Sie alles erreichen können, wenn Sie es ein paar Mal geübt haben. Als ich die Übung zum ersten Mal machte, war ich schrecklich wütend. Doch sobald ich die Geschichte losließ – und mein Geist lieferte mir eine Unmenge Gründe, weshalb es gerechtfertigt war, genau jetzt wütend zu werden –, sobald ich wirklich damit aufhörte und meine Aufmerksamkeit nach innen richtete, geriet ich in etwa fünf Sekunden in Ekstase. Von diesem Moment an wusste ich aus Erfahrung, wie man die Energie von Gefühlen umwandelt, indem man die eigene Erfahrung dieser Emotionen umwandelt.

Wenn Sie erst einmal beginnen, die Aufmerksamkeit nach innen zu richten – was für sich genommen schon als Übung gelten kann, denn gewöhnlich nimmt unsere Aufmerksamkeit die andere Richtung –, wird Ihnen dieser Zustand zur Gewohnheit werden. Es ist, als würden Sie eine neue Sportart lernen. Anfangs fühlt man sich ziemlich komisch dabei, aber nach und nach gehen einem die Abläufe in Fleisch und Blut über. Wenn Sie ins Schwimmbecken gehen, fangen Sie einfach an zu schwimmen. Sie fragen sich nicht mehr, wie Sie unter Wasser den Atem anhalten sollen, Sie tun es schlicht und einfach. Mit zunehmender Übung wird der Vorgang immer spontaner.

Die Dimension des Fühlens – Übung 2

Traurigkeit

Brennpunkt:
Richten Sie Ihre Aufmerksamkeit auf das Gefühl und nicht auf die Geschichte, mit der Sie dieses Gefühl rechtfertigen. Erfahren Sie das Gefühl als pure Energie.

Wir beginnen hier mit den weniger angenehmen Gefühlen und wenden uns dann nach und nach den schönen Eindrücken zu. Zu Beginn der Übung rufen wir uns eine Situation ins Gedächtnis, die in uns Trauer auslöste. Dann ziehen wir unsere Aufmerksamkeit von der Geschichte hinter der Traurigkeit ab und richten sie auf die Traurigkeit selbst. Wenn wir uns nicht in traurige Stimmung versetzen können, nehmen wir ein anderes gemeinhin als unangenehm geltendes Gefühl.

Ich weiß, dass Sie Gründe für Ihre Traurigkeit haben. Trotzdem möchte ich, dass Sie die Aufmerksamkeit von diesen Gründen ab- und der Traurigkeit zuwenden. Warten Sie ab, was geschieht.

Praxis:
Erinnern Sie sich an eine Zeit der Trauer. Welche Menschen kommen in Ihrer Geschichte vor? Wo sind Sie in diesem Film? Gibt es Geräusche? Befinden Sie sich in einem Raum oder draußen? Gibt es Temperaturunterschiede zur Gegenwart? Lassen Sie das Gefühl einige Minuten lang ins Bewusstsein dringen. Welche emotionalen Eindrücke sind mit der Geschichte verbunden? Welche Größe, welche Form hat Ihre Traurigkeit? Gehen Sie ganz hinein und verschmelzen Sie mit ihr. Gehen Sie dann wieder heraus und beobachten Sie sie einige Zeit. Ziehen Sie nun allmählich Ihre Aufmerksamkeit von der Geschichte mit all ihren Einzelheiten ab und konzentrieren Sie sich ganz auf das Gefühl. Wo im Körper spüren Sie es? Welchen Eindruck hinterlässt es dort? Hat es eine Größe bzw. eine Farbe? Ist ein Geräusch damit verbunden? Lassen Sie die Aufmerksamkeit ganz bei dem Gefühl. Während Sie es beobachten, ziehen Sie das Etikett ab und betrachten es als reine Energie.

Die Dimension des Fühlens – Übung 3

Wut

Brennpunkt:
Richten Sie Ihre Aufmerksamkeit auf das Gefühl und nicht auf die Geschichte, mit der Sie dieses Gefühl rechtfertigen. Erleben Sie es als reine Energie. Wir werden uns hier ebenfalls auf die Grenzen des Körpers konzentrieren, der uns als Masse erscheint, als verfestigte, kompakte oder langsame Energie.

Praxis:
Erinnern Sie sich an eine Situation aus der Vergangenheit. Vielleicht ist es ein Jahr her, vielleicht fünf oder zehn Jahre. Lassen Sie das Gefühl, das Sie »Wut« getauft haben, ins Bewusstsein treten. Betrachten Sie die Situation und achten Sie darauf, wo Sie sind und wer noch anwesend ist. Welche Gefühle können Sie wahrnehmen, welche Eindrücke in Ihrem Körper? Richten Sie Ihre Aufmerksamkeit auf die Geschichte. Lassen Sie das Gefühl (die Wut) an die Oberfläche kommen, während in Ihrem Kopf der zugehörige Film abläuft. Wo in Ihrem Körper sitzt die Wut? Welche Form hat sie? Welche Farbe? Ziehen Sie nun Ihre Aufmerksamkeit von der Geschichte ab und richten Sie sie auf das Gefühl selbst. Beobachten Sie die Wut weiter und ziehen Sie das Etikett ab. Dann ziehen Sie das Etikett von den Grenzen Ihres Körpers ab. Er ist kein Körper mehr, keine schlichte Masse. Betrachten Sie ihn als »langsame, kompakte Energieform«. Achten Sie darauf, was dabei geschieht.

Fazit

Bitte beachten Sie:

1. Die vorgestellten Übungen sind keine vollständige Therapie, sondern nur ein winziges Puzzlestück aus dem großen Muster der Quantenpsychologie.
2. Sobald das Etikett abgezogen ist, können die Dinge sich sehr schnell verändern – oder gar nicht. Ent-etikettieren Sie Ihre Emotionen und betrachten Sie sie als Energieform, ohne sie loswerden zu wollen. Beobachten Sie einfach, was passiert.
3. Wenn Sie die Gefühle nicht loswerden wollen, dann heißt das, dass Sie sie betrachten, ohne sie zu bewerten, zu beurteilen oder ihre Bedeutung einzuschätzen.

Diese Übungen können auf sämtliche Erfahrungen ausgedehnt werden. Sie finden in der gesamten Quantenarbeit Verwendung. Genauer werden diese Themen in meinen Büchern *Quantenbewusstsein* und *Das Tao der Meditation* behandelt, die ich Ihnen hiermit ans Herz legen möchte, wenn Sie mehr über diese Art der Arbeit erfahren wollen.

Was wahr ist
in der Dimesion des Körpers,
muss für die anderen Dimensionen
nicht richtig sein.

Kapitel 8

Die biologische Dimension

Verkörperung des Quantenbewusstseins

Verkörpern:

1. mit einem Körper ausstatten; körperlich machen; bei Geistern: inkarnieren (Fleisch werden);
2. etwas konkrete Form verleihen;
3. in einen Körper einbinden.[1]

Die Begriffe »verkörpern« und »Verkörperung« werden, soweit sie unmittelbar auf das Bewusstsein bezogen sind, von den psychospirituellen Gruppierungen unserer Tage meist missverstanden. Auf Grund unserer kulturellen Prägung betrachten wir Körper, Seele und Geist als voneinander verschieden und getrennt existierend. Wir haben uns einreden lassen, dass dies wirklich stimmt.

Mit dem Aufkommen der Humanistischen Psychologie in den letzten 35 Jahren kam es endlich zu ernsthaften Versuchen, diese Fehleinschätzung zu korrigieren. Damit das aber konkrete Form annehmen kann, müssen wir viele der Gedanken und Vorstellungen, die uns so teuer sind, aufgeben und in Frage stellen. Dazu gehört auch die, dass Geist und Seele vom Körper und Letztere von der zugrunde liegenden Einheit des Quantenbewusstseins getrennt ist. Je mehr wir uns dieser Einheit mit quantenpsychologischen Mitteln nähern wollen, desto stärker müssen wir unsere abstrakten Denkmuster, wenig hinterfragten Vorstellungen und spirituellen Konzepte bewusst in Frage stellen, so dass sie ans Licht des Bewusstseins gelangen.

[1] Diese und alle weiteren Definitionen in diesem Kapitel wurden *The American College Dictionary* (Random House, New York 1963) entnommen.

Wie Nisargadatta Maharaj sagen würde: »Stell alles in Frage. Glaube nichts.«

Um dies zu erreichen, müssen wir einen Schritt weitergehen und die Mittel der Psychologie und der spirituellen Bewegungen unter die Lupe nehmen. Erst dann werden wir erkennen, wie uns samt und sonders der Glaube aufgedrängt wurde, dass die Dinge getrennt voneinander existieren. Dies ist besonders absurd, da wir im Zeitalter der Quantenphysik leben, die ein für alle Mal bewiesen hat, dass die Wirklichkeit ein unteilbares Ganzes ist.

Ich-Psychologie

Ich möchte an dieser Stelle noch einmal unterstreichen, dass ich die Psychologie und die Philosophie der Psychologie liebe. Die Ich-Psychologie, auch »psychoanalytische Entwicklungspsychologie« genannt, hat wichtige Beobachtungen über die frühe Kindheit sowie ihre Auswirkungen auf unsere psychischen Prozesse gemacht. Schließlich will ich das Kind ja nicht mit dem Bade ausschütten. Trotzdem möchte ich mich der Frage zuwenden, ob und wie die psychoanalytische Entwicklungspsychologie die Trennung von Körper und Geist sieht bzw. fördert und wie viele ihrer Theorien als Fakten missverstanden und damit nicht hinterfragt werden. Am besten kommt diese Auffassung im folgenden Zitat zum Ausdruck:

> Lichtenbergs Darstellung psychischer Strukturierung als eines Prozesses, in dessen Verlauf das Kind lernt, etwas weniger im Körper und etwas mehr im Geist zu leben […] Da wir hier Probleme diskutieren, die sich aus Subphasendefiziten ergeben, kann man von Patienten auf solchen niedrigeren Organisationsebenen nicht erwarten, dass sie auf dem Weg zur Strukturierung genauso weit fortgeschritten sind wie

> Neurotiker; ihre Existenz ist daher stärker im Erleben verhaftet als im Geist. (Blanck u. Blanck, 1989, S. 144)

Sie sehen, wie sehr in der modernen Psychologie der Gedanke der Trennung von Körper und Geist verwurzelt ist. Das Heraustreten aus dem Körperbewusstsein und dem gegenwärtigen Augenblick wird als »Strukturierung« bezeichnet. Wie wir oben sehen, wird dieser Prozess für gesünder erachtet als das volle Erleben des gegenwärtigen Augenblicks *im* Körper.

Das ganze Problem der Aufspaltung des menschlichen Wesens in Körper, Seele und Geist als einzelne Komponenten beginnt doch schon mit der Regulierung der Körperfunktionen während des Sozialisierungsprozesses. Wie ich bereits in *Quantenbewusstsein* erwähnt habe, sagte einer meiner indischen Lehrer einmal zu mir: »Dein ganzes Leben dreht sich ums Essen, Schlafen, Scheißen und Vögeln bzw. um das Anhäufen von noch mehr Geld, damit du all das an einem schöneren Ort tun kannst.«

Die Regulierung der Körperfunktionen durch die äußere Welt (Mutter, Vater, Gesellschaft, Religion usw.) bringt uns dazu, dass wir uns vom Körper dissoziieren (abtrennen). Daraus entstehen dann Vorstellungen wie, z. B., dass es »richtige« Dinge gibt, die man zum »richtigen« Zeitpunkt tut. »Alles hat seine Zeit.« Konkret bedeutet das: Wir essen nicht, wenn wir Hunger haben, sondern genau um zwölf Uhr mittags. Wir gehen nicht zur Toilette, wenn wir das Bedürfnis verspüren, sondern stellen es hintan, bis sich eine »bessere« Gelegenheit bietet. Wir schlafen nicht nach unserem Bedürfnis, sondern so viel, wie unser Arbeitsleben es zulässt. Und wir haben nicht Sex, wenn es uns einfällt. Lieber warten wir bis zum Abend. In einer Umfrage wurde einmal ein repräsentativer Querschnitt von Menschen befragt, wann sie denn normalerweise Sex hätten. Fast alle antworteten: Freitag- oder Samstagabend, etwa gegen 21 Uhr 30.

Dazu kommt noch, dass viele spirituelle Traditionen die Funktionen und Impulse des Körpers als »schlecht« betrachten. Die Dissoziation vom Körper hingegen gilt als »gut« oder spirituell. Viel von dem, was wir in der frühen Kindheit lernen, hat mit der Regulierung des Körpers zu tun. Damit wird dem Kind auf subtile Weise vermittelt, dass mit dem Körper und seinen Funktionen irgendetwas nicht stimmt, dass er aber auf jeden Fall weniger wert ist als die Seele und noch viel weniger als der Geist.

Interessanterweise gelten Denken und Geist irgendwie als Führer des Körpers, »als ob« sie Vorrang vor dem Körper hätten oder gar älter seien – dabei beruht die Interpretationsarbeit und das schöpferische Tun beider ganz und gar auf den körperlichen Funktionen des Nervensystems. Diese Dissoziation trennt uns also von uns selbst. Sie organisiert und rechtfertigt die oft schmerzhaften Regulierungen, denen wir unseren Körper unterwerfen, mitunter mit ausladenden Gedankengebäuden. Und mit dieser Körperdissoziation trennen wir uns selbst aus dem Netz der Menschheit heraus. Von nun an wandern wir haltlos von Philosophie zu Philosophie, von Gedankengebäude zu Gedankengebäude.

Gerade aus diesem Grunde und dieser Einstellung heraus betrachten wir in der Quantenpsychologie den Körper als Mittelpunkt »unserer« Existenz und als Eckpfeiler auf dem *Weg des Menschlichen*.

Der Quantenansatz bei Körpertherapie

Die quantenpsychologisch geprägte Körperarbeit trennt nicht zwischen Körper und Geist. Sie geht vielmehr davon aus, dass der Geist genauso mit dem Körper verbunden ist wie Muskeln und Arme mit dem Kopf. Der Geist ist also keineswegs getrennt vom Körper, sondern ihm als Produkt des Nervensystems und des höher organisierten Gehirns geradezu eingeschrieben.[2] Wenn ich beispielsweise mit einem Patienten arbeite, ist eine meiner wichtigsten Fragen: »Wo fühlen Sie das in Ihrem Körper?« Manchmal antworten die Patienten: »Ich fühle es nicht im Körper, sondern im Kopf.« Dann lautet meine nächste Frage: »Und wann haben Sie beschlossen, dass Ihr Kopf nicht Ihr Körper ist?«

Häufig wird diese Zweiteilung überhaupt nicht hinterfragt. Man nimmt vielmehr an, dass die Beschreibung einer Erfahrung die Erfahrung selbst ist. Doch hier möchte ich wieder Alfred Korzybski zu Hilfe rufen: »Die Landkarte ist nicht das Land selbst.« Das Problem, nicht die Lösung, liegt in der Hierarchisierung, d. h. die Menschen glauben einfach, dass die Landkarte (Beschreibung) ihrer Erfahrung das Land (bzw. die Erfahrung) sei. Das liegt daran, dass sie den Geist für wichtiger halten als den Körper und somit die geistige Umsetzung des Erlebten für wichtiger als das Erleben selbst. Dabei wurde diese Auffassung schon von Freud widerlegt, als er sagte: »Das Ich ist körperzentriert.« Auch er hielt also das Ich für ein Produkt des Körpers.

Die Quantenpsychologie geht noch einen Schritt weiter. Die Geschichte, die wir um eine Erfahrung spinnen, ist ebenso wenig diese Erfahrung wie die Landkarte das Land ist. Die »Nacherzählung« einer Erfahrung geschieht im Körper-Geist-Kontinuum. Auf diese Weise versucht das Nervensystem (nachdem die Erfahrung stattfand!) das Geschehen zu verarbeiten und es speicherbar zu machen, um dem Chaos der ungeordneten Wirklichkeit zu entgehen.

[2] In diesem Fall bedeutet »höher« tatsächlich »höher«, da das Gehirn höher liegt. Die Hirnrinde liegt beim stehenden Menschen höher als das Stammhirn, welches das Nervensystem steuert. Um aber weitere Missverständnisse zu vermeiden, werde ich diese Teile des Gehirns als das »jüngere« Gehirn bezeichnen, da es entwicklungsgeschichtlich später entstand als das Stammhirn.

Anders als die Psychologie, die von einer Trennung von Körper und Geist ausgeht, sieht der Sprachphilosoph Korzybski den Organismus als Ganzes:

> Erfahrung und Experimente zeigen, dass die natürliche Ordnung in dieser Reihenfolge abläuft: erst die Empfindung, dann die Vorstellung, wobei die Empfindung als Abstraktion einer früheren Ordnung auf einer niedrigeren Stufe erscheint und die Vorstellung damit zur Abstraktion der Abstraktion (nämlich der Empfindung) wird. [...] Die Umkehrung dieser natürlichen Reihenfolge zeigt sich in ihrer milderen Form, wenn Abstraktionsebenen verwechselt werden, vor allem, wenn wir handeln, als ob eine Vorstellung dasselbe sei wie die ihr zugrunde liegende Erfahrung.
>
> (Korzybski, 1962, S. 76)

Korzybski ist also klar der Ansicht, dass Empfindung, Gedanke und Emotion miteinander verknüpft sind. Sie sind Teil eines Gesamtorganismus. Oder auf der neurologischen Ebene ausgedrückt: Die Empfindung liegt vor der Vorstellung von ihr.

Wenn wir nun noch die Ergebnisse der Quantenphysik einbeziehen, können wir mit Fug und Recht behaupten, dass der Körper aus ein und derselben »Substanz« mit unterschiedlichen Verdichtungsebenen besteht, die verschiedene Funktionen haben. Dies zeigt deutlich, dass Gedanken, Empfindungen und Gefühle aus demselben »Stoff« sind wie Leber und Knochen – nur mit unterschiedlichen Funktionen und unterschiedlicher Dichte ausgestattet.

Das heißt, der Körper ist nicht mit dem Geist verbunden, sondern der Körper *ist* der Geist. Es gibt keine Trennung. Aus diesem Grund sprach Nisargadatta Maharaj auch immer vom Körper-Geist, denn auf der biologischen Ebene kommt zuerst der Körper und dann der »Geist« (d. h. Gedanken, Interpretationen, Gefühle etc.). Um dies zu unterstreichen nennen wir beides künftig »Körper-Geist-Kontinuum«.

Was nun eigentlich zum Geist-Teil dieses Kontinuums gehört, haben wir bereits bei der Besprechung der Dimension des Denkens erörtert. Wenn Sie möchten, können Sie dort nachlesen.

Wie Konzepte entstehen

In diesem Kapitel geht es in erster Linie darum, den Organismus als Ganzes zu sehen. Dabei wollen wir aber auch nicht in das andere Extrem verfallen und den Körper zum wichtigsten Bestandteil machen.

Konzepte und Gedanken also entstehen wohl folgendermaßen: Ich mache eine bestimmte Erfahrung und das Nervensystem »organisiert« diese Erfahrung auf neurologischer Ebene. Dies geschieht aber mit einer gewissen zeitlichen Verzögerung. Diese Organisation der Erfahrung läuft letztlich auf eine Interpretation hinaus. Ein Beispiel: Irgendetwas geschieht und ich leite daraus die Interpretation ab: »Ich bin schlecht.« Später wird dieser Glaubenssatz zum Organisationsprinzip meines Seins, das sowohl »subjektive« als auch »äußere« Erfahrungen interpretiert. Die Dimension des Denkens mit ihren Manifestationen agiert also als Vermittler zwischen »innerlicher, non-verbaler« und »äußerer« Welt.

Diese Sichtweise führt nun bei Menschen, die sich ausschließlich auf Körperarbeit konzentrieren wie Feldenkrais- oder Rolfing-Therapeuten, zu einem Problem. Da sowohl Dr. Moshé Feldenkrais als auch Dr. Ida Rolf, die Begründerin des Rolfing, davon ausgehen, dass man nur den Körper in Ordnung bringen muss, vertreten deren Anhänger die Auffassung, dass Psychotherapie unnötig ist und die Körperarbeit alle Bereiche abdecken kann. Der Körper ist ja schließlich das Wichtigste und der Organismus ein großes Ganzes. Die Quantenpsychologie allerdings sieht das als Fehlschluss. Weshalb?

Quantenpsychologisches Prinzip

Das Problem muss auf der Ebene bearbeitet werden, auf der es auftaucht. In der Quantenphysik haben wir es nur mit Wahrscheinlichkeiten zu tun. Es ist durchaus möglich, dass sich ein Stuhl von selbst – nur durch die Bewegung seiner Atome verursacht – in den Himmel hebt. Doch die Wahrscheinlichkeit, dass dies geschieht, ist verschwindend gering.

Stellen wir uns zum besseren Verständnis eine Person vor, die unter einer Phobie oder mangelndem Selbstwertgefühl leidet. Können Rolfing oder die Feldenkrais-Methode eine Phobie ohne Zuhilfenahme anderer Methoden behandeln? Die *Wahrscheinlichkeit* ist auch hier verschwindend gering. Können sie ohne Zuhilfenahme anderer Mittel ein schwaches Selbstwertgefühl ausgleichen? Äußerst unwahrscheinlich!

Körper und Geist sind ein Kontinuum. Wenn Sie also eine Phobie haben, wird sich diese darauf auswirken, wie Sie atmen, wie Sie stehen etc. Der Körper wird verschiedene Methoden erfinden, um mit der Phobie (oder geringem Selbstwertgefühl) fertig zu werden. Vielleicht verlieren Sie den Kontakt zum Boden, so dass Sie sich nicht mehr richtig getragen fühlen, wenn Sie eine phobische Reaktion zeigen.

Dieses Miteinander-verwoben-Sein müssen wir verstehen und uns immer wieder vor Augen führen: *Körper, Seele und Geist sind essentiell eins. Sie sind gleichwertig*. Daher ist »psychologische« Arbeit allein nicht ausreichend, um ein Problem zu lösen, aber auch Körperarbeit (also ein somatisches Umerziehungsprogramm) alleine genügt nicht. Und nur mit »spiritueller« Arbeit werden Sie nicht herausfinden, *wer Sie wirklich sind*. Weshalb das so ist? Nun, weil jede Dimension, also das Denken, Fühlen, der Körper etc., unterschiedliche (wenn auch miteinander vernetzte) Teile des Gehirns benutzt – wie es die ganzheitliche Medizin behauptet. Wenn die Leber nicht auf den restlichen Verdauungstrakt abgestimmt ist, muss der Magen härter arbeiten. Das kann dazu führen, dass Ihre Nahrung nicht mehr ausreichend verarbeitet wird. Dasselbe kann aber im Gehirn geschehen. Wird die Hirnrinde (das Zentrum des rationalen Denkens) überbeansprucht, so wird Ihr »Körpersinn« nicht ausreichend benutzt und entwickelt sich zurück (dazu später mehr).

Betrachten wir einmal als Beispiel einen sexuellen Missbrauch in der Familie. Wer in der Kindheit sexuell missbraucht wurde, kann zwar psychotherapeutisch behandelt werden, dennoch kommen die seelischen Leiden immer wieder hoch, wenn der Körper dieselbe Haltung einnimmt wie in der Situation des Missbrauchs. Warum? Weil Körper und Psyche holographisch miteinander verbunden sind. Sie haben zwar unterschiedliche Funktionen, sind aber gleichzeitig untrennbar miteinander vernetzt. Daher zwingen die »unbehandelten« Körpererinnerungen die mit dem Missbrauch verbundenen Ängste zurück an die Oberfläche.

Umgekehrt gilt aber auch, dass Körperarbeit ohne psychotherapeutische Unterstützung letztlich nur dazu führt, dass der Geist bestimmte Körperempfindungen oder -haltungen, die mit dem Missbrauch verknüpft sind, immer und immer wieder mit den emotionalen Reaktionen der Vergangenheit besetzt (z. B. Taubheit im Genitalbereich, Anhalten des Atems etc.), auch wenn der Körper längst von den zugehörigen Verspannungen befreit ist. Das soll nicht heißen, dass psychologische Arbeit nicht auf den Körper einwirken kann oder dass Körperarbeit sich nicht auch auf die Psyche auswirkt. Beide beeinflussen sich gegenseitig. Trotzdem kann das Thema erst abgeschlossen werden, wenn das Problem auf der jeweiligen Ebene bearbeitet wird. Hier warnt uns ein altes Sprichwort: »Wenn dein einziges Werkzeug ein Hammer ist, wird jedes Problem zum Nagel.« Es sagt uns sehr deutlich, welches Problem Psychotherapeuten, Körpertherapeuten, die Spezialisten aus der Gesundheitsvorsorge und alle spirituellen Lehrer gewöhnlich haben. Behalten Sie einfach im Hinterkopf, dass wir in einer rundum vernetzten, holographischen Welt leben! Wenn wir das anerkennen, verwenden wir für jedes Problem das passende Werkzeug.

Quantenpsychologische Prinzipien

Dem Problem muss man auf der Ebene des Problems begegnen.

Kein System kann allein alles bewirken.

Der holographische Mensch: das Kontinuum

Um zu verstehen, inwiefern Körper und Geist ein Kontinuum bilden, denken Sie zunächst einmal an die festeren Bestandteile des Körpers, die Knochen, und dann an die weniger festen wie Muskeln und Organe. Betrachten Sie nun einfach Gedanken und Gefühle als noch weniger dichte und feste Teile. Wenn wir den Menschen als holographisches Kontinuum verstehen, eröffnet uns Korzybskis Auffassung vom Organismus als Ganzes eine völlig neue Sicht auf die Einheit von Körper und Geist und ihrer inneren Struktur.

Das Körper-Geist-Kontinuum lässt sich wie folgt darstellen: Knochen – Muskeln – Organe – Blut – Körperempfindungen – Gefühle – Gedanken (auch in umgekehrter Reihenfolge). All das ist in ein ganzheitliches Kontinuum verwoben.

Geist-Seele ist auch Körper

Zu den widersprüchlichsten und bedeutsamsten Konzepten, die es zu hinterfragen gilt, gehört meines Erachtens die Annahme, dass Geist und Seele vom Körper verschieden sind. Doch in fast allen Religionen zählt diese Vorstellung zu den grundlegenden Glaubenssätzen. Die Hindus beispielsweise glauben an eine Seele, die sich immer und immer wieder in einen Körper inkarniert. Die christliche Religion glaubt zwar nicht an frühere Leben, aber doch an ein zukünftiges »körperloses« Leben – im Himmel für die Braven, in der Hölle für die Bösen. Gautama, der Buddha, lehrte als grundlegende Einsicht, dass es keine Seele gibt, die von Existenz zu Existenz wandert. Dieser Grundsatz des Buddhismus findet auf der ganzen Welt keine weitere Beachtung. Stattdessen bieten uns fast alle anderen Religionen eine Seele an, die stets von neuem in einem Körper wieder geboren wird. Und es gibt immer wieder spirituelle Lehrer, die uns diese Inkarnationstheorie servieren, obwohl Buddha sie bereits als nicht-existent erkannt hat. Wir sollen nicht unser Körper sein, sondern ein Geist, der diesen Körper bewohnt.

Der Quantenansatz

Die Quantenpsychologie geht von völlig anderen Grundlagen aus. Die Erkenntnisse der Quantenphysik zeigen uns, dass die Wirklichkeit unteilbar, dass alles miteinander vernetzt ist. Wenn wir das ernst nehmen, kann es keinen getrennten Geist und keine getrennte Seele geben, die sich inkarnieren. Es existieren nämlich nur unterschiedliche Ebenen der Verdichtung derselben »Substanz«. In anderen Worten: Ihr Arm ist ebenso sehr Ihr Geist wie Ihr Kopf. Ihre Füße sind genauso Ihre Seele wie Ihr Geist. Und noch einen Schritt weiter: Ihre Beine sind ebenso Geist, wie Ihre Gedanken Seele sind. Ihr Magen ist ebenso

Ihr Geist wie das sich all Ihrer Erfahrungen gewahr seiende Bewusstsein. Weshalb? Wenn alles aus derselben Substanz besteht, dann sind Körper, Geist und Seele nicht nur miteinander verbunden. Es ist vielmehr so, dass *der Körper die Seele und der Geist ist, der Geist wiederum ist Körper und die Seele, der Körper ist das gewahrende Bewusstsein etc. Es gibt keine Grenzen und Unterschiede*.

Eine Geschichte aus der buddhistischen Tradition verdeutlicht dies sehr anschaulich. Eines Tages befragte ein buddhistischer Schüler den Buddha über das gewahrende Bewusstsein. Der Buddha zog seine Sandale aus, hob sie hoch und antwortete: »Dies ist das gewahrende Bewusstsein.« Der Buddha zeigte hier, dass wirklich alles – nicht nur Körper, Seele, Geist, Bewusstsein und Sandalen – ein unteilbares Ganzes ist.

Betrachten wir vor diesem Hintergrund die Festigkeit von Knochen und die immer geringer werdende »Festigkeit« von: Muskeln, Organen, Emotionen, Empfindungen, Gedanken. Gehen wir weiter zu der noch geringeren Dichte von Raum innerhalb unseres Körpers – zur Leerheit, die noch weniger verdichtet ist. Dieses Kontinuum ist die Eine Substanz, die nur unterschiedliche Verdichtungsstadien aufweist. Da sie aber immer und überall die Eine Substanz ist, ist alles mit allem holographisch verknüpft und vernetzt. Nur wir mit unseren Begriffsdefinitionen und Etiketten versuchen, die ganzheitliche Wirklichkeit aufzuteilen. Doch in jedem »einzelnen« Teil dieser Wirklichkeit ist das ganze Universum enthalten.

Anders ausgedrückt: Da alles von den Knochen bis zur Leerheit Teil der Einen Substanz ist, ist alles von derselben Art wie das gesamte Universum. Die alte metaphysische Weisheit, nach der der Makrokosmos im Mikrokosmos enthalten ist und umgekehrt, kann im Licht der Quantenphysik verändert werden zu: *Der Makrokosmos ist der Mikrokosmos, so wie der Mikrokosmos der Makrokosmos ist*.

Quantenkörperarbeit

Wie sieht Quantenkörperarbeit vor diesem Hintergrund aus? Der Quantenansatz bei der Körpertherapie beruht nicht auf dem Prinzip des Ausklammerns, sondern auf dem der Integration. Muskeln gelten nicht mehr als von Gedanken getrennt, genauso wie Wellen nicht als vom Ozean getrennt betrachtet werden. Als ich neulich eine körpertherapeutische Therapiestunde nahm, spürte ich deutliche Veränderungen in den Schulterblättern, nachdem eigentlich der Schädel behandelt worden war. Und meine Schmerzen im unteren Rückenbereich verschwanden, nachdem meine Füße mehr Aufmerksamkeit und eine energetische Neuausrichtung erfahren hatten. Dies ist die wahre holistische Vision von Ida Rolf und Moshé Feldenkrais. Jeder Teil beeinflusst das Ganze, da alle miteinander verbunden sind. Der erste Schritt dazu ist es, sich im Körper zu Hause und geerdet zu fühlen. Und dann lernen wir den Körper als Teil der ganzen, unteilbaren Wirklichkeit zu sehen.[3]

Wiederholen wir also noch einmal: Die biologische Dimension besteht aus unserem physischen Körper. Unser Körper umfasst vier wesentliche biologische Funktionen, die absolute Bedürfnisse darstellen und um die sich unsere Lebenszeit dreht – Essen, Schlafen, Scheißen und Vögeln. (Oder die Frage, wie man mehr Geld macht, um all das an einem schöneren Ort zu tun.) Um zu überleben, muss der Körper essen, schlafen, sich entleeren und Sex haben.[4] Dies sind die vier Hauptfunktionen, die unser Körper erfüllen muss.

[3] Siehe dazu: den Anhang »Mitgefühl, Urteil und Selbsttäuschung« in meinem Buch *Das Tao des Chaos*.

[4] Kürzlich sagte mir einer der vielen Möchtegern-Gurus, dass »Sex eine Trance« sei. Deshalb möchte ich hier anmerken, dass Sex in unserem Nervensystem verankert ist, da er die Funktion hat, das Überleben der Art zu sichern.

Die Quantenpsychologie aber nimmt an, dass es darüber hinaus noch zwei weitere Funktionen gibt: das Bedürfnis zu verschmelzen und das Bedürfnis zu lernen. Jede durch den Sozialisationsvorgang (d. h. die Anpassung an die Bedürfnisse der Gesellschaft) verursachte Unterdrückung einer biologischen Funktion verursacht eine Abspaltung (Dissoziation) von der betroffenen Dimension und löst so einen »Substitutionsvorgang« (Ersatzbefriedigung) aus. Anders gesagt: Wenn Ihre biologische Dimension wesentlicher Funktionen beraubt wird (Deprivation), erfährt Ihr Körper einen Schock. Um diesen Schock zu verarbeiten, zieht das Nervensystem seine Aufmerksamkeit aus dem betreffenden Bereich zurück. Dieser Vorgang wird dann häufig mit einer bestimmten Philosophie (einer Reaktion der »jüngeren« Gehirnregionen und, nach dem Ereignis, auch des Nervensystems) gerechtfertigt, welche die chaotische Erfahrung der Deprivation einem rationalen Deutungsversuch unterwirft und uns noch weiter aus unserer körperlichen Erfahrung, aus der Erfahrung der allem zugrunde liegenden Einheit drängt. Wenn das geschieht, kommt es zur Substitution oder Ersatzbefriedigung. Ein Beispiel: Wenn meine Mutter mich nur berührt und lieb zu mir ist (biologische Verschmelzung), wenn ich in der Schule gute Noten habe, dann ist die einzige Möglichkeit, mich mit ihr eins zu fühlen, eine gute Leistung zu bringen.

In der Quantenpsychologie sprechen wir immer dann von »Substitution«, wenn man ein bestimmtes Verhalten (hier: gute Noten) an den Tag legen muss, damit die biologischen Grundbedürfnisse erfüllt werden. Mit anderen Worten: Wenn während des Sozialisationsvorganges ein biologisches Bedürfnis durch eine andere Handlung ersetzt wird, werden, um auf das obige Beispiel zurückzugreifen, bald »gute Noten« oder das Erbringen anderer Leistungen eingesetzt, um das Sich-eins-Fühlen zu erreichen. In diesem Fall aber gibt es keine Befriedigung, ganz gleich, wie viel geleistet wird.

Die Quantenpsychologie trennt Bedürfnisse von Wünschen. Bedürfnisse entstehen, wenn eine der biologischen Grundfunktionen nicht erfüllt wird. Zu obsessiven Bedürfnissen kommt es, wenn Sie ein biologisches Bedürfnis durch einen psychologischen Wunsch ersetzen, der später dann zum zwanghaften »Verlangen nach ...« wird. Beispiel: Biologisches Bedürfnis: »Ich wünsche mir Zärtlichkeit.« (Dieses Bedürfnis wird nicht erfüllt.) Psychologischer Wunsch: »Ich muss mir zuerst Anerkennung verdienen.«

Auf diese Weise wird das biologische Bedürfnis (Zärtlichkeit) durch einen psychologischen Wunsch (nach Anerkennung) ersetzt. Diese Art des Umgangs mit dem biologischen Bedürfnis schleift sich ein, und obwohl der psychologische Wunsch niemals zu letztendlicher Befriedigung führt, wird er in unserem Gehirn eingraviert wie eine Rille auf der Schallplatte. Das biologische Bedürfnis bestand vor dem psychologischen Wunsch. Dieser Substitutionsprozess ist eine Überlebenstechnik, die unser Körper (unser Nervensystem) ausgebildet hat, um die Befriedigung sicherzustellen.

Die auf den Buddha direkt zurückgehende buddhistische Lehre besagt: »Alles Leiden kommt letztlich aus dem Begehren.« Auf die Quantenpsychologie angewandt bedeutet das: Wenn die biologischen Zwänge nicht erfüllt werden, wird aus dem biologischen Bedürfnis ein fehlgeleiteter psychologischer Wunsch, der sich zum obsessiv-zwanghaften Begehren entwickeln kann, welches sich ins Unendliche verstärkt und entsprechende Zerrformen annimmt. Wenn dies geschieht, jagen wir einem Bild von Erfüllung (durch Leistung) nach, das sich vom ursprünglichen Bedürfnis unterscheidet. Und all dies nur, weil wir Zärtlichkeit wollen und brauchen. Im vorliegenden Fall könnte bereits der Wunsch, andere sagen zu hören, wie toll wir sind, ein Versuch sein, unser Bedürfnis nach Wärme zu erfüllen. Da das ursprüngliche Bedürfnis nicht erfüllt wird, gibt es natürlich auch keine Befriedigung. So führt das Ersetzen einer

Dimension (in diesem Fall der biologischen) durch eine oder mehrere andere (hier: die äußere und die Dimension des Denkens) statt zu Glück zu noch mehr Leid. Denn zuerst muss das natürliche, biologische Bedürfnis erfüllt sein. Daher antwortete ein Zen-Meister auf die Frage, was denn wohl Erleuchtung sei, mit: »Du isst, wenn du hungrig bist. Du schläfst, wenn du müde bist.« (Es gibt keine inneren Debatten mehr über diese Tatsachen.)

Quantenpsychologische Prinzipien

Belassen Sie alles Biologische auf der biologischen Ebene. Und ersetzen Sie kein biologisches Bedürfnis durch ein anderes biologisches Bedürfnis (z. B. Zärtlichkeit durch Nahrung).

Ein biologisches Bedürfnis durch einen psychologischen Wunsch zu ersetzen führt zu zwanghaftem Handeln. Daraus entsteht nur der Wunsch nach ständig neuer Befriedigung, weil es keine echte Befriedigung gibt.

Die Quantenpsychologie geht also davon aus, dass es zwei weitere biologische Grundfunktionen gibt: 1. den Wunsch nach Verschmelzung, d. h. den biologischen Wunsch, auf einer der Ebenen zu verschmelzen, und 2. den Lernimpuls, d. h. den biologischen Drang, immer höhere Ebenen der Differenzierung und Komplexität zu erreichen. Wie bei den anderen vier Funktionen führt eine nicht ausreichende Befriedigung dieser Bedürfnisse ebenfalls zu einem Deprivationserlebnis und einem damit verbundenen Schock.

Die vierte Dimension der Manifestation ist der Körper. Dazu gehört unsere animalische Natur mit ihren Funktionen Essen, Schlafen, Sich-Entleeren, Sex und Libido (das Bedürfnis nach Verschmelzung) – dazu gehört aber auch das Bedürfnis nach

Aufstieg zu höheren Komplexitätsebenen durch Lernen. Häufig aber gerät unser Körper aus unserem täglichen Blickfeld. In einem meiner Workshops lernte ich eine Frau kennen, die überhaupt nicht in ihrem Körper war. Sie war sich nicht einmal darüber im Klaren, was sie sagte. Sie hätten zu ihr sagen können: »Ich hasse dich« oder »Am liebsten würde ich dich umbringen«, und sie hätte immer noch gesagt: »Oh, herzlichen Dank. Ich hoffe, Sie haben einen schönen Tag.« Sie war sich ihrer einzelnen Dimensionen (Denken, Fühlen, Außenwelt und Körper) nicht im Geringsten bewusst. Sie hatte sich von diesen Dimensionen völlig abgespaltet und lebte in der Dissoziation.

Quantenpsychologische Prinzipien

Wenn Sie sich von jeder Dimension abspalten, geht Ihnen das Bewusstsein für Ihren Körper verloren und damit das Potential, mit dem Sie sich in der zugrunde liegenden Einheit verankern können.

Wenn Sie Ihr Körperbewusstsein verlieren, lösen Sie sich damit auch von der Außenwelt.

Unsere Persönlichkeit entsteht durch eine Abspaltung von der biologischen Ebene. (Dazu später im Abschnitt über den Biologischen Pol.)

Die biologische Dimension ist von zentraler Bedeutung, da sie der Eckpfeiler aller acht Dimensionen ist. Wenn es keinen Körper gibt, dann gibt es auch keine Außenwelt, die man erleben kann, kein Denken, kein Fühlen, kein Körperbewusstsein, keine essentielle Natur, kein *Ich bin*, kein Bewusstsein der Archetypen des Kollektiven und kein Gewahrsein des Nicht-Ich-Ich.

Die Grundlagen

An diesem entscheidenden Punkt möchte ich noch einmal einige Quantenprinzipien darlegen:

1. Der Körper und das Nervensystem sind Quantenereignisse, d. h. der Körper ist eine Verdichtung der Leerheit bzw. des ungeteilten Bewusstseins. Dieses Prinzip beruht auf dem, was Einstein und Buddha lehrten. Einstein sagte, dass alles aus Leerheit gemacht sei und Form verdichtete Leerheit sei. Buddha meinte: »Form ist Leerheit, Leerheit ist Form.«
2. Wenn wir den Körper als Quantenereignis »sehen«, bedeutet dies, dass die Leerheit sich verdichtet und dabei einen Körper mit einem Nervensystem formt. Der Körper und das Nervensystem können das Quantenereignis nicht wahrnehmen.
3. Körper und Nervensystem sind eine Verdichtung der Leerheit, sie wählen bestimmte Erfahrungen aus und weisen andere zurück. Dieser letzte Teil geht auf Alfred Korzybski zurück. Was Korzybski nicht schrieb, ist, dass der Wahrnehmungsmechanismus und damit das Nervensystem selbst eine Abstraktion der Leerheit bzw. des Quantenbewusstseins ist. Dies ist der große Fehler in Korzybskis Allgemeiner Semantik. Nur deshalb quälen sich Korzybskis Schüler mit dem ab, was er »neuro-linguistisches Feedback« nannte und als essentielle Grundlage für Veränderung betrachtete.
4. Das Nervensystem des Körpers hat trance-formierende[5]

[5] Bitte beachten Sie, dass mit »Trance« hier das Sich-verengen des Blickwinkels gemeint ist. In diesem Prozess werden viele Reize von außen ausgeblendet. So übersetzen *[trance-late]* Sie (bzw. Ihr Nervensystem) die Außenreize nach dem Geschehnis und sortieren bestimmte Wahrnehmungen aus. Sie trance-formieren die Erfahrung und formen Sie um zur Trance, übersetzen Sie in eine Trance.

Aufgaben. Es übersetzt *[trance-lates]* nach dem Ereignis die ungeteilte Wirklichkeit des Quantenphänomens, sprich die Leerheit des undifferenzierten Bewusstseins, in Elektronen bzw. Erfahrungen. Das Nervensystem nimmt die Quantenerfahrung, die es als solche nicht wahrnehmen kann, und organisiert sie in das Wissen dessen, der weiß.

5. Es ist das Nervensystem, das die »Ich-Erfahrung« hervorbringt. Daher entstehen sowohl der Ich-Gedanke als auch unsere gesamte psychische Struktur aus dem Körper heraus und nicht umgekehrt. In der Quantenpsychologie gehen wir davon aus, dass an diesem Prozess mehrere Dimensionen beteiligt sind. Wir gehen aber ebenso davon aus, dass Gedanken ihren Ursprung im Körper, d. h. im Nervensystem haben, das wiederum eine Verdichtung des Quantenfeldes oder der *Leerheit des undifferenzierten Bewusstseins* ist. Wenn Sie »denken«, dass Sie Ihre äußere Umgebung verändern können, indem Sie Ihre Ausdrucksweise und Ihr Denken ändern, dann leben Sie in einer »magischen« Welt. Mit diesem Begriff bezeichnet man das Weltbild so genannter »primitiver Gesellschaften«, das Worte für Dinge hält. Ein gutes Beispiel aus unserer Lebenswelt ist das Kind, das etwas zu essen möchte und von der Mutter Nahrung erhält. Aus diesem Grund setzt es das Wort »Nahrung« (oder »Milch«) mit dem Gegenstand selbst gleich. Obwohl es eigentlich einleuchten sollte, dass wir Wörter nicht essen können, glauben wir ebenfalls mitunter noch, dass das Wort gleichbedeutend mit der Sache ist. Verbale Ausdrücke sind weit von der Ebene der Körperempfindungen und der nonverbalen Ebene des *Ich bin* entfernt. Sie kommen aus einer anderen Dimension und werden in einem anderen Teil des Gehirns verarbeitet. Außerdem sind sie »weiter entfernt« von der Quantenebene.
6. Das Nervensystem und der »Ich-Gedanke« kennen die Quantenebene des *Alles* bzw. *Nichts* nicht. Das *Ich*, welches vom

Körper bzw. vom Nervensystem erzeugt wird, das ja seinerseits eine Verdichtung der Quantenebene ist, ist der Leerheit, aus der es letztendlich stammt, fremd. Und trotzdem können »Sie« diese Quantenebene kennen lernen, wenn die Ich-Gedanken zu verschwinden beginnen und keine weiteren nachkommen. Man kann sich dies wie ein vorübergehendes »Auftauen« vorstellen, einen neurologischen Prozess, bei dem das Nervensystem sich selbst für einen kurzen Augenblick völlig auslöscht. Man könnte es mit dem Versuch beim Meditieren vergleichen, bei dem man den Raum zwischen zwei Atemzügen oder zwei Gedanken sucht.[6] So kann das Nicht-Ich als neurologischer Prozess wahrgenommen werden.

[6] Genaueres hierzu finden Sie in meinem Buch *Das Tao des Chaos*. Außerdem möchte ich anmerken, dass die Quantenpsychologie zurzeit (1997) zusammen mit Alfred Schatz Forschungsarbeiten anstellt, die auf die Funktionen innerhalb des Gehirns abzielen, die außerhalb des Raumzeit-Gefüges und seiner vierdimensionalen Realität arbeiten. Diese Arbeiten beziehen sich direkt auf die Superstring-Theorie und die Funktionalität der vier physikalischen Fundamentalkräfte (Schwerkraft, Elektromagnetismus, schwache und starke Wechselwirkung [= Kernkräfte]) als Biologisches Gehirn. So weit sich bisher (1997) sagen lässt, werden bald neue Ergebnisse zu Themen wie Dunkle Materie, virtuelle Realitäten, Licht- und Schallwellen vorliegen.

Quantenpsychologische Prinzipien
Das »Ich«, welches verbale Ausdrücke und Gedankenketten (d. h. seinen Bezugsrahmen) einfach abändern möchte, ist weiter von der Quantenebene entfernt als die Worte selbst. Damit ist es zudem stärker von ihr »abgekoppelt«. Die Person, welche an ihrer Wortwahl und an ihrem Denken etwas zu ändern versucht, ist weiter von der Quantenebene entfernt als diejenige, die diese Worte benutzt.

Wenn Sie Ihre Wortwahl und die daraus folgenden Gedankenketten verändern wollen, wirken Sie einzig und allein auf die Ebene des Denkens ein. Das »Ich«, welches diese Veränderungen vornimmt, ist Teil des Nervensystems und damit Teil dieser Denk-Ebene. Jeder Gedanke und jeder Glaubenssatz trägt aber den Überlebensmechanismus (d. h. den Kampf-Flucht-Impuls) in sich, da er ein Produkt und damit ein Teil des Nervensystems ist. *Daher sind sowohl der Gedanke wie auch sein »Veränderer« Teil eben dieses Gedankens, der seinerseits ein Produkt des Nervensystems ist.*

Um die Quantenebene zu erreichen, müssen wir uns auf die Ebene des nonverbalen *Ich bin* begeben, in die Stille – und *darüber hinaus*.

Vor diesem Hintergrund schrieb ich den Aufsatz »Mitgefühl, Urteil und Selbsttäuschung« im Anhang zu meinem Buch *Das Tao des Chaos*. Darin habe ich die verschiedenen Ebenen der Erfahrung innerhalb der Körper-Dimension beschrieben. Die erste ist das »Geerdet-Sein« des Körpers, die zweite ist die Erkenntnis, dass auch der Körper eine Verdichtung der Einen Substanz ist, wie alle anderen Seinsbereiche. Ich möchte hier noch einmal unterstreichen, dass der Körper keineswegs ein ansonsten vernachlässigbares Vehikel für die Seele ist. Körper und Seele sind eins, ein Kontinuum innerhalb der undifferenzierten Einen Substanz.

Die biopsychologische Ebene: Die biologische und die psychologische Dimension

Ich nehme seit gut 25 Jahren Körpertherapie-Sitzungen in Anspruch. »Ich« habe Therapiestunden nach Wilhelm Reich ebenso genossen wie zahlreiche Rolfing- oder Feldenkrais-Stunden. Jahrelang habe »ich« regelmäßig Tai Chi gemacht und Hatha-Yoga habe ich fast zwölf Jahre lang geübt. So wurde es für mich nur allzu klar, dass der Körper die Erfahrung aller anderen Dimensionen verbindet: Außenwelt, Denken, Fühlen, Biologie, Essenz, *Ich bin*, *kollektives Bewusstsein* und Nicht-Ich-Ich finden im Körper ihren gemeinsamen Nenner.

Die Quantenpsychologie geht davon aus, dass der Geist aus verschiedenen Denkaktivitäten »besteht«: Gedanken, Erinnerungen, Emotionen, Assoziationen, Wahrnehmungen und einer interaktiven Sucheinheit, welche die Außenwelt scannt und ihre Informationen mit Hilfe eines verallgemeinernden Rückgriffs auf frühere Erfahrungen verarbeitet. Daher ist es wichtig zu wissen, dass der Geist aus dem Körper entsteht. In anderen Worten: Das Nervensystem und unsere interaktive Sucheinheit sind beide Teil unserer physischen Natur, zugleich aber bestimmen sie die Struktur unserer Persönlichkeit. (Das heißt sie organisieren ebenfalls unsere emotionalen und intellektuellen Aktivitäten mit all ihren Erinnerungen und Assoziationen.) Die Antwort, die unser Körper bzw. Nervensystem auf einen gegenwärtigen Reiz gibt, ist inadäquat, weil all die Elemente der verschiedenen Dimensionen miteinander verschmelzen. Gedanken und Gefühle werden assoziativ miteinander verbunden, genauso wie die Außenwelt, die durch die Brille unseres Such-

und Überlebensmechanismus betrachtet in das System Eingang findet.

Und trotzdem glaubt man in der Welt der Psychologie, dass die Seele »älter« und damit wichtiger sei als der Körper. Dasselbe gilt für die meisten spirituellen Schulen, die einfach nicht verstehen, dass sich der Geist um den Körper herum organisiert und nicht umgekehrt.

Quantenpsychologisches Prinzip

Der »Geist«, der von der »interaktiven Sucheinheit« mit ihren Generalisierungsmechanismen am Leben erhalten wird, ist ein Produkt des Nervensystems und ist untrennbarer Bestandteil des Kampf-Flucht-Impulses, mit dessen Hilfe der Körper sein Überleben sicherstellt.

Biologische Tendenzen und die psychologischen Auswirkungen

Unser Nervensystem hat verschiedene grundlegende Tendenzen, welche alle auf den Mechanismen von Kampf bzw. Flucht, Überleben und symbiotischem Verschmelzen beruhen:

1. Eine »zufällige« angenehme Fantasie kann der Versuch unseres Körpers sein, seine biologischen Bedürfnisse durch die Aktivitäten der »jüngeren« Gehirnbereiche zu erfüllen, welche für die Schaffung von Tagträumen u. ä. verantwortlich sind.
2. Betrachten wir einmal eine unangenehme Fantasie, die besagt: »Diese oder jene Person mag mich nicht.« Dabei wird die andere Person als nicht identisch mit mir selbst eingestuft. Da nun die Möglichkeit zur symbiotischen Verschmelzung fehlt, reagiert das Nervensystem mit Angst, Ärger, Zorn, Neid etc.

3. Viele unserer Gedanken und Fantasien kann man mit Fritz Perls als »trainiert« bezeichnen. Das Nervensystem versucht immer, Ereignisse im Voraus zu proben und sich verschiedene Erklärungen für mögliche Abläufe zurechtzulegen. Es will bereit sein, falls tatsächlich eine Instanz in das Geschehen eingreifen sollte, die als nicht-identisch eingestuft wird und deshalb bedrohliche Aspekte mit sich bringt – auch wenn sich dies nur im Kopf abspielen sollte. Diese obsessive Tendenz veranlasst uns zu: übermäßiger Leistung oder Planung, krankhafter Perfektion, exzessivem Arbeits- oder Gefühlseinsatz, manchmal auch zu übertriebenen Geschenken und dergleichen mehr.

Kurz gesagt: Wenn Sie Ihre Persönlichkeit vor diesem Hintergrund betrachten, können Sie die engen Verbindungen zur körperlichen Dimension klar erkennen. Daher betrachtet die Quantenpsychologie beides nicht getrennt, sondern spricht von der bio-psychologischen Ebene. Zuerst kommt die biologische Ebene, die psychologische mit ihren logischen Erklärungsmodellen, Begründungen und Rechtfertigungen folgt danach.

Quantenpsychologische Prinzipien

Das »Ich« oder der »Ich-Gedanke«, der für unsere Handlungen die Urheberschaft beansprucht, folgt erst nach der Handlung bzw. dem Ereignis.

Erklärungen erklären nur. Sie folgen »nach der Erfahrung« selbst und versuchen, das Was oder Warum eines bereits stattgefundenen Ereignisses logisch fassbar zu machen.

Begründungen und die daraus entstehenden Glaubensmuster sind genau, was sie sind, und nicht mehr. Sie entstehen auf der Ebene des Denkens und sind ein Produkt des Nervensystems. Ihre Aufgabe ist es, bereits Geschehenes rational zu erklären. Begründungen und Rechtfertigungen führen uns von der Wirklichkeit (der Erfahrung selbst) weg. Daher sind sie von dem, was ist, abgekoppelt.

Um jedoch den *Biologischen Pol* und das, was die Quantenpsychologie als »Biologische Erleuchtung« bezeichnet, wirklich verstehen zu können, müssen wir uns dem Problem auf der Ebene des Problems zuwenden.

Der Biologische Pol: die physische Manifestation der Essenz

Achtsamkeit auf der biologischen Ebene scheint sich nur sehr langsam entwickeln zu lassen. Dafür gibt es zwei Gründe: Zum einen geht es dabei um reine Materie (im Gegensatz zur Ebene der Gedanken und Emotionen), also um eine größere Dichte. Zum anderen ist unsere Industriegesellschaft darauf ausgerichtet, uns die Achtsamkeit auf körperlicher Ebene abzugewöhnen, weil man uns nur so dazu zwingen kann, über die Grenzen des körperlich Machbaren hinauszugehen. Anders gesagt: »Unsere« psychische Struktur und die äußere Welt versuchen gemeinsam, uns dazu zu bringen, den Körper der emotionalen und intellektuellen Dimension unterzuordnen. Ein gutes Beispiel dafür ist die ununterbrochene Überlastung durch Überstunden, aber auch die schlechte Luft- und Wasserqualität, derer wir uns mittlerweile »erfreuen«. Der Sozialisationsprozess, durch den wir zu »vollwertigen« Mitgliedern der Gesellschaft erzogen werden, ist ebenfalls nicht gerade auf die Förderung unserer physischen Bedürfnisse ausgerichtet und verursacht daher noch massivere Dissoziation vom Körper. Vereinfacht gesagt, bringt der Druck, den unser modernes Leben ausübt, einen Verlust unseres Körperbewusstseins mit sich, da die Ebene der Psyche als wertvoller gilt.

Doch jahrelanges Körpertraining erlaubt es uns trotzdem, *Biologische Erleuchtung* zu erlangen. Doch was ist Biologische Erleuchtung? *Es ist die Erkenntnis, dass Ihr Körper aus derselben Substanz ist wie alles andere und dass es keinen getrennten individuellen Körper gibt.*

Damit DAS (die explosionsartige Erkenntnis, dass Ihr Körper aus derselben Substanz besteht wie alles andere) geschehen kann und als Erfahrung stabil bleibt und nicht wie eine Chimäre sofort wieder verfliegt, könnte es nützlich sein, auch den Biologischen Pol zu stabilisieren.

Doch was ist der Biologische Pol? Damit ist die Zentralachse Ihres körperlichen Daseins gemeint, die von der Schädeldecke bis zum Beckenboden reicht. Sie ist es, die Ihren Körper aufrecht erhält. Der Biologische Pol ist sowohl eine Art biologischer Bewusstheit als auch eine körperliche Empfindung. Im Biologischen Pol nämlich treffen die gravitationsbedingte Anziehung von Sonne und Erde aufeinander, um Ihrem biologischen »Ich« den aufrechten Gang zu ermöglichen. In Ihrem Biologischen Pol manifestiert sich Ihre *innere Essenz* auf körperlicher Ebene. An dieser Stelle möchte ich außerdem anmerken, dass die Forschung in der Quantenpsychologie sich gerade der Frage widmet, ob die Dimension, welche den Biologischen Pol beherrscht, nicht stärker von der elektromagnetischen Kraft beeinflusst wird als von der Schwerkraft.[7]

Als »Falschen Kern« bezeichnet man die *Vorstellung*, die Sie sich von sich selbst gemacht haben. Diese ist in Ihrem Biologischen Pol verankert. Er dient als körperliches Fundament für

[7] Im Augenblick tendiert die herrschende Lehrmeinung dazu, die Schwerkraft als zentrale Kraft nach dem Urknall anzusehen. Es gibt jedoch als Biologisches Gehirn eine Minderheit von Wissenschaftlern, welche die elektromagnetische Kraft für wichtiger halten. (Kaku, *Hyperspace*, 1992)

diese grundlegende Fehleinschätzung Ihres Selbst. Der Falsche Kern ist nämlich nur ein Bild, das Sie sich von Ihrem Selbst gemacht haben und das Sie auf psychologischer und biologischer Ebene zu überwinden suchen. Der Falsche Kern ist nicht Ihr Selbst. Er ist nicht mehr als ein »Ich-Gedanke«, den das Nervensystem produziert, nach dem das Geschehen vorüber ist. Genau aus diesem Grund ist er nicht Sie selbst: »Sie« waren »da«, bevor der »Ich-Gedanke« aufkam.

Ida Rolf, die Begründerin des Rolfings, nannte das »Hülle« und »Pol«. Die äußeren Muskeln waren für sie die Hülle. Sie sind vergleichbar mit den Ich-Identitäten, mit denen wir den Falschen Kern zu kompensieren versuchen und von denen wir glauben, dass sie es sind, die uns aufrecht erhalten. Auf diese Weise lassen wir gar nicht zu, dass die gravitationsbedingte Spannung zwischen Sonne und Erde uns in unserem Biologischen Pol hält. Die Quantenpsychologie bezeichnet diese psychische Struktur als »kompensatorische Identität« oder »Falsches Selbst«. Der Falsche Kern hingegen ist ein psycho-emotionales Ideengebäude, das wir über den Biologischen Pol gelegt haben.

Was Rolf als »Hülle« bezeichnet, also unsere kompensatorischen Identitäten, ist aber nur der vordergründige, der erworbene Teil unseres körperlichen Selbst, den wir auf der biologischen Ebene als Muskelverhärtung erfahren. Der Biologische Pol bleibt eine weitgehend unbewusste Hintergrunderfahrung. Steht sie jedoch im Einklang mit der Gravitationsspannung, dann schiebt sich der Biologische Pol in den Vordergrund. Wie sieht das nun konkret aus? Es geht dabei in erster Linie um die Erfahrung, ganz aus dem wahren biologischen Selbst heraus, aus der biologischen Essenz zu leben. In diesem Zustand erkennen wir auf körperlicher Ebene, dass unsere eigene Essenz dieselbe ist wie die aller Menschen. Das geschieht ohne jede Anstrengung, da die Gravitationsspannung uns aufrecht hält. So wie ein Fisch das Wasser nicht spürt, indem er sich ständig bewegt, nehmen wir die Schwerkraft nicht wahr, wenn sie mit unserem Biologischen Pol in Einklang steht.

Eines Tages unterhielt ich mich mit Jack Donnelly, der schon seit über 29 Jahren Rolfing unterrichtet, und fragte ihn, was Ida Rolf wohl gemeint haben könnte, als sie vom »core« (Pol) sprach. Er gab mir Folgendes zur Antwort:

> Das hat alles mit der Schwerkraft zu tun. Wenn Sie sich mit der Schwerkraft auseinander setzen, stoßen Sie bald auf das, was Ida den »primal core« (unteren Pol) genannt hat. Dieser reicht vom Beckenboden bis zum Solarplexus. Dazu kommt der »higher core« (obere Pol), der von der Schädeldecke bis hinunter zum Solarplexus verläuft. Dort treffen sich die beiden …

Donnelly zufolge glaubte Ida Rolf, dass »die Persönlichkeit sich um einen Bruch im Pol« formiert:

> Der untere Pol nimmt die Schwerkraft der Erde auf, während der obere Pol von der gravitationsbedingten Anziehung der Sonne gehalten wird. Diese Linie zwischen Sonne und Erde ist die Rolfing-Achse. Donnelly meint, dass der Biologische Pol (der tatsächlich körperlich und nicht nur energetisch existiert, wie z. B. ein Yogi behaupten würde) unser biologisches Dasein vermittels des Körpers mit Erde und Sonne verbindet.

Ida Rolfs Erkenntnisse haben gravierende Auswirkungen auf das, was die Quantenpsychologie die Erkenntnis der Biologischen Essenz nennt. Denn die Erfahrung der *Biologischen Essenz* zeigt uns, dass der Körper letztendlich Teil derselben Substanz ist wie alles andere. An diesem Punkt erkennen wir, welchen Stellenwert unser Körper bei der spirituellen Suche hat. Der Taoismus beispielsweise besagt in etwa, dass das Tao erkannt wird, wenn Himmel und Erde miteinander in Einklang gebracht werden. Oder: Wenn Himmel und Erde in Einklang stehen, ergibt sich ein vollkommenes Gleichgewicht. Und weiter: Wenn Himmel und Erde ausgeglichen sind, wird die wahre Natur des Tao [des Weges] enthüllt. Wenn wir statt des Wortes »Himmel« einfach »Sonne« einsetzen, zeigen uns diese taoistischen Prinzipien die wahre Bedeutung des Begriffes »Biologischer Pol« auf.

Anders gesagt: Wenn wir die anstrengungslose Kraft der Gravitationsspannung zwischen Himmel und Erde im Körper erfahren, stehen wir im Einklang mit unserem Weg (Tao). Und wenn der Biologische Pol (also das Ensemble aus ursprünglichem und höherem Kern) richtig ausgerichtet ist, kommt es zur Erfahrung der Gravitationsspannung zwischen Sonne und Erde. Dann gibt es keinerlei Unterbrechung dieser Kraft mehr. Das Tao wird auf ganz natürliche Weise erkannt.

Wenn Ihre biologische Verbindung zwischen Himmel und Erde stimmt, dann sind Sie einfach nur. Und das ist Tao, der Weg. Es gibt dann keine psychische Struktur mehr, weil es einfach keine Brüche und Unterbrechungen[8] im Biologischen Pol mehr gibt. Die früheren, gegenwärtigen oder zukünftigen (projizierten) Körperbilder haben aufgehört zu existieren. Es gibt auch keine Vorstellung mehr vom Körper. Sie sind einfach auf biologischer Ebene präsent. Um diesen Zustand schätzen zu lernen, müssen wir – nach Ida Rolf – verstehen lernen, dass unsere Persönlichkeit durch Unterbrechungen (Brüche) in dieser »Gravitationsverbindung« zwischen Sonne und Erde entstanden ist.

Ein Bruch in dieser Verbindung führt zu der subjektiven biologischen Erfahrung, dass wir aus der Symbiose, die aber nur in unserer Vorstellung stattfindet, herausgelöst sind. Die Reak-

[8] Das Quantenbewusstsein summiert die Erkenntnisse des *Human Potential Movement* so: »Jede Neurose entsteht durch eine Unterbrechung in der Bewegung (engl.: *motion*) nach außen.« (*E*-motion, *e* steht hier für »nach außen«, »*motion*« für »Bewegung«)

tion auf diese angebliche Trennung wird auf der Ebene der Gedanken wahrgenommen und bringt dann die unterschiedlichsten psychischen Strukturen hervor. Unsere Persönlichkeit ist nichts anderes als die Abstraktion dieser Erfahrung, eine Form, in der wir uns Schmerz, Stress, Schock erklären; eine Art, dem *Chaos* Widerstand zu leisten, indem wir die Erfahrung der angeblichen Trennung rational verstehbar machen. Die Persönlichkeit ist also eine Funktion der biologischen Natur, die das Chaos ordnen soll, wenn ein Trauma (Bruch) im Biologischen Pol auftaucht. Die Persönlichkeitsstruktur entsteht *nach dem traumatischen Ereignis*.

Wir produzieren also Bilder, um uns von den schmerzhaften Erfahrungen der Gegenwart abzulenken und diese zu interpretieren. Haben wir das nicht erkannt, so kommt eine Unmenge von Gedanken und Vorstellungen auf, wenn der Biologische Pol nicht in Einklang mit der Gravitation steht.

Was Sie aber über Ihren Körper glauben, erschafft Ihr biopsychologisches Kontinuum. Vielleicht glauben Sie aber an eine klare Trennung von Körper und Geist. Doch die Vorstellung, die Sie sich von Ihrer biologischen Seinsweise machen, ist nicht Ihr Biologischer Pol. Dieser kennt keine Vorstellungen. Während eines Traumas entstehen solche Vorstellungen und Körperbilder, weil der Biologische Pol einen Schock erfährt. Sofort kommt es zum Bruch im Gewahrsein des Biologischen Pols, einer psychologischen Unterbrechung. Dieser Bruch verursacht eine subjektive Unterbrechung dieser biologischen Bewusstheit, die Wilhelm Reich, der Vater aller körperorientierten Therapien, als »vegetativ«[9] bezeichnete. Dann entsteht aus diesem Trauma ein eigenes »Ich«, eine Identität, deren Aufgabe es ist, die chaotische Erfahrung des Traumas zu organisieren.

9 Ich mag Reichs Ausdruck, weil »vegetativ« bedeutet, dass weder Psychologie noch Selbst eine Rolle spielen. Auch das vegetative Nervensystem existiert einfach ohne unser Zutun.

Das Nervensystem hat die Aufgabe,
das Chaos zu organisieren.

Moshé Feldenkrais

Kurz gesagt ist also das, was wir zu sein glauben, durch Unterbrechungen in unserem biologischen Sein entstanden, verursacht durch die regulativen Einwirkungen der Sozialisierung.

Ein Trauma lässt sich also verstehen als Erinnerung, Bild oder Fantasie, die ein früheres Ereignis festhält. Es entstand während eines Schocks, der wiederum einen Bruch in unserem Biologischen Pol verursachte. So identifizieren Sie sich mit früheren Körperbildern – eine Funktionsweise des Nervensystems. In anderen Worten: Das Nervensystem (Gehirn) speichert Erinnerungen und schafft Assoziationen, damit es Ihr Überleben sichern kann.[10] Mit der »interaktiven Sucheinheit« und den eingebauten Generalisierungstendenzen erkennt das Nervensystem die Vergangenheit in der Gegenwart wieder. So meint ES verhindern zu können, dass etwas Unangenehmes noch einmal geschieht. Diese Überlebensstrategie taucht uns in eine Welt aus Erinnerungen und Assoziationen, die uns daran hindern, unseren gegenwärtigen Körper und unseren Biologischen Pol wahrzunehmen. Kurz gesagt: Sie verlassen Ihren Körper, *wie er jetzt im Augenblick ist*, mehr und mehr. Dadurch aber werden Sie auch aus der Erfahrung Ihres Biologischen Poles gerissen, der körperlichen Manifestation Ihrer essentiellen Natur.

Dr. Carl Ginsburg, seines Zeichens Feldenkrais-Trainer mit langjähriger Erfahrung, drückte das folgendermaßen aus:

> Um aufrecht auf zwei Beinen gehen zu können, müssen die Streckmuskeln unsere Knochen in eine zentrale Gleichgewichtslage bringen, um die herum wir unsere Handlungen organisieren können. Ich bin überzeugt, dass uns die Empfindung dieses Gleichgewichts der Knochenstruktur auch in

10 Auf der psycho-spirituellen Ebene wird diese Idee umgedeutet zu den »Lektionen, die wir zu lernen haben«. Bei diesem Vorgang handelt es sich jedoch ausschließlich um Assoziationen, die vom Nervensystem organisiert werden, um unser Überleben zu sichern.

den gegenwärtigen Augenblick bringt und uns die Fähigkeit verleiht, zu handeln ohne bewusste Kontrolle oder Interferenz unseres Ego. Ein ganz kleines Kind kann den Kopf in fast perfekter Balance halten. Dabei wird es von der zentralen Struktur um Wirbelsäule und Becken unterstützt.
Angst hingegen veranlasst die Beugemuskeln, das System aus diesem zentralisierten Gleichgewicht zu reißen. Dann aber ist neue Muskelarbeit nötig, um die Person im Gleichgewicht zu halten. Idealerweise werden alle Aktionen mit demselben Muskeltonus vollführt. Gewöhnlich aber geht diese Klarheit durch die Überlagerung verschiedener Impulse (Emotionen, Gefühle, Gedanken, die uns durch die Eltern und die von ihnen und anderen bewirkte soziale Konditionierung vermittelt werden) verloren. Der Mensch, der diesen inneren Kollaps spürt, produziert eine maskenhafte Körperhaltung, mit der er der Außenwelt signalisieren möchte, dass alles in Ordnung ist, und die auch für ihn ein gewisses Gefühl der Kontrolle und Sicherheit schafft, da ja sein inneres Zentrum verloren gegangen ist. So entsteht das Falsche Selbst.
In meiner Arbeit als Feldenkrais-Lehrer habe ich häufig festgestellt, dass hinter all den Klagen einer Person nur der Verlust des Gewahrseins ihres Biologischen Poles liegt, wie ich es oben beschrieben habe. Und doch kommen meine Patienten gewöhnlich nicht zu mir, um ein neues Zentrum zu finden. Sie klagen über Verspannungen in den Schultern und im Nacken, zwischen den Schulterblättern oder im Lendenbereich. Diese Verspannungen aber sind nur eine notwendige Konsequenz dieses Verlusts. Ohne ihre Verspannungen würden sie einfach auf die Nase fallen. Gibt man ihnen aber das Gefühl für die natürliche Kraft und Balance der Wirbelsäule zurück, verschwinden damit auch die Verspannungen. Der Patient erfährt ein neues Körpergefühl und empfindet nicht mehr länger die Notwendigkeit, »sich gerade zu halten«. Dass man die Spannung halten muss, war eine Illusion.

In diesem Weg sehe ich weitreichende Möglichkeiten. Er öffnet das Tor zur Entdeckung der *essentiellen Natur*.

Quantenpsychologisches Prinzip
Der Biologische Pol ist die physische Manifestation der essentiellen Natur, die Brücke zwischen der grenzenlosen Weite der Essenz und der körperlichen Manifestation der biologischen Dimension, die von der Gravitation aufrecht erhalten wird.

Wie man dorthin gelangt

Wenn die alten Körperbilder fallen und die Mitte entdeckt wird, sind Sie nicht nur in Ihrem Biologischen Pol angelangt und haben Ihre Biologische Essenz erkannt. Sie begreifen außerdem, dass »Ihr« Biologischer Pol eins ist mit der Biologischen Essenz aller – dieselbe Substanz. So werden Sie sich auf biologischer Ebene des Einsseins aller Dinge bewusst, der Teilhabe an ein und derselben Wirklichkeit. Und das geschieht tatsächlich auf körperlicher Ebene. Ein Beispiel soll es Ihnen verdeutlichen: Vor einigen Jahren gab ich in Kansas City einen Workshop, an dem eine Frau teilnahm, die wirklich tief in einer Altersregression steckte. Sie begann sogar zu singen! Solange ich mir meines Biologischen Poles nicht bewusst war, empfand ich sie als getrennt von mir, als »anders«. Sobald ich aber den Kontakt mit meinem Biologischen Pol wieder aufgenommen hatte, fühlte ich mich eins mit ihr. Ich konnte den Schmerz in ihren Augen sehen und reagierte meinerseits mit einem tiefen, körperlich empfundenen Mitgefühl.

Trotzdem möchte ich hier noch einen Hinweis geben: Alle, die intensiv mit dem Körper arbeiten, sollten nicht glauben, dass es genüge, »den Körper in Ordnung zu bringen, und damit würden all die negativen Bilder verschwinden«. Das ist keineswegs der Fall. Das führt meist zu Missverständnissen bei den Menschen, die sich für moderne Körpertherapien wie Rolfing oder Feldenkrais interessieren. Die Bilder vom Körper und der Körper selbst sind holographisch organisiert. Das bedeutet, dass wir einem alten quantenpsychologischen Prinzip folgen müssen: *Dem Problem muss man auf der Ebene des Problems begegnen*. Wenn Sie auf ein Problem mit Körperbildern stoßen, müssen Sie dieses auf der Ebene des Denkens bearbeiten. Hingegen gibt es in der Quantenpsychologie Erfahrungen, die uns erlauben zu sagen, dass die Ebenen des Biologischen Poles sowie der Essenz leichter zu erlangen sind, wenn die Bilderflut abgebaut wird. Warum? Weil die Aufmerksamkeit, die gewohnheitsmäßig auf diese Strukturen fixiert war, nun frei ist. Sie kann sich dann ungehindert auf den Körper und seine De-Konditionierung richten. Auf diese Weise wird der Vorgang enorm beschleunigt.

Quantenpsychologisches Prinzip

Die innere Erkenntnis der Verbindung zwischen Wirbelsäule, Großhirnrinde und darüber hinaus bewirkt eine Erfahrung biologischer Spiritualität (d. h. der geerdeten Erfahrung, dass der Körper aus der *Einen Substanz* besteht).

Die älteren Gehirnteile mit den »neueren« verbinden

Um dieses Gewahrsein des Körpers zu erlangen, gibt es eine einfache Übung:

Schritt 1: Achten Sie auf einen Gedanken, der Ihnen durch den Kopf geht.

Schritt 2: Verfolgen Sie ihn zurück bis zu seinem Ursprung: der wortlosen Empfindung im Nervensystem des Rückenmarks.

Schritt 3:	Atmen Sie tief ein und ziehen Sie den Atem tief in das Rückenmark: in die Ebene der zustandslosen Stille.
Schritt 4:	Achten Sie darauf, was geschieht.

Die Schöpfungsgeschichte der Persönlichkeit

Ida Rolf sah die Achse oder den Kern des Körpers als bipolar an mit Polen am unteren und am oberen Ende. Brüche waren es, die ihrer Ansicht nach für die Ausbildung unserer Persönlichkeit verantwortlich waren. Ich möchte hier noch anmerken, dass diese bipolare (d. h. elektromagnetische) Achse der erste Teil des Körpers ist, der nach der Empfängnis im Mutterleib herausgebildet wird. Betrachten wir also Ida Rolfs Standpunkt einmal aus dem Blickwinkel der Quantenpsychologie bzw. aus dem Blickwinkel eines Reichianischen Therapeuten: Ida Rolf vertrat die Ansicht, dass die Ausrichtung der Körperachse nach der Gravitationsspannung zwischen Erde und Sonne zu einer Harmonisierung der biologischen Ebene führt. Die Quantenpsychologie hingegen drückt es so aus: Unterbrechungen dieser grundlegenden Ausrichtung der Zentralachse bringen psychische Strukturen (Gedanken, Glaubenssätze usw.) hervor, mit denen wir diese Unterbrechung erklärbar machen oder kompensieren wollen. Kurz gesagt: *»Ihr« individuelles separates »Ich« ist eine Schöpfung des Nervensystems.*

Moshé Feldenkrais sagte einmal, Aufgabe des Nervensystems sei es, das Chaos zu organisieren. Der natürliche neurologische Prozess schafft die psychische Struktur, um das Chaos zu ordnen. Korzybskis »strukturelles Ausgleichsmoment« ist eine bildhafte Repräsentation dessen, was er »Abstraktionsprozess des Nervensystems« nennt. In diesem Prozess ordnet, beschreibt und etikettiert das Nervensystem als Teil der natürlichen neurologischen Ordnung die Wirklichkeit und zieht Schlussfolgerungen aus der nonverbalen Wahrnehmung. Korzybskis strukturelles

Ausgleichsmoment ist ein Diagramm, das aufzeigt, welche Auswahl das Nervensystem trifft, um seine eigene Realität zu organisieren und das, was es als Chaos wahrnimmt, zu ordnen.[11]

Wir sollten an dieser Stelle nicht außer Acht lassen, dass das »Ich« und der »Beobachter« (dazu später noch Näheres) ebenso Teil dieses natürlichen neurologischen und manchmal dissoziativen Prozesses sind, bei dem der Körper (das Nervensystem) eine psychische Realität schafft, um sein eigenes Überleben zu sichern. Diese Beobachtung erlaubt uns, auf eine häufig gestellte Frage eine überzeugende Antwort zu geben: »Warum ändern sich unsere Identitäten (psychischen Strukturen) so schnell?« Ganz einfach: weil die Persönlichkeit der Überlebensmechanismus des Körpers ist. Anders gesagt, das »Ich« (die psychischen Strukturen) stellt einen Verteidigungswall gegen die Über- oder Unterstimulierung des Körpers dar. Diese Strukturen sind ein Versuch, den Reizmangel (Unterversorgung) oder die Reizflut zu ordnen und zu erklären.

Daher ist das »Ich«, welches versucht, ein anderes, unerwünschtes »Ich« zu verändern, Teil desselben Nervensystems. Sie versuchen also letztlich nur, sich selbst loszuwerden. Das aber widerspricht dem natürlichen Überlebensinstinkt des Nervensystems, das sich diesem Vorhaben daher entgegenstellt. Weshalb? Weil die Identität, die eine beliebige Struktur loswerden möchte, diejenige, die »entsorgt« werden soll, und der »Beobachter« von beiden gemeinsam Produkte des Nervensystems sind und damit denselben Überlebensinstinkt haben.

[11] Das soll nicht bedeuten, dass »Sie« Ihre eigene Wirklichkeit wählen oder gar schaffen. Die Vorstellung von einem »Ich« ist ein Produkt des Nervensystems. Wenn »Sie« etwas wahrnehmen, ist die ganze Arbeit des Wählens und Erschaffens bereits getan – lange bevor »Sie« (eine Vorstellung, die durch diesen Prozess erschaffen wird) diese Arbeit als die »Ihre« beanspruchen. Daher tritt das Ego (was Sie als »Ich« bezeichnen) erst nach dem Geschehen, Ereignis etc. zutage und bastelt eine Erklärung. Es erklärt sich als Ursache für die getroffene Wahl, für Handlungen, Rechtfertigungen, Motivationen, Vorlieben und den Willen – dabei hat es mit all dem gar nichts zu tun.

»Ich« ist der Name, den der Körper sich selbst gibt und mit dem er sich meint.

Stephen Wolinsky

Der Schock

Das Gewahrsein des Biologischen Poles wird durch den Schock der Erkenntnis gestört, dass wir von der Mutter getrennt sind und dass unsere Bedürfnisse nicht automatisch erfüllt werden. Dabei ist das Erlebnis des Getrennt-Seins selbst eine Geschichte, eine Theorie, die uns den Zustand als solchen erklären soll. Es ist also eine symbolische Repräsentation der Wirklichkeit – nicht die Wirklichkeit selbst. Aus dieser Repräsentation entstehen in der Folge der Falsche Kern und die kompensatorischen psychischen Strukturen. Manchmal spiegelt sich diese Tatsache in den Bildern wider, die wir von unserer biologischen Natur haben. Und in der Tatsache, dass der Falsche Kern, also eine psychologische Gegebenheit, ein Kind daran hindern kann, aufrecht zu gehen und der Welt ins Gesicht zu sehen. Nicht der Körper reflektiert unsere seelische Verfassung, sondern umgekehrt. Der Falsche Kern als Repräsentation ist ein deutliches Zeichen für den Verlust des Gewahrseins unseres Biologischen Poles.

Die Therapie nach Wilhelm Reich geht davon aus, dass jede Neurose durch eine Störung in der Fähigkeit des Körpers entsteht, überschüssige Energie abzubauen. Reich stellte die Theorie auf, dass die überschüssige Energie aufwärts wanderte und sich in Gedanken niederschlug. Diese Gedanken stiegen dann weiter »aufwärts« – in die Großhirnrinde und über den Kopf hinaus. Je größer das Trauma (der Bruch bzw. die Störung) sei, desto größer die Unfähigkeit, Energie abzubauen. Umso größer aber auch die Neigung der Großhirnrinde, Geschichten und Rechtfertigungen zu produzieren, ein »Ich« und ein »Du«, das alles erklären soll. Wenn diese Aufwärtsbewegung der Energie fortgesetzt wird, führt sie – Reich zufolge – am Ende zur Mystifizierung der Welt, bei der eine Welt aus Göttern und Göttinnen geschaffen wird. (Siehe dazu Kapitel 14 in *Die dunkle Seite des inneren Kindes* mit dem Titel »Die Trance der Spiritualisierung«.)

Dies nun ist die Geschichte, welche die Quantenpsychologie erzählt: 1. Der Schock, den der Biologische Pol erfährt, hallt auf der psychischen Ebene wider und wird durch die narzisstische Kränkung noch verstärkt. 2. Energetisch (bioenergetisch) gesehen sorgt der ununterbrochene Fluss der Energie, der eintritt, sobald der Biologische Pol auf die Gravitationsachse zwischen Sonne und Erde ausgerichtet ist, für den Wegfall von Glaubenssätzen, Gedanken und Mystifizierungen (Trance der Spiritualisierung). Aus diesem Grund fühlt man sich »innerlich so ruhig« nach einer »Körpersitzung« – die Persönlichkeit dankt ab! Wenig später aber kommt sie zurück, denn das Problem wurde nicht auf der Ebene des Problems angegangen. Die Quantenpsychologie sieht diese Welt nicht als Reich der Götter und Göttinnen, sondern als Eine Unteilbare Wirklichkeit. 3. Die Brüche im Biologischen Pol (die Quantenpsychologie würde von einer Unterbrechung des Gewahrseins des Biologischen Poles sprechen) schafft die Illusion von einem separaten »Ich« und »Du«. Wenn wir uns mit dieser Illusion identifizieren, verlieren wir die Erkenntnis, dass wir alle an der Einen Wirklichkeit teilhaben.

Quantenpsychologisches Prinzip

Die Eine Wirklichkeit kann nicht aufgeteilt oder getrennt werden. Ganz im Gegenteil: Die Vorstellung von Aufteilung und Trennung (die aus Ihrer Persönlichkeit entspringen) werden vom Körper (vom Nervensystem) hervorgebracht. Sie dienen dem Überleben des Körpers, fungieren also als Lernsystem, das verhindern soll, dass »so etwas je wieder geschieht«.

Ganz einfach gesagt geht es beim Biologischen Pol und seinen Aufgaben nur darum, in der Welt zu sein. Das geschieht ganz natürlich und spontan, ohne langes Überlegen – wenn der Pol gefunden und der Falsche Kern abgebaut wurde.

Wenn Sie das Gewahrsein für Ihren Biologischen Pol verlieren, wird das »Ich« in der Dimension des Denkens oder Fühlens fixiert. Es fühlt sich vom Körper und von der Welt, also von der zugrunde liegenden Einheit getrennt. Sind Sie sich hingegen Ihres Biologischen Poles bewusst, so erfahren Sie eine natürliche *Körperseligkeit*, reine, anstrengungslose Energie, die aus dem Körpergewebe kommt. Denn dort fühlt man sich »eins« mit der Außenwelt. Der Verlust dieser Bewusstheit, die Trennung vom Biologischen Pol führt am Ende zur Abspaltung von der Außenwelt. In anderen Worten: Die Muskeln sind desorganisiert und kämpfen gegeneinander an. Dasselbe geschieht natürlich auf psychischer Ebene, wo Teile »Ihres« Selbst sich gegenseitig befehden. Das wiederum führt zum Abfluss von Energie. Damit aber wird das Trauma der Trennung und mit ihm der Verlust des Biologischen Poles weiter verstärkt. Da Alfred Schatz, der Begründer des »Instituts für Angewandte Kinesiologie« in Deutschland, hierfür eine wunderschöne Metapher gefunden hat, möchte ich Ihnen diese nicht vorenthalten:

> Stellen Sie sich ein Symphonieorchester vor, bei dem sämtliche Instrumente aus dem Takt geraten sind. Sie spielen nicht zusammen, folgen unterschiedlichen Rhythmen. Ein wahrer Krieg spielt sich da ab. Doch wenn der Dirigent das Orchester so organisieren kann, dass die einzelnen Mitglieder zusammenspielen und sich aufeinander abstimmen – in Rhythmus, Takt, Tonhöhe etc. –, dann ist der Kampf beendet und eine wundervolle Erfahrung erwartet uns.

Dasselbe gilt für das Gehirn (den Dirigenten). Die Muskeln sind von Natur aus so aufeinander abgestimmt, dass sie sich gegenseitig unterstützen und dabei vom Biologischen Pol dirigiert werden. In diesem Fall gibt es eine Verbindung zwischen ihnen, die sich in einer wohl organisierten Symphonie niederschlägt.

Wenn Sie in Verbindung mit Ihrem Biologischen Pol stehen, hören plötzlich alle Gedanken, alle Fantasien einfach auf. Und Sie werden hervorragend ohne das auskommen, was Gurdjieff »innere Überlegung« nennt. Ich bin oder ich tue – nichts sonst. Alles ist einfach. In diesem Zustand stehe ich nicht nur mit meinem Körper, sondern auch mit der Außenwelt in unmittelbarer Verbindung. Wenn das geschieht, geht der Zustand des Seins weit über das Wissen darüber hinaus. *Ich bin*. »Ich« bin auf dem Weg zur Erkenntnis, dass mein Körper eins ist mit allem, was ihn umgibt.

Damit diese Erkenntnis stabilisiert werden kann, ist es wichtig, sich körperlich zu erden mit Hilfe des Biologischen Poles. Sonst bleibt »Ihre« Erfahrung der Einheit auf bestimmte Situationen beschränkt. Ich habe beispielsweise viele Gurus kennen gelernt, deren Erfahrung der zugrunde liegenden Einheit an einen Ashram, eine Höhle, ein Kloster, ein Retreat oder einen anderen Ort gebunden ist, wo man sich um sie kümmert und sie versorgt. Sie beschränken ihre Handlungen auf diesen kleinen Rahmen, wo sie versuchen, ihre Gedanken und ihre Beziehungen zu anderen Menschen zu kontrollieren. Wird ein bestimmter Zustand auf diese Art beibehalten, so hat das nichts mit Erleuchtung zu tun, da sie abhängig von bestimmten Ritualen etc. ist. Das ist vielmehr ein erleuchtetes Gefängnis. Es handelt sich keineswegs um die volle Integration aller Ebenen des Daseins, da der »Zustand« an einen bestimmten Kontext gebunden ist. Gurus und Lehrer, die einen »Zustand« aufrechterhalten, sind ganz sicher auf biologischer Ebene nicht integriert – und auf anderen Ebenen vielleicht ebenfalls nicht. Wenn man sie aus ihrem Kontext herausnimmt, sie in eine Beziehung oder ein Arbeitsverhältnis stellt, verlieren sie mitunter das Gewahrsein der zugrunde liegenden Einheit.

Nisargadatta Maharaj wurde einmal gefragt: »Seid Ihr im Samadhi?« Er antwortete: »Nein. Samadhi ist ein Zustand. Ich bin in keinem Zustand.«

Keiner, der etwas tut – keine Subjektivität

Wenn es zur biologischen Erleuchtung kommt, dann wird das Handeln ich-frei. Es spielt sich auf der Ebene des nonverbalen Nicht-Ichs ab. Dort gibt es kein Denken und paradoxerweise auch keine subjektive Erfahrung. Daher gibt keine Person, die etwas tut, denn ohne Bruch in dem Fluss der Schwerkraft durch den Körper kommt es nicht zur Ausbildung einer Persönlichkeit und zum Dualismus zwischen »Ich« und Du. Das Gehirn ist so organisiert, dass es mit dem biologischen Fluss der Gravitation umgehen kann, so wird ein noch größeres Maß an Aufmerksamkeit frei – sogar die Energie, die das Gehirn braucht, um den Körper um die zentrale Achse herum auszurichten, wird freigesetzt. Es gibt keinerlei Unterbrechung im Gravitationsfluss zwischen der Erde und der Sonne, keinen Bruch im Gewahrsein und keine psychischen Strukturen. Alles ist einfach nur reines Sein auf einer körperlichen Ebene und das ist die biologische Erleuchtung.

Der Biologische Pol aus anderer Perspektive

Vor kurzem traf ich mich mit Ron McCombs, der seit etwa 25 bis 30 Jahren Rolfing macht, und fragte ihn: »Was genau meinte Ida Rolf eigentlich mit ihrem ›core‹-Begriff?« Ron erzählte mir, dass er sich in diesem Zusammenhang an einen Satz von ihr besonders gut erinnere. »›Core‹ ist der Teil unseres Selbst, ohne den wir unser Leben nicht erfüllt genießen können.« Zwei Wörter interessierten mich an diesem Statement besonders: »Leben« und »erfüllt«. Wie kann man ein erfülltes Leben haben, ohne mit seinem Biologischen Pol verbunden zu sein? Ohne diese Verbindungen wird es andauernd zu Brüchen in der Ich-Erfahrung kommen, die auf eine Unterbrechung des Gewahrseins der Gravitationskräfte zurückgehen. Doch sobald es in der

Zentralachse zu Brüchen kommt, entstehen Gedanken und Gefühle. Man wird unentschlossen und unfähig, die nicht-verbale Ebene des Seins auf biologischer Ebene zu erreichen – von der Einheit mit der Einen Substanz ganz zu schweigen. Also sagte Ida Rolf doch letztlich Folgendes: Wenn Sie nicht mit Ihrem Biologischen Pol verbunden sind, können Sie kein erfülltes Leben genießen. Ich kann zwar atmen und gehen, trotzdem bleibe ich von der Welt getrennt. Die Erfahrung des biologischen Eins-Seins[12] in einer Welt der Trennung, in einer Fantasiewelt voller Götter, Göttinnen und spiritualisierter Trancen geht vollkommen verloren. Ida Rolf zufolge ist es nicht möglich, ohne Kontakt mit dem Biologischen Pol ein erfülltes Leben zu haben.

[12] Damit ist natürlich *nicht* die totale Verschmelzung auf der Ebene des multidimensionalen Bewusstseins gemeint. Es geht vielmehr darum, das Getrennt-Sein auf der Ebene des Denkens, Fühlens, des Körpers und der Außenwelt wahrzunehmen, während gleichzeitig das Bewusstsein für die Verbundenheit mit der Einen Substanz wach und lebendig ist. Der Schmerz nach der Erkenntnis des Getrennt-Seins bleibt nämlich bestehen, weil die Erfahrung »Getrennt-Sein« gleichsam eingefroren wird, wie das in einem Trauma geschieht. (Das bedeutet: Es gibt eine assoziative Verbindung zwischen symbiotischer Verschmelzung und Schmerz- oder Schockerfahrung. Damit dieses Ereignis nicht wieder geschieht, friert das Nervensystem sozusagen die Schockerfahrung ein.) Die natürliche biologische Verbundenheit zwischen Eins-Sein und Trennung, die frisch und pulsierend sein sollte, wird auf den Teil der Trennung reduziert – der dann wiederum kompensiert wird.

Quantenpsychologische Prinzipien

Je stärker Sie in Kontakt mit Ihrem Biologischen Pol sind, aus ihm heraus leben und sich seiner bewusst sind, desto mehr persönliche Lebendigkeit werden Sie erfahren.

Je stärker Ihre Verbindung zu Ihrem Biologischen Pol und der natürlichen Ausrichtung des Körpers an der Gravitationsspannung zwischen Erde und Sonne ist, desto besser ist auch Ihr Kontakt zur Außenwelt als Einheit.

Je stärker Ihre Verbindung zu Ihrem Biologischen Pol ist, desto höher ist die Wahrscheinlichkeit, dass »Sie« die zugrunde liegende Einheit erfahren oder den Körper als Teil der Einen Unteilbaren Wirklichkeit erkennen.

Je bewusster Sie sich Ihres Biologischen Poles sind, desto leichter werden Ihnen Entscheidungen fallen. Das Leben und Ihre Persönlichkeit sind plötzlich kein Thema mehr. Sie sind einfach. Und die Dinge geschehen.

Der Biologische Pol ist Träger der Dimension des Denkens und Fühlens. Wenn diese harmonisch zusammenarbeiten, dann entsteht reines Sein auf der biologischen Ebene: das nonverbale *Ich bin*.

Einfach gesagt, tauchen Handlungen wie das Gehen einfach innerhalb Ihres Seins auf. Das Sein wird zur Bewegung – das ist Tao und bedeutet, dass Sie in Ihrem Biologischen Pol verankert sind. Darum können wir ohne den Biologischen Pol kein erfülltes Leben haben. Die Quantenpsychologie geht davon aus, dass Sie umso mehr mit Gedankenketten, Brüchen, mangelnder Balance, Energieverlust, Trance oder Spiritualisierung zu kämpfen haben, je weniger Sie mit Ihrem Biologischen Pol verbunden sind. Diese Verbindung ist der Gradmesser für die Integration aller Ebenen des Mensch-Seins.

Aus diesem Grund hält die Quantenpsychologie es für ungeheuer wichtig, mit dieser so zentralen Dimension des Biologischen Poles zu arbeiten. Es sollte genauestens erforscht werden, damit Sie – auf welcher Ebene Ihre Aufmerksamkeit sich auch immer aufhalten mag – *diese grundlegende Verbindung zur grundlegenden Einheit, die Ihren Biologischen Pol durchzieht, nicht verlieren*. Ohne diese Verbindung gibt es Brüche im Gewahrsein dieser Ebene, so dass Ihre Realisierung des DAS zur bloßen Idee und Vorstellung wird, jedenfalls kein bloßes Sein mehr ist.

Archetypen und der Biologische Pol

Bezeichnet die Quantenpsychologie den Biologischen Pol als den Ort, an dem sich der Himmel (Sonne) und die Erde treffen, so hat das auch eine archetypisch-mythologische Komponente. Die Sonne steht (archetypisch und metaphorisch) für Gott oder den Vater, während die Erde (ebenso in beiderlei Hinsicht) die Mutter symbolisiert. Das Bewusstsein des Menschen muss zwischen diesen beiden ausbalanciert sein, damit er im Gewahrsein der Einheit oder des Nicht-Ich-Ich stabil verharren kann. Das ist die wahre Bedeutung des Prinzips: »Du sollst deinen Vater [die Anziehungskraft der Sonne] und deine Mutter [die Schwerkraft der Erde] ehren« (2. Moses 20, 12). Genau darin besteht die biologische Spiritualität.

Yoga und der Biologische Pol

Viele Yogasysteme verlangen, dass wir während der Meditation mit völlig geradem Rücken aufrecht dasitzen. Diese Haltung sollte ganz natürlich »geschehen«, nicht von der muskulären

Hülle bewirkt werden. Wenn Sie in Ihrem Biologischen Pol ruhen, gibt es eine natürliche Ausgeglichenheit zwischen den Anziehungskräften von Sonne und Erde. Es gibt keine Brüche, also auch keine Gedanken. Oder mit den Worten von Ida Rolf: keine Unterbrechungen, keine Persönlichkeit. So gibt es auf der biologischen Ebene bereits das nicht-verbale Sein, das pure Im-Sein-Ruhen. Beides ist ein zustandsloser Zustand und daher natürliche Meditation.

Wenn Sie in Ihrem Pol ruhen, wird Meditation als Tat oder Handlung unnötig. Vor diesem Hintergrund kann man den »Akt der Meditation« im besten Falle als Vorbereitung für den zustandslosen Zustand sehen; im schlechtesten Falle ist sie Symptombehandlung oder eine spiritualisierte Abwehr, mit der wir versuchen, den Bruch im Biologischen Pol, d. h. den Falschen Kern zu kompensieren.

Unglücklicherweise fassen die meisten Yoga-Schüler das Geradesitzen als ein absolutes Muss auf, als etwas, das von einem »Ich« erledigt werden muss. Daher setzen Yoga-Interessierte meist ihre muskuläre Hülle (d. h. die kompensatorischen Identitäten) ein, um sich aufrecht zu halten. Sie setzen Energie ein, um die Wirbelsäule aufzurichten. Da es die Hülle ist, welche unter Anstrengungen für die aufrechte Haltung sorgt, und nicht der Biologische Pol, die innere Balance, die das ohne Krafteinsatz erreicht, wirkt der Vorgang kontraproduktiv. So entstehen nur mehr Gedanken, die den Falschen Kern stärken – kompensatorische Identitäten, die dem Falschen Selbst zuzurechnen sind. Das wird zum Teufelskreis, der immer mehr Gedanken, immer mehr psychologische Brüche erzeugt. Dieses »erzwungene« Aufrecht-Sitzen verstärkt die psychischen Probleme eher noch, da es ja die äußere Hülle stärkt, in der die Spannungen des Falschen Selbst gespeichert sind.

»Biologische und psychologische Brüche« können als Metapher für die Abspaltung, um die es in der Objektbeziehungstherapie geht, betrachtet werden. Mit anderen Worten: Sie spalten sich von Ihrem wahren Pol ab, wenn Sie »sich aufrecht halten«. Damit scheren Sie aber auch aus den anderen Dimensionen des Bewusstseins aus, Sie dissoziieren. Diese Dissoziation schafft »spirituelle Erfahrungen«, die sich zu »spirituellen« Trancen auswachsen können. Diese Trancen finden außerhalb des Ganzen (d. h. der anderen Dimensionen des Bewusstseins) statt. Sie sind Verzerrungen der Erfahrung, die durch Brüche im Biologischen Pol entstehen. Wir sollten uns hier vor Augen führen, dass Spiritualität für die Quantenpsychologie in der Erkenntnis besteht, dass alles Teil der *Einen Substanz* ist (siehe dazu Kapitel 1).

Alle Erfahrungen – seien es Gedanken wie »Ich hasse mich« oder »Ich mag mich«, Wut oder eine Vision »Gottes« – sollten auf einer **biologischen Ebene** als Produkte von Brüchen im Biologischen Pol erkannt werden. Dann können wir aufhören, sie zu interpretieren, und sie endlich loslassen.

Quantenpsychologische Prinzipien

Die einzig wirklich »spirituelle« Erfahrung ist die Erfahrung des Nicht-Erfahrens, das nicht-verbale *Ich bin* oder das reine Gewahrsein des *Nicht-Ich-Ich*, der Einen Substanz.

Jede Erfahrung, die von anderen Dimensionen getrennt erlebt wird, ist nicht im Ganzen verankert. Sie führt daher nur zu einer Verzerrung in der Wahrnehmung und nicht zum Erleben der Einen Substanz.

Aus diesem Grund hegen so viele Meditierende »spirituelle« Vorstellungen von Spiritualität. In der Quantenpsychologie gilt: Was immer Sie für Spiritualität halten, ist nicht spirituell. Spiritualität ist die Erfahrung des Nicht-Erfahrens. Mit ihr sind weder Sinn noch Zweck verbunden. Wer das nicht erkennt, wird den unveränderlichen Hintergrund von »Spiritualität« nie erfahren.

Alles, was Sie für Spiritualität halten, ist nicht Spiritualität. *Spiritualität ist frei von Vorstellungen*, auch von der Vorstellung der Einen Substanz.

Yoga für den Biologischen Pol

Körper-Yoga, Yoga der Mitte – beides ist natürlicher Yoga. Sobald die Brüche im Gewahrsein verschwinden, die Abspaltung aufhört, gibt es keine Trancen mehr (siehe dazu *Die alltägliche Trance* und *Die dunkle Seite des inneren Kindes*). Wenn Sie sich erst Ihres Biologischen Poles bewusst geworden sind, gehen Sie, ohne zu gehen. Sie sind sich im Alltag des zustandslosen Zustands bewusst, d. h. es gibt kein Ich mehr. Daher gibt es zudem keine Meditation mehr, denn es gibt kein Ich, das die Meditation ausführen könnte. Die inneren Stimmen haben aufgehört, keine Dialoge und keine Störungen der Emotionen, der Bewegung nach außen. Dies ist der Yoga der Mitte. Taoistischer Yoga. Buddhistischer Yoga. Mit diesem Yoga endet das Ich, für das Sie sich halten. Es gibt keine Trancen mehr. Das Ende der Trance stellt sich von selbst ein. Anders ausgedrückt: Wenn Sie wirklich meditieren, ist die Meditation überflüssig.

Leider praktizieren viele Menschen Yoga »von außen«. Ihre Körper sehen zwar aus, als übten sie Yoga, und handeln dementsprechend. Doch das ist nicht der Yoga der Mitte. Der Yoga der Mitte geht von innen aus und bewegt sich nach außen. Wenn Ihr Yogalehrer von Ihnen verlangt, dass Sie bestimmte Haltungen einnehmen, damit Sie von außen »aussehen« wie ein Yogi, praktizieren Sie Yoga nur mit Ihrer muskulären Hülle. Ihre Haltungen sind dissoziativ. Sie üben Yoga also von außen (»wie sehe ich aus?«) nach innen. Der Yoga kommt also von Ihren kompensatorischen Identitäten und dient nur dem Zweck, Widerstand zu leisten oder Ihren Falschen Kern zu verbergen.

So entstehen aber nur weitere Brüche in Ihrem biologischen Selbst – und in Ihrer Persönlichkeit. Aus diesem Grund haben Menschen, die meisterlich Hatha-Yoga beherrschen, nur selten einen ruhigen Geist. Meist haben sie nur ein sehr breites Ego, weil sie so viele Positionen meistern können. Das dient zwar ihrer Gesundheit, denn Hatha-Yoga ist eine hervorragende Technik zur Gesunderhaltung des Körpers, doch eigentlich zielt es noch auf weit tiefere Ebenen. Im Hatha-Yoga versucht man nämlich, den Körper neu auszurichten, so dass man erkennen kann, dass alles aus der Einen Substanz besteht. Es geht nicht darum, gut »auszusehen« und seine Falschen Identitäten zu bestätigen. Der Yoga der Mitte sorgt dafür, dass Ihr Biologischer Pol und Ihr Körper auf Ihre essentielle Mitte treffen. Dann wird das »Ich bin das« (*tat tvam asi)* auf der biologischen Ebene verwirklicht.

Der Körper ist nicht die Vorstellung, die Sie von ihm haben

Der Linguist Korzybski wurde nicht müde zu betonen, dass die Vorstellung nicht das Objekt ist, auf das sie sich bezieht. Genauso wenig wie das Bild, das Sie sich von sich selbst machen, sowie die Ich-Instanz, die sich dieses Bild macht, nicht Sie sind.

Einstein meinte sinngemäß einmal, dass alles sich ändere, nur die Sichtweise der Menschen bleibe immer gleich. Das Problem sieht also so aus: Ich halte in der Gegenwart an einem Körperbild fest, das schon längst nicht mehr existiert. Anders gesagt: 1955 mag mein Körperbild durchaus richtig gewesen sein. Die Schwierigkeit ist nur, dass ich jetzt, Jahre später, immer noch daran festhalte und die Welt durch die Augen dieses Bildes wahrnehme. So wird mein Blick gebrochen, während die Gegenwart doch unmittelbar vor meinen Augen liegt und keiner Brille bedarf.

Genau das geschieht, wenn ein Trauma auftritt. Sie tragen danach nicht nur die psychischen Narben mit sich herum, Sie können sich zudem von dem traumatischen Körpereindruck nicht lösen und sehen die Gegenwart immer durch dieses Bild hindurch wie durch einen Schleier. Sie sehen sich selbst so, wie Sie damals waren oder wie Ihre Eltern Sie sahen. Und darüber hinaus glauben Sie, dass die Welt Sie ganz genauso wahrnimmt. Nehmen wir als Beispiel einmal einen Autounfall. Wie kommt die Angst zustande, die Sie hinterher bei allem empfinden, was mit Autos zu tun hat? Wie kommt es zu der massiven Abneigung gegen das Autofahren, die Sie nach dem Unfall kaum noch loswerden? Ganz einfach: Sie halten an Ihrem alten Körperbild fest. Sobald Sie in ein Auto steigen (spezifische Konstellation der Außenwelt = Kontext), treten Sie in das Bild von dem Unfall ein, das eingefroren immer noch in Ihnen lauert. Ein anderes Beispiel: Stellen Sie sich einen Fünfjährigen vor, der sexuell missbraucht wird. Wenn dieser Mensch später bei sexuellen Erlebnissen dieselbe Körperstellung einnimmt wie damals, betritt er damit die abgespeicherte Welt der Vergangenheitserfahrung und erlebt körperlich dasselbe noch einmal, obwohl er in der Gegenwart diese Zeitstufe längst verlassen hat.

Quantenpsychologisches Prinzip

Damit Sie Ihren Gegenwartskörper ganz erleben können, müssen sämtliche Körperbilder aus der Vergangenheit abgebaut werden. Nur so finden Sie Zugang zu der biologischen Dimension der Gegenwart, ohne in früheren Erfahrungen und Körperbildern gleichsam hängen zu bleiben.

Auf der biologischen wie auf der psychologischen Ebene existiert eine Tendenz, mit jemand anderem, gewöhnlich einem Elternteil, zu verschmelzen. Das ist eine Überlebensstrategie. In der Biologie gibt es darüber hinaus das Bedürfnis nach körperlicher Vereinigung, welches das Überleben der Art sichert. Der Mensch empfindet auf der biologischen Ebene ebenfalls dieses Bedürfnis – eine völlig natürliche biologische Neigung. Wenn ich z. B. eine Frau kennen lerne, entsteht dabei ein gewisses Interesse an einer körperlichen Vereinigung. Das ist ganz in Ordnung, solange ich dabei nicht aus den Augen verliere, dass sie ein Mensch ist, der ein eigenes Leben hat, ein paralleles Universum sozusagen, das sich mit dem meinen nicht trifft. Anders gesagt: Ich vermische nicht die Ebenen, indem ich zu glauben beginne, sie müsste genauso sein wie ich.

Ich kann also eine biologische Vereinigung erfahren, auch wenn ich auf anderen Ebenen (Denken, Fühlen, Körper, Außenwelt) durchaus eine gewisse Trennung aufrechterhalte. Die meisten Beziehungsprobleme gehen darauf zurück, dass die Menschen die Ebenen nicht auseinander halten. Wenn ich selbst in einem früheren Körperbild gefangen bin, muss ich von meinem Partner/meiner Partnerin ebenfalls ein früheres Körperbild schaffen. Dieses Körperbild kann ihn bzw. sie zu meinem Vater oder meiner Mutter umdeuten. Das wiederum bedeutet, dass ich die biologische, intellektuelle, emotionale Ebene und die der Außenwelt vermische. Wenn er bzw. sie dann sagt: »Freitagabend habe ich keine Zeit«, explodieren Sie vor Wut, bevor Sie in Angst und Depression verfallen. Warum? Weil Sie sich in Ihrem Vergangenheitsbild aufhalten und deshalb die Ebenen nicht auseinander halten können.

> Sie sind nicht die Bilder, die Sie von Ihrem Körper haben. Wenn alle Bilder von Ihrem Körper verschwunden sind, dann *sind Sie einfach*: Sie sind *jenseits* des Punktes, an dem Sie all diese Bilder übernommen haben. Wie schon Jesus es ausdrückte: »Wenn ihr euch nicht ändert und den Kindern gleich werdet (vor allen Bildern), dann könnt ihr in Gottes neue Welt (die Leerheit des ungeteilten Bewusstseins) überhaupt nicht hineinkommen.« (Matthäus 18, 3)

Der Körper als Tier

Im Grunde ist der Körper ein animalisches Wesen mit animalischen Tendenzen. Dies muss uns klar sein, sonst werden wir immer Probleme haben. Der Körper ist reine Biologie. Das Animalische liegt noch unter der Ebene des Biologischen und es gehört zu unseren Überlebensfunktionen. Die Außenwelt – Mutter, Vater, die Gesellschaft – versucht, unsere animalische Natur zu kontrollieren: Sauberkeitserziehung, Erziehung zum Essen zu bestimmten Zeiten und zum Zubettgehen, wenn man noch gar nicht müde ist. Mutter und Vater und durch sie die Gesellschaft versuchen, das »Tier in uns« in den Griff zu bekommen. Diese Erziehung unserer grundlegenden animalischen Natur ist sehr schmerzhaft. Aus diesem Schmerz entsteht der Großteil unserer grundlegenden psychischen Strukturen. Einfach gesagt: In Wirklichkeit versuchen Eltern und gesellschaftliche Institutionen, das Tier in uns abzurichten.

Quantenpsychologisches Prinzip

Je stärker Ihre animalische Natur unterdrückt wird, desto umfangreicher werden die Substitutionsinstanzen: Falscher Kern und Falsches Selbst.

Wenn die Unterdrückung dann weitergeht, kann es dazu kommen, dass die äußeren Instanzen (Mutter und Vater) spiritualisiert (also zu Göttern und Göttinnen umgedeutet) werden und/ oder anthropomorphisiert (zu Gurus) werden. Götter, Göttinen und Gurus werden durch die Trance der Spiritualisierung geschaffen. In dieser Trance wird der Körper als schmerzlich empfunden: Wenn ich keinen Körper mit all seinen Bedürfnissen hätte, könnte mich niemand versohlen, ausschimpfen und bestrafen (zur Hölle schicken). Stattdessen würde man mich lieben, so dass ich mit der geliebten Person verschmelzen könnte.

Wenn Sie sich den Großteil der spirituellen Systeme ansehen (Tantra einmal ausgenommen), so wird dort der Körper meist als negativ betrachtet, als etwas, dessen Bedürfnisse es zu überwinden gilt. Das Christentum betrachtet ihn gar als Hort der Sünde, in dem Güte oder gar spirituelle Verwirklichung keinen Platz haben. Einige Traditionen suggerieren sogar die kindische Auffassung, dass »Erleuchtung« etwas damit zu tun habe, unsere animalische Natur zu bändigen. Dabei handelt es sich ganz klar um eine überpersönliche Übertragungstrance: Ich bezähme meine Körperfunktionen und bekomme dafür die Erleuchtung. Bei diesem Vorgang *werden der Sozialisationsprozess und das spirituelle System zum Über-Ich, das uns mit seinen biologischen Zwängen steuert*. Doch die einst unterdrückten Körperfunktionen kommen zurück: in bizarrem, nicht-adäquatem Verhalten (wie beim Priester, der Kinder sexuell belästigt). Eltern fragen ihre Kinder häufig: »Was in dir lässt dich nur solche Dinge sagen oder tun?« Darauf weiß die Quantenpsychologie eine klare Antwort: »Das unterdrückte Tier in uns.«

Quantenpsychologisches Prinzip
Sie können Ihre animalische Natur gar nicht überwinden.

Es ist einfach nicht möglich. Und warum sollten Sie es auch wollen? Die Quantenpsychologie hat eine Übung entwickelt, mit deren Hilfe Sie die Welt einmal durch die Augen der animalischen Dimension betrachten können. Sie können Ihre Beziehungen zu anderen Menschen durch verschiedene Brillen betrachten. Wenn ich die Menschen und Situationen etwa durch die Brille des Denkens betrachte, bekomme ich ein bestimmtes Verständnis für sie. Mit der Brille der Emotionen wird der Blick auf etwas anderes gelenkt. Und wenn ich meine Beziehungen vom Standpunkt meines animalischen Ichs betrachte, ist mein Eindruck wieder ein anderer.

Ein Beispiel: Ich stecke mitten in einer geschäftlichen Auseinandersetzung, weil meine Partner mich dazu bewegen wollen, einen Vertrag zu unterschreiben, der mich ihnen vollständig ausliefert. Gehe ich über die Dimension des Denkens an diese Situation heran, dann könnte ich mir sagen: »Nun, vielleicht haben sie damit ein Problem.« Auf dem animalischen Niveau erhalte ich ein ganz klares Bild: ein Hund, der um mich herum pinkelt. Damit ist sofort alles klarer. Ich verstehe, was hier eigentlich vorgeht. Man will mich dazu bringen, dass ich einen Exklusivvertrag unterzeichne, so dass ich nur noch mit diesen Leuten arbeite. Auf der äußeren Ebene der Geschäftsverhandlungen kann das sinnvoll sein. Auf einer tieferen biologischen Ebene »markieren« sie einfach ihr Terrain. Die geschäftliche Erklärung kommt erst nach dem Fakt, als Rechtfertigung für eine Entscheidung, die auf der Ebene des Nervensystems längst gefallen ist. Anders ausgedrückt: Das Tier gibt den Ton an und die Erklärung kommt erst nachher – ein Drehbuch sozusagen, ein Gedankengebäude, das alles erklären soll. Wenn man die animalische Ebene in seine Betrachtungen einbezieht, wird vieles leichter verständlich.

Quantenpsychologisches Prinzip

Lassen Sie Ihre animalische Energie »von der Leine«. Akzeptieren Sie sie und erlauben Sie ihr, da zu sein. Sie schenkt Ihnen viel Energie – dieselbe Energie, die Sie sonst für ihre Unterdrückung aufwenden müssten, die Ihnen gar nicht gut tut.

Unterdrückung ist nicht menschlich

Das Nervensystem gehört zur biologischen Ebene. Dort sind zudem unsere Überlebensfunktionen verankert. Ganz egal, wie erleuchtet Sie sind, es gibt bestimmte Dinge, die unserem neurologischen System quasi »eingebrannt« sind.

Betrachten wir einmal all unsere Körperfunktionen wie Essen, Schlafen, Scheißen und Vögeln – all das ist unsere biologische Natur. Wie fühlen Sie sich, wenn Sie nicht genug Schlaf bekommen? Vermutlich knatschig und reizbar. Ganz egal, wie viele Therapiestunden Sie sich angedeihen lassen, Schlaf ist eine der biologischen Grundfunktionen, die erfüllt werden müssen. Sexualität sichert das Überleben der Art. Viele spirituelle Traditionen suggerieren uns, dass wir Erleuchtung (höhere spirituelle Entwicklung, Reinigung) finden, wenn wir uns unserer Körperfunktionen berauben. Das ist in etwa so sinnvoll, als würden Sie die Erleuchtung anstreben, indem Sie für immer der Toilette fernbleiben. *Auf diese Art wird die Unterdrückung lebenswichtiger Funktionen in ein spirituelles Mäntelchen gehüllt. Mami und Papi werden zu Göttern umgedeutet oder zu Dem Weg etc., was nichts anderes ist als ein spiritualisiertes Über-Ich. Das führt gewöhnlich zu einer massiven Störung.*

Die Gesellschaft versucht, unsere animalische Natur zu unterdrücken. Auf unseren biologischen Bedürfnissen errichten Gesellschaft und Kirche schwer lastende Gebäude. Da ist es nur natürlich, dass die biologische Energie aus dem Rahmen springt und uns »ver-rückt«, also aus der Mitte bringt. Doch in der Quantenpsychologie geht es uns nicht darum, »alles auszuleben«, denn die Vorstellung von einer befreiten Sexualität hat noch nichts mit Befreiung zu tun – ganz im Gegensatz zu dem, was manche Gurus sagen. Unterdrückung und freier Ausdruck sind nur verschiedene Pole derselben repressiven Haltung. Die Quantenpsychologie versucht hier ebenfalls, das Etikett von der Erfahrung abzuziehen und die Energie fließen zu lassen.

In vielen Therapieformen wird die Substitution als legitimes Mittel zur »Gesundung« erachtet. Die Quantenpsychologie glaubt ebenfalls, dass man grundlegende animalische Funktionen kurzfristig unterdrücken und sie durch sozial akzeptables Verhalten ersetzen kann. Ein Beispiel: Wenn Sie als Kind sexuelles Interesse erkennen ließen, erfuhren Sie von Ihren Eltern Zurückweisung. Lenkten Sie Ihr Interesse hingegen auf Leistung und soziale Anerkennung, so wurden Sie belohnt. Der sexuelle Impuls wurde durch Leistung ersetzt, das ursprüngliche Begehren auf ein anderes Objekt umgelenkt (Ersatzbefriedigung). Es gibt nun Menschen, die das für gut halten.

Die Quantenpsychologie aber sieht hier zwei wesentliche Fallstricke:

1. Die Leistung wird niemals zu einem Gefühl der Befriedigung, einem Höhepunkt, führen.
2. Der unterdrückte und substituierte sexuelle Impuls kommt in anderer Gestalt wieder zum Vorschein.

Zunächst einmal führt Ersatzbefriedigung nicht zur Befriedigung des ursprünglichen Verlangens, sondern immer nur zu vermehrter Substitution. (Man verlangt nach mehr und mehr Erfolg.) Des Weiteren verschwindet der sexuelle Impuls ja nicht, wenn man ihn unterdrückt. (Dasselbe gilt für die Behandlung der Symptome in der Medizin im Gegensatz zur homöopathischen Methode.) Die Repression führt höchstens zu einer Umleitung der Symptomatik, da die Energie ja irgendwo wieder zum Vorschein kommen muss. Meiner Ansicht nach zeigt die hohe Anzahl von Priestern, die Kinder sexuell belästigen, dass hier eine Altersregression vorliegt, in der der Priester die sexuelle Repression ausagiert, die er selbst erfahren hat. Und die hohe Rate an Gebärmutterkrebs bei Nonnen spricht ebenfalls eine deutliche Sprache.

Vorgänge, bei denen wir unser Verlangen auf ein anderes Objekt umlenken, sind in der Unterdrückung des Animalischen begründet. Wir sind ja schließlich gezwungen, sozial akzeptierte Möglichkeiten dafür zu finden, wie wir unsere biologischen

Bedürfnisse ausdrücken. So etwa ersetzen wir Liebe durch Geld. Mit dem Geld polstern wir unseren Selbstwert aus, weil wir uns vorstellen, dass wir dann mehr Liebe bekommen. Hier handelt es sich um einen Ersatz. Kein Wunder, dass es nicht funktioniert und wir nie genug bekommen können.

Den Kontext außer Acht lassen

Der größte Fehler, den psychologische und spirituelle Traditionen gewöhnlich machen, ist der, dass sie den Kontext unserer animalischen Natur *außer Acht lassen oder missverstehen*. Doch gerade daran führt kein Weg vorbei. Diese Therapieformen übersehen, woraus unsere Persönlichkeit sich eigentlich speist. Sie versuchen, uns dazu zu bringen, dass wir uns nur mit unseren gedanklichen und emotionalen Prozessen beschäftigen, »als ob« diese nicht in einen größeren biologischen Kontext eingebettet wären, der sie hervorbringt und nährt.

Gerade die Psychologie verursacht sehr häufig Abspaltungen im Patienten. Sie löst ihn aus seinem biologischen Kontext heraus, als wäre seine Persönlichkeit tatsächlich von ihm getrennt. Dadurch entsteht ein falscher Kontext, in dem der Denkprozess getrennt vom biologischen Rahmen betrachtet wird. Wir werden also stärker in einen Kontext der sozialen Regeln (Außenwelt) eingebettet und lösen uns so aus der biologischen und animalischen Natur, um die unser ganzes Selbst organisiert ist. Konkret sieht das so aus: Ich muss mein Bedürfnis, mich zu erleichtern, zurückhalten, bis ich eine entsprechende Gelegenheit habe. Und auch wenn ich hungrig bin, so kann ich doch erst essen, wenn es an der Zeit ist. Auf diese Weise versucht die Persönlichkeit, das Tier in uns zu kontrollieren. Da das aber nicht funktioniert, spüren wir noch mehr Chaos und wir fühlen uns noch getrennter von unserem »Selbst« oder den »anderen« Menschen.

Aus diesem Grund sprach Nisaragadatta Maharaj nie von »Geist und Körper« oder »Geistkörper«, sondern immer vom »Körper-Geist«.

Biologische Spiritualität

Die Frustration unserer Wünsche sowie das Trauma und die psychische Dissoziation, die aus der narzisstischen Kränkung folgen, schaffen erst unsere Persönlichkeit. Wenn diese sich nun erneut abspaltet und fehlgeleitet wird, haben wir mit ziemlich hoher Wahrscheinlichkeit das, was die meisten Menschen »Spiritualität« nennen. Biologische Spiritualität hingegen ist im Körper verankert. Sie erlebt ihn als geerdet und Teil der Einen Substanz. Biologische Spiritualität ist die Erkenntnis, dass Körper und Geist eins sind. Es gibt keinen getrennten Körper und Geist und keine für sich existierende Seele. Alles ist untrennbar miteinander verwoben.

Angst

Vor kurzem berichtete mir einer meiner Kursteilnehmer, ein berühmter buddhistischer Vipassana-Lehrer habe zu ihm gesagt: »Alle Angst ist psychischer Natur. Sie existiert nicht wirklich.« Die Quantenpsychologie ist hier anderer Auffassung: Das Nervensystem besitzt diesen Kampf-Flucht-Mechanismus, der auf »biologische« Furcht reagiert. Wenn ich etwa die Straße hinuntergehe und ein Auto mich beinahe anfährt, d. h. der Fahrer gerade noch auf die Bremse tritt, werde ich am ganzen Körper vollkommen steif und taub. Das ist biologische Furcht, eine Frucht unseres Fluchtimpulses. Sie ist fest in unser Nervensystem integriert.

Danach aber geschieht Folgendes: Nicht sofort, aber vielleicht schon einige Minuten später, klebe ich diesem Gefühl das Etikett »Angst« auf. Dieser Vorgang ist psychischer Natur, der ganze Rest aber ist biologisch motiviert. Jüngere Studien zeigen, dass Menschen, deren Gehirn bei einem Unfall teilweise beschädigt wurde, beispielsweise mitten auf der Autobahn spazieren gingen oder andere gefährliche Dinge taten. Man musste ihnen von neuem beibringen, was gefährlich war und was nicht. Ihnen fehlte also diese biologische Angst.

Andererseits kann Angst auf psychologischer Ebene zur Assoziationstrance werden. Ein Beispiel: »Ich wurde angefahren, als ich fünf Jahre alt war. Jetzt, 25 Jahre später, bekomme ich immer noch Panik, wenn ich ein Auto sehe.« Hier werden Erinnerungen und Assoziationen aus der Ebene des Denkens zum Auslöser auf der emotionalen Ebene. Die Ebenen werden vermischt. Das geschieht immer dann, wenn ein Gedankenbild und eine emotionale Erfahrung auf biologischer Ebene immer und immer wieder »abgespielt« werden wie eine Schallplatte.

Libido: das Bedürfnis nach körperlicher Vereinigung

Das sexuelle Verlangen ist eine natürliche Verschmelzungsreaktion. Wir haben diesen spontanen Trieb, uns zu vereinigen, und das sowohl auf körperlicher als auch auf allen anderen Ebenen des Bewusstseins. Leider wurde die Bedeutung dieses Antriebs bisher gründlich missverstanden. Libido ist nicht gleichbedeutend mit Sex. Wenn jemand sagt, er habe eine geringe Libido, dann denken die meisten Menschen, er habe nur wenig Lust auf Sex. Doch das ist nur ein Teil der Wahrheit. Als natürlicher biologischer Trieb zur Verschmelzung ist die Urenergie der Libido gleichzeitig die Energie der Bindung.

Die Gesellschaft hingegen reduziert den Begriff »Libido« auf Sex. Stellen Sie sich einmal vor, wie unser Leben aussähe, *wenn wir akzeptieren würden, dass es eine natürliche Vereinigungs- und eine natürliche Trennungsenergie gibt.* Dies würde bedeuten, dass wir jemanden kennen lernen könnten und, falls wir auf einer Wellenlänge liegen, diese Energie auf welcher Ebene auch immer spüren könnten – Denken, Fühlen, Sexualität, Außenwelt, Essenz. Und das ohne die üblichen Assoziationsketten: Dieses Verhalten bedeutet das, ein anderes jenes. So könnten wir uns nämlich ohne jedes Schuldgefühl, ohne jede Frustration wieder trennen, wenn es an der Zeit ist. Und uns jederzeit wieder neu verbinden oder trennen, auf jeder beliebigen Ebene – beim Tennisspielen, bei einem tief schürfendem Gespräch oder beim einfach Dasein und die gemeinsame Energie spüren. Dann gäbe es kein »Ich kann das nicht tun, ich bin verheiratet« oder »Wenn ich jetzt mit Ihnen esse, dann heißt das, ...« (einsetzen, was für Sie stimmt) bzw. »Ich muss jetzt Schluss machen [mit der natürlichen Energie des Sich-Vereinens und Sich-Trennens, der elementaren Libido], sonst wird mein Partner eifersüchtig«.

Die Energie halten

Unglücklicherweise können die meisten Menschen auf Grund ihrer persönlichen Geschichte und Traumata eine Empfindung nicht halten (haben). Sie können sie nicht innerhalb der Grenzen ihrer Haut bzw. ihres Körpers halten. Das kann an einer grundlegenden Unfähigkeit liegen, Empfindungen, Ideen und Emotionen bei sich zu behalten, d.h. an dem Gefühl, diese Dinge einfach ausdrücken zu müssen. Der eigentliche Grund aber ist, dass Empfindungen (gerade sexueller Natur) für die meisten Menschen mit traumatischen Erfahrungen verschmolzen sind. Daher wollen die Betroffenen diese Empfindungen gar nicht haben oder fühlen. Warum? Weil die Empfindung nicht als Empfindung erlebt wird. Die biologische Sinneswahrnehmung wird mit Gedanken oder Gefühlen gekoppelt. Damit finden frühere Emotionen Eingang in unsere Wahrnehmung und legen sich über die ursprüngliche Empfindung. Und schon werden die Empfindungen als »schlecht« beurteilt und man versucht, sie loszuwerden, statt sie so zu lassen, wie sie sind – ohne Wertung, Urteile oder Einschätzungen.

Anders als die meisten psychologischen Schulen, die sich Körper und Geist als voneinander getrennt vorstellen, meint Korzybski in seinem Buch *Selections from Science & Sanity*:

> Erfahrung und Experimente zeigen, dass die natürliche Ordnung in dieser Reihenfolge abläuft: erst die Empfindung, dann die Vorstellung, wobei die Empfindung als Abstraktion einer früheren Ordnung auf einer niedrigeren Stufe erscheint und die Vorstellung damit zur Abstraktion der Abstraktion (nämlich der Empfindung) wird. [...] Die Umkehrung dieser natürlichen Reihenfolge zeigt sich in ihrer milderen Form, wenn Abstraktionsebenen verwechselt werden, vor allem, wenn wir handeln, als ob eine Vorstellung dasselbe sei wie die ihr zugrunde liegende Erfahrung.
>
> (Korzybski, 1962, S. 76)

»Sexuelle« Empfindungen werden häufig unterdrückt oder von Seiten der Gesellschaft als negativ abgetan. Spirituelle Schulen verstärken diesen Prozess noch. Wenn sie diese sexuellen Gefühle als schlecht betrachten, unterstützen sie zum einen die traumatische Verschmelzung der Bewusstseinsebenen, die besagt, dass dies wirklich der Fall ist, zum anderen drängen sie dieses natürliche Bedürfnis metaphorisch gesehen nach oben ab, weg von der Erfahrung in den Bereich des Denkens, wo dadurch neue Gedankensysteme entstehen, welche diese Repression rechtfertigen.

Doch die Dissoziation von der Empfindung kann ebenfalls stattfinden, wenn die Gefühle intensiver werden und »Sie«

selbst verschwinden oder sich abspalten. Daher ist es wichtig, sich zuerst gut im Körper zu erden. Damit versetzen Sie sich in die Lage, Empfindungen zu haben und zu halten. Sobald das vollbracht ist, werden Sie ganz von selbst zu der Einsicht gelangen, dass auch Ihr Körper Teil der Einen Substanz ist, die alles durchdringt. Lehnen Sie aber Ihren Körper, so wie er ist, ab, dann wird diese Erfahrung der Einheit niemals zu einer stabilen werden. Somit vermischen sich die Ebenen und die Grenzen jedes Mal, wenn Sie jemanden verlassen, weil Sie sich nicht gleichzeitig einerseits der Trennung und andererseits der zugrunde liegenden Einheit bewusst sein können.

Tantrischer Yoga

Im tantrischen Yoga ist die Fähigkeit, eine Empfindung haben und halten zu können, von zentraler Bedeutung, denn dieser Weg setzt die Empfindungen ein, um die Bewusstheit zu schulen. Sie zielt darauf ab, zunächst die Empfindungsfähigkeit so weit zu erhöhen, dass sie selbst sehr intensive Erfahrungen aushält, und dann die Aufmerksamkeit nach innen zu wenden, um zu erkennen, dass auch diese Empfindungen Teil derselben Substanz sind wie alles andere. Das funktioniert aber nur dann, wenn der »Behälter« groß genug ist, d. h., wenn wir unseren Körper akzeptieren. Wenn Sie kein »Gefäß« haben, dann können Sie nicht ausreichend Ladung aufbauen, die dann zur Explosion kommt. Mit anderen Worten: Wenn Sie Ihre Aufmerksamkeit von der Empfindung ablenken oder die Energie durch unklare Grenzen wieder versickern lassen, erreicht die Ladung keinen Gipfelpunkt. Sie verlieren sie lange vorher. Dann gibt es aber auch keine explosive Entladung. Also brauchen Sie ein »Gefäß« (den Körper), in dem Sie die Empfindung anwachsen lassen können, ohne sie zu etikettieren.

Quantenpsychologisches Prinzip
Alle Geschichten und Rechtfertigungsversuche entspringen dem inneren Widerstand, den wir unseren Empfindungen entgegensetzen. Wir akzeptieren sie nicht, wie sie sind, und geben ihnen daher nicht einfach im »Gefäß« (dem Körper) Raum.

Das Nervensystem hat sozusagen einen eingebauten Abstraktionsmechanismus. Es drängt der unmittelbaren Erfahrung sofort ein Etikett auf und liefert uns Gedanken und Rechtfertigungen, mit Hilfe derer wir uns immer weiter und weiter von der nonverbalen Ebene des Erlebens entfernen.

Wenn ich meine Empfindungen nicht haben und (in einem Gefäß) halten kann, kann ich nicht in der biologischen Dimension geerdet sein. Dann bin ich aber auch nicht in der Lage, meine essentielle Natur, mein *Ich bin* zu erfahren. Ein Mensch kann zwar meditieren und damit gewisse Erfahrungen machen, doch die biologische Ebene der Empfindungen darf dabei nicht ausgeblendet werden. Wir müssen weiterhin in der Lage sein, unsere Empfindungen anzunehmen und ihnen Raum zu geben. Unsere biologische Dimension ist der Draht, mit dem wir geerdet werden, der Punkt, an dem sich unsere *Essenz,* unser *Ich bin* mit der Welt trifft.

Der Biologische Falsche Kern

Die Eigenschaften des Biologischen Falschen Kerns ähneln denen der seelisch-emotionalen Ebene und doch sind sie anders (siehe Kapitel 2). Beim Falschen Kern handelt es sich um eine fehlerhafte Schlussfolgerung, die wir gezogen haben, als wir uns der Trennung von der Mutter bewusst wurden. Diesen Teil unserer Persönlichkeit können wir aufarbeiten, indem wir die entsprechenden Gedankenketten zurückverfolgen und dann im Falschen Kern bleiben. So setzen wir uns zuerst mit den Folge-Traumata auseinander, die diese Grundstruktur stützen, und schließlich nehmen wir den Falschen Kern selbst in Angriff und bauen ihn ab.

Der Biologische Falsche Kern ist ebenfalls Teil des Nervensystems, scheint aber auf einer grundlegenderen Ebene zu funktionieren. Es handelt sich dabei um Interpretationen bestimmter Erfahrungen von Seiten des Nervensystems, die sich vererbt haben und daher fest in uns verankert sind. Der Biologische Falsche Kern ist also entwicklungsgeschichtlich älter, ist in unserer Biologie verwurzelt, vorsprachlich und daher entsprechend schwer aufzuarbeiten.[13]

Bislang würde ich folgendes Vorgehen empfehlen:

1. Lösen Sie die oberflächlicheren Assoziationsketten, die sich um ihr biologisches Sein ranken, auf.
2. Werden Sie sich der Verschiedenheit der Dimensionen bewusst. Zum Beispiel: Ich verspüre biologische Furcht, wenn ich eine Erkältung habe oder mir den Arm breche. Fürchte ich mich hingegen vor dem Weltuntergang, so ist diese Angst psychisch motiviert, eine Assoziationskette auf gedanklicher Ebene, welche die emotionale Ebene in Mitleidenschaft zieht. Ersteres ist fest in meinem Nervensystem verankert, Letzteres eine Abstraktion und damit die Verzerrung einer Wahrnehmung zu einer Katastrophe, die in die Zukunft projiziert wird.

[13] Ich möchte hier anmerken, dass Alfred Schatz hier grundlegende Forschungsarbeit leistet. Er versucht herauszufinden, wie man an diesen »Grundüberzeugungen« des Nervensystems arbeiten kann.

Das Heilmittel

1. Machen Sie sich die Dimensionen bewusst.
2. Durchschneiden Sie die Assoziationsketten, indem Sie Assoziationen, die mit dem Biologischen Falschen Kern verbunden sind, auf den Grund gehen und sie abbauen.
3. Versuchen Sie, die vorsprachliche Ebene des Biologischen Falschen Kerns mit seinen Grundüberzeugungen zu erreichen, die vor der Ausbildung des Assoziationsnetzwerkes liegt.
4. Atmen Sie und geben Sie sich der Erfahrung hin.

Wenn ich atme und mich der Erfahrung hingebe (Punkt 4), bemerke ich häufig, dass mein Atem sich die Wirbelsäule entlang nach oben zu bewegen scheint. An der unteren Wirbelsäule sitzt der entwicklungsgeschichtlich »ältere« Teil des »Gehirns« (vor der Ausbildung des Kortex hatte die Wirbelsäule bzw. das Neuralrohr die Aufgabe, die Nervenimpulse zu lenken). Daher sitzen dort heute noch die meisten »reflexhaften«, d. h. die frühesten Funktionen.

Die Quantenpsychologie sieht das System des Falschen Kerns also nicht nur für die emotionale und intellektuelle Bewusstseinsebene, sondern geht zudem von der Existenz solcher Muster auf körperlicher Ebene aus. Diese sind fest im Nervensystem verankert.

Falscher Kern und biologische Deprivation

Wenn unsere biologischen Bedürfnisse nicht befriedigt werden (Deprivation), wird automatisch unser Falscher Kern aktiviert – in psychologischer wie in biologischer Hinsicht. Wenn Sie nicht genügend Schlaf hatten, sind Sie reizbarer und weniger geschützt gegen die Einflüsterungen des Falschen Kerns. Wenn

Sie längere Zeit keinen Sex hatten, dann töten Sie entweder Ihr Verlangen ab oder Sie suchen sich eine Ersatzbefriedigung, denn sonst wird Ihr Biologischer Falscher Kern aktiv. Wenn Sie nichts zu essen bekommen, werden Sie bald spüren, wie sehr Sie das aufregt. Ihr Biologischer Falscher Kern kommt zum Vorschein. Und auch Verstopfung oder Durchfall sind nicht gerade beruhigende, angenehme Erfahrungen. Jede Form von biologischer Deprivation macht uns verwundbarer, so dass der Falsche Kern leichtes Spiel hat.

Wer bin ich?

Der Drang zu wissen, wer wir wirklich sind, ist eine angeborene Funktion, ein biologischer Trieb, d. h. ein Reflex, der uns dazu treibt zu lernen. Daher betrachtet die Quantenpsychologie die Suche nach dem eigenen Selbst als primäre biologische Lernfunktion.

Quantenpsychologisches Prinzip

Je weniger unsere biologischen Bedürfnisse erfüllt werden (Deprivation), umso stärker ausgeprägt stellen wir uns die Frage nach dem eigenen Selbst. Wenn sie gar völlig geleugnet, also an ihrer Manifestation gehindert werden, kommt es zur Ersatzbefriedigung, die sich im Verhalten immer stärker ausbreitet, weil sie ja keine wahrhafte Befriedigung mit sich bringt.
(Denken wir doch an die Rolling Stones: »I can get no satisfaction«!)

Der Körper-Geist

Durch Selbstorganisation auf immer höheren Ebenen entsteht aus dem Versuch, das Chaos zu ordnen, der Geist auf der Grundlage des Körpers. Korzybski sagte einmal: »Man kann immer noch mehr über das sagen, was man gerade sagte.« In anderen Worten: Auch andere Systeme haben diese neurologische Komponente, die sie in immer tiefere Erklärungsebenen (oder auf immer höhere Organisationsniveaus) führt.

Der Kampf-Flucht-Reflex des Nervensystems steuert letztendlich den gesamten psychischen Prozess. Um uns auch hier dem Problem auf der Ebene des Problems zuzuwenden, ist es nötig, die Verschmelzung dieses Reflexes mit früheren Erfahrungen zu lösen.

»Ihre« Identität, »Ihre« Persönlichkeit und »Ihr« Falscher Kern sind Überlebensstrategien. Die Quantenpsychologie nimmt an, dass es immer dann zum Schock kommt, wenn Flucht- und Kampfreflexe gleichzeitig aktiviert werden, was einem Nervenzusammenbruch gleichzusetzen ist. Dieser Schock bewirkt, dass die elektrischen Feinströme im Körper einen Kurzschluss erfahren und das ganze Netz daher zusammenbricht. Ist das erst geschehen, kann der Körper den Reiz nicht mehr »verarbeiten« und reagiert mit Dissoziation, mit Abspaltung von sich selbst. Das Chaos (Energie), das er damit zu ordnen versucht, besteht also ganz konkret in unetikettierten Nervenimpulsen im System, die sich dann zu Angst, Ärger etc. entwickeln.

Greift der Schock (die Reizüberflutung) dann etwa auf die emotionale Ebene über, kommt der nächste Dissoziationsversuch (um das Chaos in den Griff zu bekommen), d. h. Gedanken, geistige Bilder, Glaubenssätze, Wertsysteme werden ausgebildet. Das kann auch erklären, wieso wir in solchen Situationen oft widersprüchliche Gedanken hegen: Das Nervensystem ist im Schockzustand und die elektrische Energie der

Nervenimpulse richtet sich einmal in die eine, dann wieder in die andere Richtung.

> *Quantenpsychologisches Prinzip*
> Mit Trancen versucht unser Nervensystem, das Chaos einer Schockerfahrung zu ordnen.

Wenn die Trancen nicht funktionieren, schaffen wir mystische Ebenen, die wir mit Göttern und Göttinnen bevölkern. Das ist aber nichts anderes als ein weiterer Dissoziationsversuch nach der erfolglosen ersten Etikettierung. All diese biologischen Anstrengungen, das System aufrechtzuerhalten, sind in den Überlebensmechanismen unseres Körpers verankert.

> *Quantenpsychologisches Prinzip*
> Je größer der Schock, desto stärker die Dissoziation, die Loslösung von der biologischen Ebene. Der Körper zeigt also sowohl Kampf- und Fluchttendenzen als auch eine dissoziative Trancereaktion. Kurz gesagt: Er versucht, den ursprünglichen Schock zu bekämpfen, indem er auf einen »Trancepuffer« aus der Dimension des Fühlens, Denkens oder aus dem Reich der Spiritualität zurückgreift.

Weshalb ist es dann aber so wichtig, die Dimensionen genau zu trennen? Weil die aktuelle Überlebenserfahrung im Nervensystem ihre Exaktheit verliert. Denn die elektrische Energie wird bei einem späteren Wiederaufleben dieser Erinnerung auf demselben Weg durch die Nervenzellen geleitet, ganz egal wie die aktuelle äußere Erfahrung nun aussieht. Das Nervensystem sieht die Gegenwart somit als Vergangenheit und auch als Zukunft an. So als würde die Schallplatte »hängen«, d. h., als würde immer wieder dieselbe Stelle auf der Platte abgespielt werden – völlig unabhängig vom äußeren Kontext. Anders ausgedrückt: Der Körper trägt in sich einen Speicher, der die frühere Erfahrung als Trance bereithält.

Stellen Sie sich vor, jemand hat einen Unfall gehabt und empfindet jetzt Angst beim Autofahren. Erlebt die Person sich, wie sie gegenwärtig Auto fährt? Nein. Der Körper (das Nervensystem) reagiert, »als ob« er immer noch in Gefahr sei. Dabei läuft folgendes Reaktionsmuster ab: körperlicher Schock → Abstraktion → Angst → Furcht vor dem Tod etc. Also muss die Trance im Körper-Geist-Kontinuum gebrochen werden.

Die Aufarbeitung des Biologischen Falschen Kerns

Verfolgen Sie es zurück bis zum ursprünglichen Kampf-Flucht-Impuls.

Eine Übung, die Sie allein oder mit einem Partner ausführen können:

Schritt 1: Konzentrieren Sie sich auf eine Spannung, einen Druck oder Schmerz, die Sie im Körper spüren.

Schritt 2: Stellen Sie sich selbst folgende Frage: »Welche Vorstellungen verbinde ich mit dieser Empfindung?« (Wenn Sie mit einem Partner arbeiten, lassen Sie ihn bzw. sie die Frage stellen: »... verbindest du mit deiner Empfindung?«)

Schritt 3: Führen Sie diese Fragenkette fort, bis Ihnen nichts mehr einfällt.

Diese ganz einfache Übung führt Sie dorthin, wo die biologische Ebene mit der intellektuellen und/oder emotionalen verschmolzen ist. Übrigens ist Langeweile immer ein Hinweis darauf, dass das biologische Lernbedürfnis nicht erfüllt wird.

Dieser Lernvorgang muss ebenfalls immer tiefere Schichten erreichen.

Biologischer Falscher Kern – Beispiel 1

Grundlegende Falsche Schlussfolgerung – Falscher Kern:

»Ich habe keine Kontrolle.«

»Es gibt keine Kontrollmöglichkeiten auf der Welt.«

»Ich habe die Kontrolle verloren.«

Kompensatorischer Komplex – Falsches Selbst:

»Ich muss mich, andere und meine gesamte Umgebung kontrollieren.«

Wie immer, wenn wir es mit einem Falschen Kern zu tun haben, handelt es sich auch auf der biologischen Ebene letztlich nur um den Versuch, mit der im Nervensystem präsenten chaotischen Erfahrung umzugehen, indem man die entwicklungsgeschichtlich jüngeren Teile des Gehirns einsetzt. Doch die Schlussfolgerung, die dieser Teil des Gehirns trifft, ist falsch und führt darüber hinaus von der Erfahrung selbst weg. Das trifft auf alle intellektuellen Bewältigungsstrategien zu.

Jeder weitere Lösungsversuch ist zum Scheitern verurteilt, weil die Denkansätze, mit denen das Gehirn auf die Falsche Schlussfolgerung reagiert, keinen Erfolg haben. Und weshalb ist das so? Da die gefundenen Lösungen sich auf eine Falsche Schlussfolgerung beziehen, wird das eigentliche Problem nicht gelöst. In anderen Worten: Die Prämisse, die Grundannahme, auf der das ganze System beruht, ist unrichtig, daher müssen auch die Lösungsansätze falsch sein.

Quantenpsychologisches Prinzip

Eine Falsche Schlussfolgerung, mit der wir uns zu erklären versuchen, was passiert oder warum es passiert ist, führt immer nur zu einer Lösung, die dem Problem nicht angemessen ist, da sie auf einer falschen Grundannahme basiert.

Was oben gesagt wurde, ist für das Verständnis der Probleme psychologischer und spiritueller Schulen von fundamentaler Bedeutung. Beide Traditionen arbeiten mit Schmerz und beide behaupten zu wissen, weshalb Menschen leiden. Komme ich beispielsweise zu der Falschen Schlussfolgerung, dass ich stottere, weil »meine Mutter mich nicht liebte«, dann wird der Schmerz verschwinden, wenn wir diesen falschen Schluss irgendwie verarbeiten. In der spirituellen Welt hingegen reichen die Falschen Schlussfolgerungen von Vorstellungen über Karma bis hin zu den »Lektionen, die man zu lernen hat«. Wenn ich in der Therapie versuche, für meinen Schmerz und seine angebliche »Ursache« eine Lösung zu finden, werde ich niemals tief genug gehen, denn meine Lösung fußt auf einer falschen Grundannahme. Aus diesem Grund haben psychologische und spirituelle Traditionen häufig so wenig Erfolg in dieser Welt von Falschen Schlussfolgerungen → Falschen Lösungen und der daraus resultierenden mangelnden Befriedigung der Bedürfnisse.

Eine der am häufigsten auftauchenden Falschen Schlussfolgerungen ist, dass es an »Kontrolle fehlt«. Zu diesem Schluss kommt man dann, wenn das Nervensystem überreizt wird. Die Reizüberflutung zwingt die jüngeren Schichten des Gehirns, nach einem Grund für diese Erfahrung zu suchen. Der Grund lautet: »Ich habe keine Kontrolle.« Das Animalische scheint jede Kontrolle verloren zu haben, da die Außenwelt (Mami, Papi und die Gesellschaft) versucht, es im Sozialisationsprozess zu kontrollieren (d. h. Essen, Schlafen, Ausscheidung, Sexualität etc.). Die Außenwelt (Mami, Papi und die Gesellschaft) wird verinnerlicht zum Über-Ich. Mit diesem Über-Ich verschmelzen wir, bis wir glauben, das Über-Ich zu *sein*. Die verinnerlichten Instanzen übernehmen dann die Kontrolle über die animalischen Funktionen.

Wie bereits dargestellt, wird die Kontrolle des Animalischen durch in Altersregression entstandene Gedankengebäude, Geschichten, Philosophien spiritueller und psychologischer Natur gerechtfertigt. Ein Beispiel: »Wenn ich es [das Animalische] kontrollieren kann, wird Gott/Mami/Papi mich dafür belohnen [mit der Erleuchtung oder einem neuen Fahrrad].« Wenn ich meine Emotionen kontrolliere und mir neue Glaubenssätze schaffe, kann ich von der Außenwelt haben, was ich will. Kurz gesagt: Ich werde (mit der Einheit, mit Mami oder Papi) symbiotisch verschmelzen. »Wenn ich das Tier kontrollieren kann, wird man mich lieben und akzeptieren, d. h. ich werde eins und nie mehr getrennt sein von Mami/Papi etc.« Diesem Glauben hängen wir seit Kindesbeinen an. »Wenn ich meine biologischen Bedürfnisse kontrollieren kann, kann ich andere ebenfalls kontrollieren« oder »Wenn ich meine biologischen Bedürfnisse kontrollieren kann, habe ich Einfluss darauf, was die Außenwelt [Mami, Papi – später tritt an deren Stelle dann Gott oder der Guru, der uns Erleuchtung schenkt, wenn wir brav sind] mir gibt und wie sie auf mich reagiert«. Achten Sie darauf, wie viel schmerzliche Erfahrung diese Kontrollversuche beinhalten: den Schmerz darüber, dass die Situation oder der andere Mensch nicht kontrolliert werden kann, indem man sich selbst (das Tier) kontrolliert. An diesem Punkt vermischen sich die Ebenen.

»Ich habe alles unter Kontrolle« oder »Ich muss alles unter Kontrolle haben« ist eine Lösung, die auf einer falschen Grundannahme basiert, welche die Erfahrung des Gegenteils verbirgt und dafür sorgt, dass »Es« [das Tier] nicht zum Vorschein kommt. In dieser Situation projizieren Sie das Animalische auf andere und versuchen, sie zu kontrollieren. Oder Sie identifizieren sich mit dem Tier und stellen sich vor (projizieren), dass die anderen Sie zu kontrollieren versuchen und dass Sie ihnen widerstehen müssen.

Das Chaos

Zur Erfahrung des Chaos kommt es immer dann, wenn wir versuchen, grundlegende Bedürfnisse unter Kontrolle zu bekommen, die von der Gesellschaft oder der Religion als unpassend betrachtet werden. So wird die Erfahrung von Chaos und Konflikt Teil unserer animalischen Natur.

Biologischer Falscher Kern – Beispiel 2

Dieser Falsche Kern geht auf die Aktivitäten der jüngeren Gehirnschichten zurück.

Grundlegende Falsche Schlussfolgerung – Falscher Kern:
»Ich bin verrückt.«

Kompensatorischer Komplex – Falsches Selbst:
»Ich muss beweisen, dass ich nicht verrückt, sondern völlig klar, gesund, klug, tugendhaft etc. bin.«

In unserem zweiten Beispiel glaubt der Betroffene, dass er verrückt ist, weil er diese Bedürfnisse, Empfindungen und Triebe hat. Um das zu kompensieren, versucht er nun, »normal«, rational, »gesund« und »tugendhaft« zu erscheinen. Hier wird die intellektuelle Dimension mit der körperlichen verschmolzen. Es kann sich eine Identität herausbilden, die zu beweisen versucht, dass andere verrückt sind, mit denen man gefälligst nichts zu tun haben möchte. (Die schlechten ins Töpfchen!) Diese Struktur findet sich häufig bei Therapeuten.

Wir fühlen uns verrückt und außer Kontrolle, weil wir unsere natürlichen animalischen Tendenzen verleugnen. Wir betrachten sie als schlecht, als etwas, das kontrolliert werden muss. So schneiden wir uns vom biologischen Kontext unserer animalischen Natur ab. Vom quantenpsychologischen Standpunkt aus betrachtet muss sich das Ich, der Mittler zwischen dem Es (der animalischen Natur) und dem Über-Ich (den verinnerlichten Instanzen von Gesellschaft, Eltern etc.) in gewisser Weise verrückt fühlen. Weshalb? Nun, das Ich ist eine Verarbeitungsstruktur, welche die animalische Natur verkauft für ein paar gesellschaftlich abgesegnete Ersatzbefriedigungen, die die biologischen Bedürfnisse der Person niemals erfüllen können. Das ist genauso, als hätten Sie Hunger und jemand würde Ihnen ein Foto von einem Brathühnchen reichen. Oder Sie haben Lust auf Sex und jemand reicht Ihnen Nacktfotos von Männern oder Frauen. Oder Sie möchten beides und jemand drückt Ihnen einen Geldschein in die Hand oder ein glänzendes Diplom, um damit Ihre Bedürfnisse zu befriedigen. Das klappt einfach nicht. Daher eskalieren die Ersatzbefriedigungen zumeist, wenn die ursprünglichen Bedürfnisse auf andere Dinge wie Geld, Diplome, Leistung etc. umgelenkt werden. Es entsteht ein psychischer Drang, der vom biologischen Bedürfnis abgekoppelt ist.

Biologischer Falscher Kern – Beispiel 3

Grundlegende Falsche Schlussfolgerung – Falscher Kern:
»Ich bin nicht sicher.«

Kompensatorischer Komplex – Falsches Selbst:

»Ich muss mich absichern oder Sicherheit schaffen, damit ich mich sicher fühlen kann.«

Eine weitere Form des Biologischen Falschen Kerns ist: »Ich bin nicht sicher.« Konsequenterweise entsteht daraus ein kompensatorisches Selbst, das versucht, für mehr Sicherheit zu sorgen. Daraus entwickeln sich nun Verhaltensweisen, die sich wie folgt charakterisieren lassen: »Ich fühle mich sicher, wenn andere sich nicht sicher fühlen.« Oder: »Ich fühle mich nicht sicher, also werden die anderen mir Sicherheit verschaffen.« Es gibt eine ganze Menge von Therapeuten, die diesem Patientenbedürfnis nach Schaffung von mehr Sicherheit nachkommen. Auch das gehört zum Falschen Kern des Biologischen Selbst, das in unserem Nervensystem verankert ist.

Quantenpsychologisches Prinzip

Unsere Persönlichkeit, d.h. unsere Psyche, bildet sich aus, um uns eine Erklärung für die Nicht-Erfüllung unserer biologischen Bedürfnisse zu verschaffen, das Chaos zu ordnen und das biologische Gleichgewicht wiederherzustellen.

Das unterdrückte Tier und der Komplex aus Falschem Kern (Schlussfolgerung) und Falschem Selbst (Lösungsstrategie)

Fallbeispiel:

Wolinsky: Wenn Sie den Eindruck haben, dass Sie keine Kontrolle haben, was unternehmen Sie, um nicht zu spüren, dass etwas anderes die Kontrolle übernimmt?

Denise: Ich baue sofort Körperspannung auf.

Therapeutische Anmerkung:
Hier arbeiten die Muskeln der äußeren Hülle zusammen, um den animalischen Drang abzuwehren.

Wolinsky: Sie nehmen also eine Spannung wahr?
Denise: Ich fühle, wie meine Energie stärker wird und sich zusammenzieht. Etwas zieht sich in der Mitte meines Körpers zusammen. Auch an den Oberschenkeln spüre ich diese Spannung. Meine Denkprozesse werden schneller. Ich gehe in den Kopf, um das Problem zu lösen.
Wolinsky: Sie spüren also zuerst Körperspannung und dann mehr Energie im Gehirn, wenn Sie versuchen, eine Lösung zu finden. Die Energie wandert also nach oben.
Denise: Ja, weg vom Becken.

Therapeutische Anmerkung:
Hier erkennen wir, was bereits Wilhelm Reich herausgefunden hatte: Wenn die animalische Energie unterdrückt wird, wandert sie nach oben und schlägt sich in vermehrter gedanklicher Tätigkeit nieder.

Wolinsky: [zur Gruppe] Wir sehen uns das Ganze also sowohl als energetischen wie auch als psychologischen Prozess an. [zur Patientin] Dieses Gefühl, keine Kontrolle zu haben, ist Energie, eine Strömung, die sich unter der Oberfläche bewegt.
Denise: Etwas, das auf mich zukommt oder in mir hochkommt, aufsteigt. Ja, ich kenne dieses Gefühl.
Wolinsky: Wo fühlen Sie es?
Denise: Bevor ich mich anspanne, fühle ich es vor allem in den Oberschenkeln und Beinen.
Wolinsky: Betrachten Sie es noch einmal genauer. Wie weit reicht es nach oben?

Denise: Es hat zwei Ebenen. Die erste ist sozusagen die »Vorhut«. Ich fühle es zuerst auf der Innenseite der Oberschenkel wie einen Schwall von aufsteigender Energie. Aber das ist noch nicht alles. Danach spüre ich es an der Rückseite der Waden. Ein ganz leichtes, sanftes Ziehen.

Wolinsky: Versuchen Sie, sich an eine Situation zu erinnern, in der jemand in Ihrer äußeren Umgebung etwas getan hat und Sie die Kontrolle über Ihr Gefühl verloren.

Therapeutische Anmerkung:
Hier versuchen wir, der Falschen Schlussfolgerung des Biologischen Selbst auf den Grund zu gehen, indem wir die Verbindung zwischen der Schlussfolgerung und der Außenwelt aufdecken.

Denise: Das hat etwas mit Angst zu tun. Ich fürchte mich schrecklich vor einer ziemlich verrückten Person, deren Augen weit aufgerissen sind und schnell auf mich zukommen.

Wolinsky: Welche Reaktion erschufen Sie als Antwort auf diese manischen Augen?

Denise: Ich nehme die Angst an die Kandare und werde sofort ruhiger. Ich konnte die Energie in mir fühlen, aber ich kämpfte sie lieber nieder. Puh.

Therapeutische Anmerkung:
Die Unterdrückung der Angst, d. h. des animalischen Teils, gehört mit zum Zyklus von Falscher Schlussfolgerung und Falscher Lösung.

Wolinsky: Verfolgen Sie das Ereignis ganz zurück. Achten Sie darauf, wann Sie die Energie unterdrücken

	und wo Sie dies in Ihrem Körper spüren. Die Energie hätte vielleicht ganz anders reagiert.
Denise:	Ja, es war wie eine kalte Dusche. Ich spürte es im Becken. Ich habe die Energie im Becken eingesperrt. Nicht in meinen Füßen, Knien oder Schenkeln, sondern in meinem Becken.
Wolinsky:	Da sitzt also der Kern, die Grundlage, die Wurzel. Ich weiß nicht, welches Wort ich dafür benutzen soll. »Energie« vielleicht. Wie würden Sie das nennen, was in Ihrem Becken sitzt?
Denise:	Es ist wie ein Feuersturm. Ja, Energie.
Wolinsky:	Sie spüren hier also eine Urenergie.
Denise:	Während ich spreche. Sie kommt langsam in Fahrt.
Wolinsky:	Nun haben Sie aber noch diese andere Energie, welche die erste herunterfährt. Wo und wie spüren Sie diese?
Denise:	So, als würde ich mir eine Kappe überziehen. Sehr schnell, sehr kalt und sehr gefühllos.

Therapeutische Anmerkung:
Der Biologische Falsche Kern drückt sich hier in dem Gefühl aus, keine Kontrolle zu haben. Die Falsche Lösung, welche die Patientin dafür findet, also das Einschließen der Energie im Becken, heißt: »Ich muss die Kontrolle wiedererlangen.«

Wolinsky:	Wer lebte Ihnen das vor?
Denise:	Hm. Ich würde sagen, niemand. Ich dachte mir das selbst aus.
Wolinsky:	Und die Urenergie, die sich in dem Gefühl »Ich habe keine Kontrolle mehr« niederschlägt?

Therapeutische Anmerkung:
Das Gefühl, die Kontrolle verloren zu haben, ist hier nämlich mit der Urenergie verschmolzen.

Denise: Es gibt hierfür kein richtiges Vorbild. Ich entwickelte dieses Verhalten als Reaktion auf meine Mutter. Meine Mutter war manisch.

Wolinsky: Und wie nannten Sie als Kind diese wilde, manische, *verrückte* Energie Ihrer Mutter? Hatten Sie ein Wort dafür?

Therapeutische Anmerkung:
Auch hier sehen wir wieder, wie die ursprüngliche Energie mit der Mutterfigur verschmilzt und zur Falschen Schlussfolgerung »Ich bin verrückt« wird. Daraufhin entsteht die Falsche Lösung des »Ich muss aber normal sein«, was die Patientin ständig zu beweisen sucht. Interessant ist hierbei außerdem, dass die Patientin Psychotherapeutin ist.

Denise: Überdreht, übergeschnappt, rastlos, verrückt.

Wolinsky: Wenn Sie beides verschmelzen, dann steht die Urenergie also für Verrückt-Sein. Was fehlt?

Denise: Ein »Gefäß«, das die Energie hält.

Wolinsky: Wie geht es Ihnen jetzt?

Denise: Ich fühle mich aus irgendeinem Grund sehr, sehr friedlich.

Wolinsky: Wenn Sie nun erneut in die Verschmelzung eintauchen, etikettieren Sie die Urenergie nun als »Ich werde allein sein« [der Falsche Kern auf der intellektuellen und emotionalen Ebene]. Was geschieht?

Therapeutische Anmerkung:
Hier liegt eine andere Assoziationstrance vor. Die Urenergie wird mit der Erfahrung »Ich bin allein« gleichgesetzt. Daraus zieht die Patientin die Falsche Lösung: »Ich muss Kontakt mit anderen suchen.«

Denise: Eine Art Beschleunigung in meinem Körper. Ich möchte die Kappe noch schneller überziehen und die Energie wegschließen.

Wolinsky: Welche Schlussfolgerung oder Entscheidung haben Sie getroffen, die Sie dazu brachte, die Kappe noch schneller überzuziehen und die Energie noch eiliger wegzusperren?

Denise: Die ersten Worte waren: »Ich kann nicht allein sein.« Der Eindruck war sehr flüchtig. Es standen weder viel Energie noch viele Gefühle dahinter.

Wolinsky: Wenn Sie beides verschmelzen, dann steht diese Energie für das Alleinsein. Was fehlt?

Therapeutische Anmerkung:
Die Falsche Schlussfolgerung auf psychischer Ebene, also das »Alleinsein«, wird ebenfalls mit der Urenergie verschmolzen wie die Folgerung »Ich bin verrückt« auf der Körperebene.

Denise: Nun ... die Erlaubnis, diese Energie als meine eigene anzunehmen und sie als meine in Besitz zu nehmen.

Wolinsky: Welche Schlussfolgerung oder Entscheidung haben Sie getroffen, die Sie dazu brachte, diese Energie nicht als die Ihre anzusehen?

Denise: Ich wollte die Energie nicht. Sie schien mir einfach zu viel für mich.

Therapeutische Anmerkung:
Die Falsche Schlussfolgerung wird mit der animalischen Urenergie verschmolzen. In diesem Fall steht also die Urenergie für »Alleinsein«. Wäre die Urenergie mit der Folgerung »Mit mir stimmt etwas nicht« verbunden, dann sähe die falsche Lösungsstrategie so aus: »Ich muss vollkommen sein.«

Wolinsky: Wenn Sie die primäre Energie vom Alleinsein trennen, was passiert dann?

Denise: Nichts.

Wolinsky: Wie fühlt sich nun die Urenergie in Ihrem Becken an?

Denise: Nur wie eine Art Wärme hier drin. Genau hier. Ich fühle mich wunderbar. Sehr friedlich. So einfach ist das also. Ich fühle die Energie vor allem in den Schultern, besonders auf dieser Seite.

Wolinsky: Achten Sie darauf, ob die Kappe und das Wegschließen noch irgendwo sind. Wenn ja, wo? Setzen Sie nun die Kappe dort ab [deutet zum anderem Ende des Raumes] und die Urenergie hier [deutet auf anderen Ort im Raum]. Stellen Sie sich vor, wie diese beiden archetypischen Kräfte sich bekämpfen.

Denise: Ja, ich kann es sehen. Als würden die manischen gegen die gesunden Kräfte streiten.

Wolinsky: Ziehen Sie nun das Etikett ab. Die Urenergie ist nicht verrückt und die Kappe ist nicht »normal«. Ziehen Sie von beiden das Etikett ab und lassen Sie sie als reine Energieform wirken und in ihren archetypischen Kampf ziehen. Sehen Sie, wie beide in die *Leerheit* eingehen? Achten Sie auf die Energie. Verfolgen Sie die Energie zurück bis zum Stadium der *Leerheit*. Wohin geht sie?

Denise: Das fühlt sich an wie Feuer. Wie ein brennender Balken, Feuer, fast wie ein Blitz.

Wolinsky: Gehen Sie weiter, bis ganz zurück zur *Leerheit*. Wie geht es Ihnen jetzt?

Denise: Gut. Ich fühle eine andere Energie in meinem Körper. Eine friedliche Energie. Ich glaubte, wenn ich diese Energie zulassen würde, würde ich meine Mutter verlieren und dann sterben. Daher wehrte ich mich gegen die Erkenntnis, gegen die Energie.

Wolinsky: Wie geht es Ihnen jetzt?

Denise: Prima. Ich fühle mich so friedvoll.

... noch ein Fallbeispiel: die psychische Unterdrückung des Biologischen Funkens

Nancy: Ich glaube, wenn ich diese Urenergie zulasse, dann werde ich meine Mutter verlieren und niemanden mehr haben, der sich um mich kümmert. Dann würde ich nicht überleben können und sterben müssen.

Wolinsky: Wenn Sie nun wieder in die Verschmelzung eintauchen, steht die Urenergie also für den Verlust der Mutter. Was geschieht?

Therapeutische Anmerkung:
Dieser Prozess des Verschmelzens und Wieder-Trennens wird in meinem Buches *Das Tao des Chaos* genauer beschrieben.

Nancy: Ich fühle mich schrecklich. Mir kommt es sehr gefährlich vor, die Mutter zu verlieren.

Wolinsky: Es war ja auch gefährlich. Wenn Sie Ihre Mutter verlieren, können Sie nicht überleben. Wenn Sie in die Verschmelzung gehen und die Urenergie mit dem Verlust der Mutter gleichsetzen, wogegen wehren Sie sich dann?

Nancy: Gegen die Energie selbst.

Wolinsky: Welche Entscheidung oder Schlussfolgerung brachte Sie dazu, sich gegen die Energie zu wehren?

Nancy: Dieselbe wie am Anfang.

Wolinsky: Nun, wenn die Urenergie nicht mit dem Verlust der Mutter gleichgesetzt ist, es sich also um zwei völlig verschiedene Dinge handelt, was geschieht?

Nancy: Ich spüre zuerst ein Gefühl der Ausdehnung, das sich dann sofort wieder zusammenzieht und verengt. Meine innere Abwehr ist sehr schnell. Ich sehe eine Art Funken und dann eine Kiste, die auf mich herabsinkt.

Wolinsky: Ein Behälter, der die Aufgabe hat, die Urenergie einzudämmen.

Nancy: Ja, genau. Aber das geht schneller, als ich es sagen kann. Der erste Teil vor allem, bevor die Kiste auftaucht.

Wolinsky: Lassen Sie mich hier nachhaken. Ich möchte sicher sein, dass ich alles richtig verstehe. Da ist also ein Funke, aber unmittelbar darauf wird dieser Funke in einen Behälter gezwungen.

Nancy: Das ist richtig.

Wolinsky: Wenn wir annehmen, dass Ihre Mutter Ihren Funken abschirmt, wo im Körper fühlen Sie dann diesen inneren Behälter? In anderen Worten: Wo sitzt die äußere Mutterfigur, die verinnerlicht wurde und nun Ihren Funken unterdrückt? Wo im Körper spüren Sie sie?

Therapeutische Anmerkung:
Hier gehe ich davon aus, dass eine verinnerlichte Mutterfigur ihren Funken eindämmt.

Nancy: Das ging ziemlich schnell. Der Behälter fühlt sich an wie eine Kiste, fast wie ein Sarg. Ich fühle mich taub. Und in meinem Genitalbereich ist noch ein bisschen Energie, die der Sarg nicht erwischt hat.

Wolinsky: Als sie als Kind Energie hatten, schien Ihnen, dass Ihre Mutter versuchte, diese Energie zu begraben, und dass sie Sie in einen Sarg steckte und ebenfalls begraben wollte.

Nancy: Ja.

Wolinsky: Nun möchte ich, dass Sie sich Ihre Mutter hier drüben vorstellen [zeigt auf einen Stuhl im Raum], und zwar als Totengräberin. Außerdem stellen Sie sich noch einen Sarg vor, der zu Füßen Ihrer Mutter, der Totengräberin, steht. Sie können die Taubheit als Beschützer Ihres inneren Lichtes und Ihres Lebensfunkens behalten, wenn Sie wollen.

Nancy: Ist gut.

Wolinsky: Wie fühlen Sie sich, wenn Sie Ihre Mutter als Totengräberin sehen? Wenn Sie erkennen, dass Ihre Taubheit als Puffer zwischen Ihnen und Ihrer Mutter diente, er Sie davor bewahrte, dass Ihre Energie, Ihr innerer Funke ausgelöscht wurde?

Nancy: Als der Sarg dort stand, hatte ich ein wenig Angst. Und ziemlich viel Angst hier [deutet auf den Solarplexus]. Als ich dann feststellte, dass es einen Puffer gab, fühlte ich mich sicherer. Dann nahm ich tief innen ein bisschen Licht oder Energie wahr.

Wolinsky: Ich habe den Begriff »Puffer« benutzt, um zu zeigen, dass die Taubheit etwas ist, das Sie zu Ihrem eigenen Schutz geschaffen haben. Wie ist das nun mit der Angst? Hatten Sie selbst Angst vor dem ursprünglichen Licht, vor der Energie? Oder war es Ihre Mutter, die sich vor Ihrer Energie fürchtete?

Nancy: Meine Mutter fürchtete sich vor ihrem eigenen Licht, und wenn ich ihr mit meinem zu nahe kam, unterdrückte sie meines eben.

Therapeutische Anmerkung:
Hier haben wir, was Wilhelm Reich die »emotionale Pest« nannte. Kurz gesagt, fühlen wir uns durch die Lebendigkeit einer anderen Person bedroht und versuchen, sie zu dämpfen oder gar zu zerstören, so wie unsere ursprüngliche Energie abgebremst oder gar vernichtet wurde – nach dem Grundsatz: »Tu anderen an, was dir selbst widerfahren ist.«

Wolinsky: Sie hatte also Angst vor Ihrer Energie, weil sie sich vor ihrer eigenen fürchtete.

Nancy: Uh-huh.

Wolinsky: Die Angst ist also die Ihrer Mutter. Sind Sie in der Lage, von diesem Gefühl das Etikett abzuziehen, so dass die Energie zu Ihrer Totengräber-Mutter zurückkehren kann?

Nancy: Nein, denn das ist genauso gefährlich.

Wolinsky: Warum sollte das gefährlich sein?

Nancy: Weil ich ihr ja helfe. Wenn sie Angst hat, dann lässt sie es an mir aus. Wenn ich ihr helfe, die Angst wegzusperren, schütze ich mich damit selbst.

Therapeutische Anmerkung:
Hier sehen wir deutlich das, was die Familientherapie so anschaulich beschrieben hat: Das Mädchen bildet sich ein, der Mutter zu helfen. So ist es in der Lage, die Beziehung zur Mutter aufrechtzuerhalten, indem sie ihr eigenes Licht verdunkelt.

Wolinsky: Ich möchte nun, dass Sie sich dort ein kleines Mädchen vorstellen. Achten Sie dabei auf Ihre Angstgefühle. Lassen Sie das Licht in dem kleinen Mädchen zu und nutzen Sie die Taubheit, um das Licht zu schützen. Beobachten Sie, wie das Mädchen die Angst der Mutter annimmt, um ihr zu helfen. Ist dies das genaue Bild?

Nancy: Ja.

Wolinsky: Wie fühlen Sie sich, wenn Sie diese Szene dort betrachten?

Nancy: Ich fühle mich ein wenig getrennt davon, aber ich kann sehen, wie die Energie zwischen den beiden hin- und herfließt.

Wolinsky: Sie konzentrieren sich auf die beiden?

Nancy: Ja.

Wolinsky: Meinen Sie das mit »getrennt«?

Nancy: Ja.

Wolinsky: Wie fühlen Sie sich in Ihrem Körper?

Nancy: Ich spüre eine gewisse Hitze und zur selben Zeit den Impuls, die Hitze zu dämpfen.

Wolinsky: Vor ein paar Minuten sagten Sie, dass da noch ein wenig Energie übrig sei, die Ihre Mutter nicht einfangen konnte, und dass diese Energie in den Genitalien sitzt. Stimmt das?

Nancy: Ja.

Wolinsky: Spüren Sie diese Energie in den Genitalien jetzt auch noch?

Nancy: O ja, das ist wie Funkenschlagen, wie moussierender Apfelwein, Energie.

Wolinsky: Erleben Sie nun Ihre körperlichen Grenzen, Ihre Haut, als reine, verdichtete Energie. Sehen Sie das kleine Mädchen an und achten Sie auf die Energie, die es in seiner Taubheit speichert. Können Sie nun das Etikett von dieser Energie im Behälter und im Puffer abziehen und sich erlauben, diese Energie in sich aufzunehmen? Nehmen Sie jetzt die Energie von ihr [dem Bild des kleinen Mädchens]. Lassen Sie das Mädchen ruhig weiter den »Tanz« mit der Mutter aufführen, während Sie die Energie in sich aufsaugen, die es halten und unterdrücken musste.

Nancy: Gut.

Wolinsky: Wie fühlt sich das an?

Nancy: Immer noch ein wenig gedämpft, aber schon besser als vorher.

Wolinsky: Spüren Sie die Energie im Körper?

Nancy: Der Behälter rund um meine Energie ist ein wenig durchlässiger geworden, aber das ist in Ordnung. Ich fühle mich sicher damit. Und ich mache mir ein wenig Sorgen um das kleine Mädchen, das diesen Behälter nicht hat.

Wolinsky: Wer hat diese Dämmung nicht?

Nancy: Sie hat keine Dämmung, weil ich sie jetzt habe.

Wolinsky: Wie wäre das, wenn Sie ihr den Behälter lassen und Sie die Energie nähmen?

Nancy: Glauben Sie, wir könnten es gemeinsam haben?

Wolinsky: Den Behälter, die Energie oder beides?

Nancy: Beides.

Wolinsky: Gut. Stellen Sie eine energetische Verbindung zwischen Ihrem Ich in der Gegenwart und dem drei- oder vierjährigen Mädchen her. Nun sind Sie beide energetisch vernetzt. Ich möchte, dass Ihr Gegenwarts-Ich zu der Totengräber-Mutter sagt: »Du konntest zwar ihre Energie begraben [die des Mädchens], meine aber kannst du nicht unter die Erde bringen.«

Therapeutische Anmerkung:
Hier geht es um zwei verinnerlichte Figuren: die Mutter und das kleine Mädchen. Das Mädchen konnte die Verbindung zu ihrer Mutter nur dadurch aufrechterhalten, dass es seine eigene Energie begrub, wie die Mutter als Kind ihre eigene Energie begraben hatte. Andernfalls hätte sie niemanden gehabt, der sich um sie kümmert.

Ein eklatantes Beispiel für das, was Reich die »emotionale Pest« nannte (siehe Wilhelm Reichs *Charakteranalyse*): Wir unterdrücken die Lebensenergie eines anderen so, wie unsere unterdrückt worden ist. Anders gesagt: Ihr Vater unterdrückte Ihre Lebensenergie, dann verinnerlichen Sie Ihre Vaterfigur und sehen andere Menschen durch die Augen Ihres Vaters. Also fühlen Sie ebenfalls den Drang, deren Lebensenergie zu unterdrücken.

Nancy: Wenn ich mir dieses Leben so ansehe, werde ich ziemlich traurig. Ich meine, die Lebensenergie, die da wieder und immer wieder unter die Erde gebracht wird. Das ist wirklich deprimierend. Ich glaube, ich mache das heute noch so.

Wolinsky: Tun Sie das [auf das gegenwärtige Ich zeigend]? Oder ist es das Ich des kleinen Mädchens [zeigt mit dem Finger auf die andere Seite des Raumes], das so reagiert?

Nancy: Ich denke, ich tue es, damit ich mit anderen Menschen in Kontakt bleiben kann. Ich kontrolliere meine Energie, damit ich niemanden verletze oder überfahre und nicht abgelehnt oder gedemütigt werde.

Wolinsky: Können Sie Ihrer Totengräber-Mutter sagen, dass das kleine Mädchen seine Energie kontrollieren musste, damit sie [Mutter] es nicht ablehnen oder demütigen konnte?

Nancy: [zur Mutterfigur] Das kleine Mädchen musste seine Energie kontrollieren, damit du sie nicht verletzen, demütigen und ablehnen konntest. Es ist so, als würde das Mädchen ihre Energie für ihre Mutter abtöten.

Wolinsky: Und jetzt sagen Sie mir, wo der Unterschied zwischen Ihnen [auf die Patientin zeigend] mit Ihrem gegenwärtigen Körper und dem Körper des dreijährigen Mädchens [deutet mit dem Finger auf die Figur im Raum] liegt?

Therapeutische Anmerkung:
Damit wollte ich das gegenwärtige Ich aus der Identifikation mit dem vergangenen Ich lösen.

Nancy: Der Unterschied zwischen meinem gegenwärtigen Körper und ihrem. Na, ich bin viel größer. Und stärker.

Wolinsky: Wenn das kleine Mädchen die Mutter und alle anderen Personen verschmilzt, was versucht es da zu erschaffen?

Therapeutische Anmerkung:
Hier versuche ich, mit der trancehaften Übertragung (dem »Trance-fer«) des kleinen Mädchens zu arbeiten, das die Mutterfigur auf allen und jeden überträgt. Auf diese Weise löst sich die kindhafte Identität noch mehr vom gegenwärtigen Ich.

Nancy: Schutz und Sicherheit durch Vorsicht.

Wolinsky: Gut. Wenn die Identität des kleinen Mädchens dort die Mutterfigur auf alles überträgt, welche energetischen Erfahrungen unterdrückt es damit?

Nancy: Liebe und die Freiheit, ihre Liebe auszudrücken, ihre Zuneigung, Fürsorge, Zärtlichkeit, Verwundbarkeit, aber auch Freude, Offenheit dem Leben gegenüber, die Lust zu spielen, laut zu sein, zu toben.

Wolinsky: Und wo spüren Sie all das in Ihrem gegenwärtigen Körper: Liebe, Lust zu spielen, Verwundbarkeit, Sinnlichkeit, Gefühl, Freude, Jubel?

Nancy: Ich habe das Gefühl, als ob hier ein Reißver-

	schluss sitzt, den ich nur aufmachen muss, dann ist alles da.
Wolinsky:	Und wenn Sie diesen Reißverschluss öffnen [deutet auf die Mitte ihres Körpers], vielleicht nur für eine winzige Sekunde, wie fühlen Sie sich dann?
Nancy:	Ziemlich verwundbar.
Wolinsky:	Und wenn Sie nun das Etikett »verwundbar« von der Erfahrung abziehen und diese nur als Energie erleben?
Nancy:	O ja. Super!
Wolinsky:	Wenn das kleine Mädchen also die Mutter mit allem anderen verschmilzt, was wehrt sie damit ab?
Nancy:	All diese Gefühle.
Wolinsky:	Und welche Schlussfolgerung brachte sie dazu, diese Dinge abzulehnen?
Nancy:	Dass diese Gefühle gefährlich sind.
Wolinsky:	Ja, für das kleine Mädchen waren diese Gefühle gefährlich. Aber fühlt sich all das in Ihrem gegenwärtigen Körper gefährlich an?
Nancy:	Nein.

Therapeutische Anmerkung:
Hier versuche ich, meiner Patientin den Unterschied in der Sichtweise zu vermitteln, d. h. ein Gefühl dafür, ob sie mich durch die Augen des kleinen Mädchens betrachtete oder aus ihrem gegenwärtigen Körper heraus.

Wolinsky:	Wenn die Identität des kleinen Mädchens dort drüben nun alles von ihrer Mutter trennt, was erschafft sie dadurch?
Nancy:	Den Unwillen, sich einfach dem Leben hinzugeben, ins Unbekannte einzutauchen.
Wolinsky:	Wo spüren Sie diesen Unwillen in Ihrem Körper?
Nancy:	In meinen Beinen.

Wolinsky: Gut. Achten Sie darauf, wo in Ihrem Körper Sie diesen Unwillen, ins Leben einzutauchen, spüren. Ziehen Sie dann das Etikett ab und geben Sie es dem kleinen Mädchen zurück. Wenn die Identität des kleinen Mädchens dort drüben nun alles von ihrer Mutter trennt, was erschafft sie dadurch nicht?

Nancy: Sie schafft keine Verengung mehr.

Wolinsky: Wenn die Identität des kleinen Mädchens dort drüben nun alles von ihrer Mutter trennt, was wehrt sie dadurch ab?

Nancy: Nichts.

Wolinsky: Wie fühlen Sie sich jetzt?

Nancy: Ich habe mehr Raum. Ich fühle mehr Raum und mehr Energie in meinem Inneren.

Wolinsky: Die Energie, die Sie jetzt spüren, woher kommt sie? Wenn Sie sie zurückverfolgen müssten, wo sitzen ihre Wurzeln?

Nancy: Weit, weit zurück. Ich weiß dafür keinen Namen. Nur dass sie sehr weit zurück liegen.

Wolinsky: Gehen Sie also zurück zur Leerheit der Essenz und machen Sie sich klar, dass die Energie von dort kommt. Erlauben Sie Ihrer essentiellen Energie, Ihr biologisches Sein zu durchströmen. Wie fühlen Sie sich?

Nancy: Wie das Sternenbanner.

Wolinsky: Wie fühlt sich Ihr Körper an?

Nancy: Kribbelnd.

Wolinsky: Es kribbelt überall?

Nancy: Oh, ja. Und ich habe immer noch meinen Reißverschluss. Er ist offen, aber ich kann ihn auch jederzeit wieder zuziehen.

Wolinsky: Gibt es noch etwas, was Sie gerne sagen möchten?

Nancy: Nein … ich habe keine Worte mehr. Ich fühle mich einfach nur friedlich und voller Energie.

Therapeutische Anmerkung (für die Gruppe):
Die Taubheit diente hier als Puffer, um das innere Licht zu bewahren. Das Wichtigste war, Nancy dazu zu bringen, ihrer Mutter diesen Puffer zurückzugeben (d. h. die verinnerlichte Mutterfigur, die sie für sich selbst hielt, wieder auszulagern). Wir haben es hier zu tun mit der äußeren Muttergestalt, die versuchte, das innere Feuer zu unterdrücken, und dann verinnerlicht wurde. Daher müssen wir die beiden angenommenen Identitäten trennen, die in der Zeit stehen geblieben sind, und sie wieder nach außen verlagern, so dass Nancy sie aufgeben kann. Auf diese Weise findet sie mit ihrem gegenwärtigen Körper Zugang zum inneren Licht.

Sie haben keine »Themen«, die Sie aufarbeiten müssen. Ihre verschiedenen Ich-Identitäten haben »Themen«. *Sie können niemals an sich selbst arbeiten, sondern höchstens an der Identität, die Sie gerade annehmen, mit der Sie sich identifizieren und die Sie für Ihr »Ich« halten*. Im obigen Fall habe ich der Patientin einfach nur ihren gegenwärtigen Körper bewusst gemacht und dafür gesorgt, dass sie ihn von dem Körperbild des dreijährigen Mädchens unterscheiden konnte, mit dem sie sich unbewusst identifiziert hatte.

Die Frage ist daher immer, ob jemand aus seinem gegenwärtigen Körper heraus agiert oder ob er ein Körperbild angenommen hat, das eigentlich der Vergangenheit angehört, aus dem heraus der oder die Betreffende aber handelt. Hat jemand, der als Kind unter starkem Übergewicht litt, sein Körperbild mittlerweile korrigiert oder verhält er sich immer noch so, als ob er einige Pfunde zu viel hätte?

Wenn Sie aber an Ihrem Falschen Kern arbeiten, dann führt dies unweigerlich zu somatischen Reaktionen. Das liegt einfach daran, dass in diesem Fall Ihre alten Körperbilder in den Vordergrund treten und aufgegeben werden können, so dass Sie künftig aus Ihrem gegenwärtigen Körperbild heraus leben oder – noch besser – dieses ganz ablegen können.

Wünsche und Ersatzbefriedigungen

Wenn Nisargadatta Maharaj morgens aufstand, hatte er sicherlich das biologische Bedürfnis zu scheißen, zu essen etc. Darauf richten sich nun einmal unsere Wünsche. Ein Verlangen wird nur dann zum Problem, wenn Sie es sich zur Gewohnheit gemacht haben, Ihre Bedürfnisse durch andere zu ersetzen (Substitution). Anders gesagt: Meine grundlegenden Bedürfnisse sind: Essen, Scheißen, Vögeln und Schlafen. Wenn meine Eltern aber plötzlich beschließen, dass ich nur dann zu essen bekomme, wenn ich ihnen ein Liedchen vorsinge (metaphorisch gesprochen), werde ich vermutlich zum professionellen Sänger, weil ich gelernt habe, dass ich nur so etwas zu essen – bzw. die Liebe und Aufmerksamkeit meiner Eltern – bekommen kann. Wenn ich gelernt habe, dass zu diesem Zweck gute Schulnoten nützlich sind, werde ich eben gute Leistungen erbringen.

Wie viel ich auch leisten mag, mein primäres Bedürfnis nach Zuwendung (eine biologische Funktion) wird damit nicht gestillt. Biologische Bedürfnisse werden nur dann zum Problem, wenn man versucht, sie durch Ersatzbefriedigung zu stillen. Eine der Vier Edlen Wahrheiten des Buddha lautet, dass alles Leiden dem Verlangen entspringt. Die Quantenpsychologie hingegen vertritt die Auffassung, dass alles Leiden darauf zurückgeht, *dass biologische Bedürfnisse durch psychologische ausgetauscht werden*.

Daher versucht die Quantenpsychologie, derartige psychologische Bedürfnisse, die auf biologischen Funktionen basieren, abzubauen. Eine alte Zen-Weisheit zeigt recht treffend, worum es hier geht. Auf die Frage, was denn die Erleuchtung sei, antwortet der Meister dem Schüler: »Wenn du Hunger hast, isst du. Wenn du müde bist, schläfst du.« Zu Schwierigkeiten kommt es erst, wenn wir anfangen zu denken: »Ich bin müde, aber ich kann jetzt noch nicht schlafen gehen. Es ist einfach noch zu früh« oder »Ich muss zur Arbeit, obwohl ich noch todmüde bin, also zwinge ich mich zum Aufstehen«. Die Substitution ist ein zwanghaftes, neurotisches Verhalten, das dem Selbstschutz dient. Genau da liegt das Problem. Wenn wir aber unsere neurotischen Wünsche auf ihre biologischen Grundlagen zurückführen, auf das ursprüngliche Bedürfnis im Körper, tut man einfach, was als Nächstes »dran ist«. Gibt es keine Widerstände, dann gibt es auch keine »Themen«, folglich keinen Kummer und keine Probleme.

Mit biologischen Bedürfnissen arbeiten

Die folgenden Übungen haben zum Ziel, Sie wieder in Ihren Körper zurückzubringen, weg von den Bildern, welche die entwicklungsgeschichtlich »jüngeren« Teile des Gehirns produzieren – zurück zur biologischen Empfindung, die damit zum Mittler der Erkenntnis wird; weg von den psychologischen Bedürfnissen, die statt der biologischen gelebt werden.

Die biologische Dimension – Übung 1

Sexualität

Brennpunkt:
Richten Sie Ihre Aufmerksamkeit auf die sexuellen Empfindungen und nicht auf die Geschichte, die Ihre Empfindungen rechtfertigen soll. (nach: Singh)

Wenn Sie sexuelle Fantasien haben und Ihre Aufmerksamkeit auf die Fantasie oder die Erinnerung an einen Menschen richten, schauen Sie nach außen, um Ihre Fantasie zu erfüllen. In der einen oder anderen Form produziert Ihr Geist Bilder erotischen Inhalts. Mit hoher Wahrscheinlichkeit wird Sie das nicht befriedigen, weil Sie immer über eine Person außerhalb Ihrer selbst fantasieren.

In den Jahren, in denen ich sexuell enthaltsam lebte, hatte ich die unglaublichsten Fantasien. Und so zeigte ich die entsprechenden körperlichen Reaktionen, was diese beiden Jahre wirklich schwierig machte. Meine Haltung zur Sexualität hatte sich ins Gegenteil verkehrt, denn in den 60er- und 70er-Jahren ging es überall um freie Sexualität, und jeder schlief mit jedem.

Als ich mit dieser Übung begann, veränderte sich meine gewohnheitsmäßige Wahrnehmung. Ich zog die Aufmerksamkeit von der Fantasie ab und wandte sie der Energie selbst zu. Wo spürte ich sie? Dieser Prozess funktioniert ähnlich wie für die emotionale Ebene beschrieben … mit dem einen Unterschied, dass wir uns nun mit etwas beschäftigen, das gewöhnlich als höchst angenehm gilt.

Verlagern Sie die Aufmerksamkeit von der Fantasie bzw. dem Film, der in Ihrem Kopf abläuft, auf die Energie selbst. Achten Sie auf das, was geschieht, wenn Sie beginnen, die sexuellen Gefühle als Energie zu betrachten. In einem Vers aus dem Vijnana-Bhairava ging es darum, dass durch die Erinnerung an das Gefühl des Streichelns, Drückens, Küssens, Haltens bestimmte angenehme Gefühle *in* uns ausgelöst werden. Da sonst niemand da ist, müssen diese Gefühle aus uns selbst kommen. Diese Erkenntnis erschien mir damals als sehr tiefgründig: Es muss aus meinem Inneren kommen, denn sonst ist ja niemand da. Anders gesagt: Wenn Sie fantasieren und sich an solche Dinge erinnern, kommt es genau dadurch zu dieser Art von Körpergefühl. Da sonst niemand anwesend ist, ist es offensichtlich, dass diese Gefühle aus Ihrem Innern kommen. Verlagern Sie deshalb die Aufmerksamkeit auf diese Empfindungen, statt sie auf die Fantasie zu richten und deren Erfüllung außerhalb Ihrer selbst zu suchen. Das bedeutet einfach nur, dass Sie die Aufmerksamkeit von der Fantasie auf die Erfahrung lenken und sie als neutrale Energie betrachten, nicht als sexuelle Energie, mit der Sie etwas ganz Bestimmtes tun müssen. Es ist Energie, weder »gut« noch »schlecht«, weder »richtig« noch »falsch«, weder eine hohe Form noch eine niedere – einfach nur Energie.

Einmal sagte ich zu Baba Prakashananda, ich hätte Probleme mit meinem zweiten Chakra. Babaji antwortete: »Es gibt nur ein Chakra: Energie.« Es ist also alles Energie, nur der Geist versucht, die Erfahrung einzuteilen z. B. in höhere und niedrigere Chakren. So fällt er seine Werturteile und misst den verteilten Etiketten Bedeutung zu. Das Andersartige und Schöne an der tantrischen Meditation liegt darin, dass sie für Menschen gedacht ist, die in der Welt leben. Anstatt den Geist immer auf etwas anderes richten zu wollen, meditiert man im Tantra immer über das, was *ist*. Auf diese Weise kann jedes Gefühl, jeder Gedanke dazu benutzt werden, eine tiefere Verbindung zu uns selbst und zum eigenen Mensch-Sein herzustellen.

Praxis:
Schließen Sie die Augen und machen Sie es sich bequem. Bauen Sie nun eine sexuelle Fantasie auf. Suchen Sie sich einfach jemanden aus, mit dem Sie gerne zusammen wären. Wie sieht die Person aus? Gibt es Geräusche in der Umgebung? Beobachten Sie Ihre sexuelle Fantasie. Ist es warm? Oder kalt? Was riechen Sie, empfinden Sie, schmecken Sie? Lassen Sie den inneren Film einfach eine Weile laufen.

Verlagern Sie nun behutsam die Aufmerksamkeit von der Fantasie auf die Energie im Körper. Wo fühlen Sie diese Energie im Körper? Wo sitzen diese Empfindungen und Gefühle?

Ziehen Sie nun das Etikett »Sexualität« von den Empfindungen ab und erlauben Sie ihnen, reine Energie zu sein. Wenn Ihre Aufmerksamkeit wieder zur Fantasie zurückwandert, bringen Sie sie zur Energie zurück, halten Sie sie dort und beobachten Sie die Energie. Beobachten Sie weiter – ohne das Etikett »sexuelle Energie«.

Sinn und Zweck dieser Übung ist es – wie bei den anderen auch –, die Aufmerksamkeit weg von der Geschichte und hin zur Erfahrung zu bringen, so dass wir lernen, dass unsere Gedanken und Gefühle Formen von Energie sind. Ich bitte Sie, die Aufmerksamkeit, die auf die Fantasie gerichtet ist, auf die Gefühle selbst zu lenken, und die Gefühle, die Sie haben, als Energie anzusehen. Dann haben Sie keinen Grund mehr, sich selbst wegen der eigenen Erfahrungen abzulehnen, zu verurteilen oder die eigenen Erfahrungen zu verleugnen.

Wie ich bereits erwähnt habe, lebte ich einige Zeit in einem Ashram (einem indischen Meditationszentrum), wo viele Menschen sich entschlossen hatten, sexuell enthaltsam zu leben. Die ersten zwei Jahre war ich ein ziemlich »geiler« Enthaltsamer. Ich hatte jede Menge Fantasien, und wenn ich meine Aufmerksamkeit auf sie richtete, reagierte mein Körper wie ehedem. Als ich aber lernte, die Aufmerksamkeit von der Fantasie weg und auf die Gefühle direkt zu lenken, veränderte sich die Energie urplötzlich.

In den tantrischen Schriften heißt es, man würde *spanda*, den göttlichen Pulsschlag, erfahren, wenn man im Augenblick der sexuellen Ekstase die Aufmerksamkeit nach innen richten könnte. Was dort allerdings nicht erwähnt wurde, war, dass es ziemlich schwierig ist, in diesem Augenblick auch nur daran zu denken, die Richtung der Aufmerksamkeit zu verändern. In diesem Fall nämlich geht die Energie des Orgasmus nach innen und man erfährt den zustandslosen Zustand sehr tief. Das ist das Ziel dieser Meditation.

Die Biologische Dimension – Übung 2

Essen

Brennpunkt:
Richten Sie Ihre Aufmerksamkeit auf die angenehmen Empfindungen, die Essen in Ihnen hervorruft, nicht auf die Speisen selbst. (nach: Singh)

Die Arbeit an unserer Ess-Erfahrung ist vermutlich die schwierigste und langwierigste überhaupt, doch diese Meditation legt den Grundstock für Ihre weitere Arbeit. Im Folgenden werden Sie lernen, die Aufmerksamkeit auf Ihre Ideen über Essen und Hunger zu lenken – ohne dabei die zugehörigen Assoziationsketten auszulösen.

Wir benutzen hier dieselbe Methode wie bisher. Stellen Sie sich beispielsweise vor, Sie sitzen im Büro an Ihrem Schreibtisch und plötzlich schießt Ihnen der Gedanke durch den Kopf: »Jetzt hätte ich gern ein wenig Schokolade.« (Oder was auch immer Sie sich wünschen mögen!) Ihr Geist nimmt diesen Gedanken auf und Sie reagieren darauf. Falls Sie abnehmen möchten, können Sie diese Meditation immer dann machen, wenn Sie Hunger haben. Sie richten Ihre Aufmerksamkeit auf den Hunger als Energie und nicht auf Ihre Fantasien über diverse Nahrungsmittel. Achten Sie darauf, was geschieht. Das ist schon alles. Es funktioniert allerdings nur, wenn Sie hungrig sind.

Sie können die mit einem Schokoladenkeks oder einem Eisbecher verbundenen Empfindungen, mit einem Wort Ihre ganze Vorfreude benutzen. Ziehen Sie Ihre Aufmerksamkeit ab und meditieren Sie über die Empfindungen. Hier gibt uns das Vijnana-Bhairava ebenfalls Anweisungen: Meditieren Sie über die Vorfreude als Energieform, nicht über das Objekt Ihrer Begierde. Wenn es um Sexualität geht, meditieren Sie über die

Ekstase und nicht über das Objekt, das sie auslöst. Wenn Sie mit jemandem schlafen, werden Sie Ihre Aufmerksamkeit höchstwahrscheinlich auf die Person richten. Versuchen Sie also einmal, Ihre Konzentration auf die Empfindung zu richten, und sehen Sie, was geschieht.

Mit dem Essen ist es nicht anders. Swami Muktananda lehrte eigentlich nur diese eine Sache, nämlich über sich selbst zu meditieren. Auf der biologischen Ebene bedeutet das: Meditieren Sie über die Erfahrung statt über das Objekt des Verlangens, gleichgültig, ob es sich nun um Nahrung oder eine begehrte Person handelt.

Machen Sie diese Übung ruhig mit richtigem Essen. Wählen Sie dabei etwas, was Sie wirklich gern mögen, wovon Sie am liebsten sofort abbeißen würden. (In meinen Gruppen bitte ich die Teilnehmer immer, ihre Leibspeisen mitzubringen.) Ich möchte Ihnen einen bestimmten Geschmack vermitteln, Ihnen diesen sozusagen in den Mund legen. Schließen Sie dann die Augen. Sie können auch ein wenig kauen, aber tun Sie alles sehr langsam. Anders gesagt: Diesmal schlingen Sie nicht alles sofort hinunter und holen sich das nächste Stück.

Praxis:
Ich möchte, dass Sie eine bestimmte Erfahrung machen, nämlich, dass Sie sich mit geschlossenen Augen auf Ihre angenehmen Gefühle konzentrieren, so als seien sie ganz aus Energie, und nicht auf Ihre Vorstellung von dem, was Sie gerade im Mund haben. Richten Sie die Aufmerksamkeit auf die angenehmen Empfindungen, Gefühle, Gedanken, was immer Sie mit der Speise im Mund verbinden, und nicht auf das, was sie auslöst. Schauen Sie, ob Sie die Aufmerksamkeit auf die Empfindungen gerichtet halten können. Erfahren Sie diese als Energie. Kommen Sie dann behutsam zurück und richten Sie Ihre Aufmerksamkeit wieder auf den Raum, in dem Sie sich befinden. Öffnen Sie die Augen.

Begehren: nach etwas Sehnsucht haben, etwas ernsthaft wünschen, etwas erhoffen.

Begehren kann auf unterschiedliche Weise beschrieben werden. Es kann an jedem Punkt der kindlichen Entwicklung auftauchen. Nehmen wir beispielsweise ein kleines Kind. Sein »Verlangen« richtet sich in erster Linie auf das Stillen biologischer »Schmerzen« wie Hunger oder Kälte. Oder es möchte einen Mangel ausgleichen, möchte z. B. in den Arm genommen werden, um sich sicher zu fühlen. Später benutzt das Kind so genannte »Übergangsobjekte«, d. h. Decken, Teddybären, Kissen, die es dann als »Ersatzfreunde« mit sich herumträgt. Auf diese Weise vermeidet es das Gefühl des Getrennt-Seins von der Mutter. Eine andere Sichtweise setzt Verlangen mit Widerstand gleich. Ich wünsche mir X, weil ich damit Y Widerstand leisten kann. Ein Beispiel: Ich wünsche mir Geld, weil ich damit meiner subjektiven Erfahrung, kein Geld zu haben, aus dem Weg gehen kann – ob diese nun real begründet ist oder nicht. Daher sind Verlangen und Widerstand nur zwei Seiten derselben Medaille.

Nicht erfüllte biologische Bedürfnisse sind schmerzhaft. Schmerzabwehr geschieht häufig durch eine Ersatzbefriedigung, bei der an die Stelle des ursprünglichen Bedürfnisses ein neu geschaffenes psychologisches Verlangen (nach Nahrung, Sex etc.) tritt. Da unser Verlangen aber häufig auf die Linderung eines biologischen Mangels abzielt, kommt es zu Problemen, wenn wir einen »Schmerzstiller« so einfach gegen einen anderen austauschen. So stopfen wir uns mit Essen voll oder haben Sex, wenn wir in Wirklichkeit ein Verlangen nach Zuneigung empfinden. Und Statussymbole wie große Villen oder Autos sind meist nur hilflose Versuche, den Schmerz auszugleichen, der durch einen Mangel an Selbstwertgefühl entsteht.

Auf diese Weise werden unsere Wünsche und unser Verlangen immer maßloser, weil sie nicht dem ursprünglichen Bedürfnis gehorchen.

Wenn wir aber verstehen, dass Verlangen häufig nur die Erfahrung eines verdrängten Bedürfnisses überdecken soll, erhält die Essenz der buddhistischen Lehre, in der es um die Entwicklung von Wunschlosigkeit geht, einen ganz neuen Sinn. Statt diesen Zustand der Wunschlosigkeit anzustreben, können wir versuchen, unseren Widerstand gegen die verdrängte Erfahrung aufzugeben. Damit bauen wir zugleich das Verlangen nach dem Ersatzobjekt ab.

Mit Vertiefung der eigenen Praxis entwickelt man häufig eine weniger urteilende Haltung den eigenen Wünschen gegenüber. Man will sie nicht mehr loswerden, überwinden, leugnen oder umwandeln. Man akzeptiert sie ganz einfach – als Energie.

Die biologische Dimension – Übung 3

Brennpunkt:
Richten Sie die Aufmerksamkeit auf die Energie des Begehrens und nicht auf sein Objekt. (nach: Singh)

Praxis:
Schließen Sie die Augen. Lassen Sie in Ihrem Geist den Gedanken an etwas aufsteigen, das Sie sich mehr als alles andere wünschen. Stellen Sie sich vor, es befindet sich direkt vor Ihnen. Das kann ein Mensch sein, eine Situation, was auch immer. Wie hört sich das Gewünschte an? Wie sieht es aus? Welche Eindrücke und Gefühle verbinden Sie damit? Was spielt sich in Ihrem Körper ab? Registrieren Sie alles voller Gelassenheit. Welche Form, welche Größe hat das Objekt? Ziehen Sie dann das Etikett ab. Betrachten Sie es als reine Energie. Rich-

ten Sie Ihre Aufmerksamkeit auf das Verlangen in Ihrem Innern, die Energie oder Empfindungen, die Sie als »Wunsch« bezeichnen. Gehen Sie weg vom Objekt des Begehrens. Lenken Sie Ihre Aufmerksamkeit nach innen, ziehen Sie das Etikett ab und erfahren Sie die dahinter stehende Energie. Greifen Sie nicht ein. Lassen Sie die Energie einfach tun, was sie tut. Sie beobachten nur.

Ein Kursteilnehmer fragte mich, ob er Wünsche als etwas Negatives betrachten solle. Ich antwortete ihm, dass Wünsche eben Wünsche seien. Sie sind weder »gut« noch »böse«, sondern einfach nur Energie.

Ich möchte Ihnen ans Herz legen, in den nächsten Tagen mit den Wünschen zu arbeiten, die Ihnen spontan einfallen. Stellen Sie sich vor, Sie fahren Auto und plötzlich schießt Ihnen der Wunsch durch den Kopf: »Ich hätte gern einen Porsche.« Vielleicht stellen Sie sich den Wagen auch nur vor. In diesem Augenblick richtet sich Ihr Verlangen auf einen Porsche. Es gibt Menschen, die beim Gedanken an einen Porsche Himmel und Erde in Bewegung setzen, um diesen Wunsch Wirklichkeit werden zu lassen. Andere tun das für Beziehungen, schicke Kleider, einen neuen Job. Es gibt Tausende von Möglichkeiten. Sie aber konzentrieren sich nun nicht etwa auf den Porsche, sondern ziehen Ihre Aufmerksamkeit vom Objekt ab und lenken sie auf den Wunsch als Energieform.

Die meisten Menschen haben Wünsche – ganz egal welche – und sie verwenden einen Großteil ihrer Lebenszeit darauf, auf das Verlangen zu reagieren, es mit dem begehrten Objekt zu stillen. Wenn Sie sich beispielsweise dauernd nach einer Beziehung sehnen, dann werden Sie ständig damit beschäftigt sein, sich nach einem möglichen Partner umzusehen. Richten Sie Ihre Aufmerksamkeit hingegen auf die Energie des Wunsches, dann gewinnen Sie – meiner Erfahrung nach – die Freiheit, diese Beziehung zu haben oder nicht. Beides ist in Ordnung. Und genau das meine ich, wenn ich Sie bitte, sich auf die Energie und nicht auf das Objekt zu konzentrieren. Richten Sie Ihre Aufmerksamkeit nach innen, so dass das Verlangen als Energie zum Vorschein kommt.

Zusammenfassung

Die Dissoziation vom Körper und unserer animalischen Natur spaltet uns nicht nur von der Welt ab, sondern auch von den Menschen und letztendlich von der allem zugrunde liegenden Einheit. Es ist kein Wunder, dass spirituelle Schulen, die den Körper als »Nicht-Ich« oder »unwichtig« betrachten, das spirituelle und psychologische Verständnis des Selbst erschweren. Sie verlangen, dass wir die körperliche Realität zugunsten des Geistes verleugnen. Viele psychologische Traditionen wehren sich gegen jeden Aspekt des Menschlich-Animalischen. Wenn Sie gelernt haben, die Dimension des Denkens, Fühlens und der Außenwelt zu akzeptieren, können Sie nun Ihre Aufmerksamkeit vierfach teilen.

Psychologische Erklärungsmuster werden von den entwicklungsgeschichtlich jüngeren Teilen des Gehirns geschaffen. Sie führen daher von der Erfahrung selbst weg und sind nur ein Versuch, das Chaos zu ordnen, das durch den Schock der Nicht-Erfüllung biologischer Bedürfnisse entstanden ist. Wenn das Tier in uns unterdrückt wird, kommt es ganz automatisch zur Mystifizierung unserer Erfahrung. Diese Unterdrückung verdrängt uns aus unserer biologischen Dimension und füllt uns mit psychologischen Erklärungsmustern, aus denen letztlich unser Falscher Kern (grundlegende Schlussfolgerung bezüglich unseres Selbst) mit seinen kompensatorischen Anteilen (den Lösungsansätzen) entsteht.

Wir alle müssen einmal sterben. Das ist alles, was wir mit Sicherheit behaupten können: Wir werden sterben. Und doch wehren wir als Individuen (und unsere Gesellschaft als Ganzes) uns heftig gegen diese Tatsache. Tatsächlich ist die Erfahrung des Todes vielleicht die am stärksten dissoziierte, d. h. abgespaltene Realität unseres biologisch-psychischen Kontinuums. Aus diesem Grund findet vielleicht die Vorstellung von den Seelen, die sich wieder und wieder inkarnieren, gerade so viel Zulauf: Wenn ich eine Seele habe, dann muss ich mich mit dem Tod nicht auseinander setzen, weil dann etwas von mir weiterlebt. Viele Religionen beruhen auf diesem Grundsatz (siehe dazu auch *Das Tao des Chaos*). Das »Ich« möchte weiterleben. Es will nicht sterben und versucht, sich gegen den Tod zu wehren. So erfindet es all diese Geschichten.

Übung 4

Schließen Sie sanft die Augen und verteilen Sie Ihre Aufmerksamkeit auf vier Richtungen:

ein Viertel auf die animalische Natur,
ein Viertel auf die Dimension des Denkens,
ein Viertel auf die Dimension des Fühlens,
ein Viertel auf die äußere Welt.

Diese Übung erlaubt Ihnen, gleichzeitig in Verbindung mit der äußeren Welt, dem inneren psychisch-emotionalen Bereich und der animalischen Natur zu bleiben.

Lassen Sie uns dabei nicht vergessen, dass wir all unsere Lebensprobleme entweder durch unsere eigene gefärbte Brille sehen oder durch die Brille desjenigen, bei dem wir Hilfe suchen. Ein Beispiel soll das verdeutlichen. Habe ich Eheprobleme und gehe damit zu einem Priester, so wird dieser mir sagen, dass ich ein geistliches Problem habe. Der Steuerberater würde die wirtschaftliche Dimension hervorheben, wogegen ein Körpertherapeut unsere Skelettstruktur verantwortlich machen würde. Der Psychotherapeut nimmt an, dass Vater und Mutter die eigentliche Ursache sind, der Familientherapeut konzentriert sich auf den äußeren Kontext. Und so weiter. Wir müssen uns daher wohl oder übel mit dem Gedanken anfreunden, dass kein System mit allen Schwierigkeiten fertig wird. Wichtig ist, dass Sie erkennen, auf welcher Ebene Ihr Patient ein Problem hat, und dann bereit sind, ihn notfalls zu jemand anderem zu schicken. Das gehört untrennbar zur Kunstfertigkeit eines Therapeuten oder spirituellen Lehrers.

In der alten Sufi-Tradition sandten die Meister die Menschen zu verschiedenen Lehrern, damit sie tatsächlich die Lehren erhielten, die sie brauchten. Das zeigt, dass nicht nur jeder Mensch ein anderes System, eine andere Schule braucht. Manchmal braucht ein Mensch sogar innerhalb einer Schule einfach einen anderen Meister. Diese Sufi-Meister stellten das Fortkommen des Schülers ins Zentrum ihrer Bestrebungen und nicht ihr persönliches Verlangen zu lehren.

Das ist patienten- oder schülerzentriertes Arbeiten. Traurigerweise bekommen heute alle, die zu einem Lehrer oder einem Guru gehen, *dieselben Techniken*. Doch diese »Passt für alle Größen«-Mentalität hilft nur den Gurus und Lehrern selbst.

Quantenpsychologisches Prinzip

Ein Therapeut oder »Lehrer« ist nicht dazu da, sich im Seminarraum oder beim Workshop seine eigenen Bedürfnisse erfüllen zu lassen.

Zusammenfassend kann man also sagen, dass Geist und Körper eins sind. Sie sind Teil derselben Wirklichkeit, auch wenn sie unterschiedliche Funktionen haben. Wenn Sie das Problem auf der Ebene des Problems angehen, dann sind Sie auf dem *Weg des Menschlichen*.

Die Quantenpsychologie verlangt von uns nur, Mensch zu SEIN – und zwar ein Mensch, in dem das Quantenbewusstsein bereits vorhanden ist. Eine Person, die den Weg des Menschlichen geht, sollte Körper, Geist und Seele nicht trennen, sondern alle drei nur als verschiedene Verdichtungsgrade der Einen Substanz sehen.

Vor diesem Hintergrund möchte ich Ihnen noch ein Fallbeispiel vorstellen:

Fallbeispiel:
Hier werden wir die einzelnen Dimensionen durchgehen und dabei den Einfluss des Denkens studieren. Dies ist deshalb so wichtig, weil Ihre Gedanken über das Geschehen dem, was geschieht, erst seine Bedeutung verleihen. Das sind zwei verschiedene Dinge. Wenn Sie die Gedanken, Interpretationen und Vorstellungen, die Sie über die wirkliche Erfahrung legen, aufgeben können, hört aller Widerstand auf und Sie erfahren, was wirklich ist.

Wolinsky: Ich werde nun mit Ihnen sämtliche Dimensionen durchgehen. Sagen Sie mir jetzt, welche Vorstellungen Sie sich von der äußeren Welt machen.

Mark: Die Außenwelt ist etwas Konkretes. Etwas, was wir tun. Und vor allem etwas, das ich brauche: Geld, Job, Arbeit, Wohnung. All das, was mir Sicherheit gibt.

Wolinsky: Das sind sehr *interessante* Ideen – was passiert gerade bei Ihnen?

Therapeutische Anmerkung:
Sobald Ideen einmal als solche entlarvt wurden, verschwinden sie von selbst.

Mark: Nun, es ist wirklich zum Lachen.

Wolinsky: Was denken Sie noch über die Außenwelt?

Mark: Dass sie ein notwendiges Übel ist. Dass ich mich ihren Anforderungen lieber nicht beugen würde. Es wäre schön, wenn jemand das für mich tun könnte.

Wolinsky: Das ist eine interessante Vorstellung. Was denken Sie noch über die Außenwelt?

Mark: Sobald ich darüber nachdenke, fällt mir nichts mehr ein.

Wolinsky: Welche Vorstellungen ruft denn das Wort »nachdenken« bei Ihnen hervor?

Mark: Nun, Denken ist etwas, das mich mit der Gegenwart verbindet, das mich erdet. Wenn ich nicht denken würde, würde ich wegfliegen.

Wolinsky: Gibt es noch andere interessante Ideen über das Denken?

Mark: Denken ist nötig. Denken ist witzig. Es gibt mir etwas zu tun. Würde ich nicht denken, könnte ich nicht existieren.

Wolinsky: Eine interessante Vorstellung. Wie geht es Ihnen jetzt?

Mark: Gut.

Wolinsky: Gibt es noch andere Ideen über das Denken?

Mark: Nein.

Wolinsky: Dann erzählen Sie mir doch, welche Ideen Sie in Bezug auf Gefühle haben.

Mark: Gefühle vermitteln mir den Eindruck zu leben. Sie sind wie Sinneseindrücke. Ich fühle mich lebendig damit.

Wolinsky: Auch das ist eine wirklich interessante Vorstellung. Was geht Ihnen dazu noch durch den Kopf?

Mark: Gefühle sind furchterregend.

Wolinsky: Das ist eine interessante Idee.

Mark: Es gibt »gute« und »schlechte« Gefühle.

Wolinsky: [mit einem Augenzwinkern] Ja, das ist klar. Erzählen Sie mir, welche Ideen Sie in Bezug auf »leben« haben.

Mark: Dass man dafür arbeiten muss. Leben bedeutet, dass man ständig alle sieben Sachen beisammenhalten muss.

Wolinsky: Welche Ideen haben Sie noch zum Thema »Leben«?

Mark: Es ist schön. Es macht auch Spaß.

Wolinsky: Was macht Spaß?

Mark: Das hier macht Spaß.

Wolinsky: Erzählen Sie mir doch etwas über Sinneseindrücke.

Mark: Sinneseindrücke sind unangenehm.

Wolinsky: Das ist eine interessante Idee.

Mark: Sinneseindrücke sagen mir, dass etwas mit mir geschieht. Sie sind furchterregend. So als hielten sie die ganze Bandbreite des Gefühlslebens für mich bereit. Manchmal sind sie schön, manchmal sind sie unangenehm.

Wolinsky: Das ist eine interessante Vorstellung. Wie geht es Ihnen jetzt?

Mark: Gut.

Therapeutische Anmerkung:
Im nächsten Schritt untersuchen wir die Ebene des Biologischen, die nicht automatisch mit der biologischen Dimension gleichzusetzen ist.

Wolinsky: Erzählen Sie mir, welche Ideen Sie über das Essen haben.

Mark: Ich esse gerne. Essen ist etwas Notwendiges, Soziales. Es lässt mich leben.

Wolinsky: Was bedeutet »leben« hier?

Mark: Leben heißt hier auf dieser Erde sein.

Wolinsky: Eine sehr interessante Vorstellung. Erzählen Sie mir jetzt, welche Vorstellungen Sie sich über das »Schlafen« machen.

Mark: Schlaf ist Erholung. Schlaf ist Frei-Haben. Schlafen heißt, nicht hier zu sein. Schlaf ist tröstlich.

Wolinsky: Und welche Ideen haben Sie in Bezug auf das Scheißen?

Mark: Manchmal fühlt es sich richtig gut an. Es ist nötig. Manchmal aber auch lästig. Es ruft eine Menge negativer Assoziationen hervor.

Wolinsky: Das ist eine interessante Idee. Welche Vorstellungen haben Sie noch übers Scheißen?

Mark: Oh, dass es schmutzig ist und es gehört zum Körper. Ich höre meine Mutter sagen, dass sie sich wünschte, ich würde das nicht tun. Es macht den Eindruck, als wäre damit irgendetwas nicht richtig.

Wolinsky: Und welche Vorstellungen haben Sie in Bezug auf das Vögeln?

Mark: Vögeln macht Spaß. Es ist aufregend. Dass es die Menschen verbindet. Dass es die Menschen nicht verbindet. Manchmal ist es eine Möglichkeit, jemanden zu verletzen oder verletzt zu werden. Manchmal ist Vögeln so. Und hin und wieder ist es einfach nur eine Empfindung.

Wolinsky: Erzählen Sie mir etwas zu Ihren Vorstellungen über das Lernen.

Mark: Lernen ist manchmal ganz schön hart. Manchmal ruft es Ängste hervor. Ab und zu aber ist es aufregend, schön und interessant, alles zusammen. Hin und wieder allerdings ist es nichts als Druck.

Wolinsky: Das ist eine interessante Vorstellung. Haben Sie noch mehr interessante Ideen über das Lernen?

Mark: Dass es nichts damit zu tun hat, ob jemand schlau ist.

Wolinsky: Das ist interessant. Erzählen Sie mir, welche Ideen Sie noch über das Lernen haben.

Mark: [antwortet nicht]

Wolinsky: Erzählen Sie mir, welche Vorstellungen von Nähe Sie haben.

Mark: Nähe ist, wenn man sich wirklich eng verbunden fühlt. Nähe ist, wenn man sich selbst verliert.

Wolinsky: Das ist eine interessante Idee.

Mark: Nähe ist furchterregend. Nähe ist verführerisch. Nähe ist etwas, was ich tun kann. Nähe ist Teil unserer Natur – in der Mutter-Kind-Beziehung etwa. Nähe jagt mir Angst ein.

Wolinsky: Wie fühlen Sie sich jetzt?

Mark: Einfach da. Ich habe das Gefühl, einfach zu sein – ein etwas verschwommenes Gefühl.

Wolinsky: Was meinen Sie mit »verschwommen«?

Mark: Ich fühle mich weniger fest, als wäre mehr Raum in mir.

Wolinsky: Erzählen Sie mir, welche Ideen Sie mit diesem Begriff des »Verschwommen-Seins« verbinden.

Mark: Dass ich, wenn das so weitergeht, verschwinden werde.

Wolinsky: Das ist eine interessante Vorstellung. Was verbinden Sie noch mit dem Verschwommen-Sein?

Mark: Das bedeutet, ich bin gar nicht richtig da.

Wolinsky: Das ist eine interessante Idee. Welche Vorstellungen verbinden Sie noch mit dem Zustand des Verschwommen-Seins?

Mark: Dass er etwas Schlechtes ist. Wenn jemand verschwommen ist, dann tut er nicht, was er tun sollte.

Wolinsky: Haben Sie noch weitere Ideen in Bezug auf dieses gedankliche Konzept?

Mark: Dass man nicht verschwommen sein sollte, weil man dann mit jemandem verschmelzen oder jemanden anlocken möchte, all diese schlechten Sachen.

Wolinsky: Erzählen Sie mir, welche Vorstellungen Sie außerdem haben.

Mark: Verschwommen-Sein ist eine Verteidigungsstrategie.

Wolinsky: Das ist eine interessante Idee. Was ruft die Vorstellung des Verschwommen-Seins in Ihnen noch hervor?

Mark: Man kann nicht funktionieren, wenn man verschwommen ist.

Wolinsky: Was halten Sie nun vom Verschwommen-Sein?

Mark: Für mich ist der Begriff ein bloßes Wort geworden.

Wolinsky: Und wie sehen Sie Ihre Erfahrung jetzt?

Mark: Klar. Ich beginne, klar zu sehen, aber das verschwommene Gefühl ist immer noch da.

Wolinsky: Finden Sie das in Ordnung oder haben Sie damit ein Problem?

Mark: Ich habe den Eindruck, als hätte ich damit schon ein kleines Problem.

Wolinsky: Welche Vorstellungen haben Sie von diesem Eindruck?

Mark: Er ist unscharf.

Wolinsky: Das ist eine interessante Idee. Ist »unscharf« etwas Schlechtes?

Mark: Nein. »Unscharf« ist eine Vorstellung.

Wolinsky: Erzählen Sie mir, welche Vorstellungen Sie in Bezug auf diesen Eindruck noch haben.

Mark: Er ist unklar.

Wolinsky: Das ist eine interessante Idee. Wer oder was hat Ihnen diese Idee vermittelt? Woher kommt sie?

Mark: Von meiner Mutter.

Wolinsky: Ziehen Sie das Etikett von diesem Eindruck ab und geben Sie es Ihrer Mutter zurück.

Mark: Es ist nur eine Vorstellung und Energie.

Wolinsky: Wie fühlen Sie sich jetzt?

Mark: Sehr klar – großartig.

Therapeutische Anmerkung:

Wir sind also die gesamte biologische Dimension durchgegangen. Wenn Sie jetzt mit jemandem arbeiten und diese Person sagt zu Ihnen: »Ich fühle mich traurig, aber ich möchte nicht traurig sein«, dann können Sie künftig sagen: »Welche Ideen hast du in Bezug auf Traurigkeit? Welche Vorstellungen hast du noch? Erzähl mir von ihnen.« Sie wollen nämlich, dass diese Vorstellungen sich auflösen. Traurigkeit ist kein Problem. Das Problem liegt in der Bewertung der Traurigkeit. Natürlich können Sie diese Übung auch für sich allein machen. Nehmen Sie das Etikett, die Idee weg und übrig bleibt ein Eindruck ohne Benennung. Dann können Sie anfangen, die Wirklichkeit ohne Werturteile, Einschätzungen, Bedeutungen zu sehen. Denn schließlich ist alles nur Eindruck.

Anhang

Erster Teil

Die alltägliche Trance – der neueste Stand

Ein Blick durch die Brille der Trancen in der Entwicklungspsychologie

Übertragung: die tiefste Trance

Es lebt sich leicht mit geschlossenen Augen –
Du verkennst alles, was du siehst –
Jemand zu werden ist schwer, aber es geht schon –
Mir ist es ziemlich egal.
John Lennon, *Strawberry Fields Forever*[1]

An diesem Punkt möchte ich einige der wesentlichsten Trancen nennen, bei denen die einzelnen Dimensionen vermischt werden. Anders gesagt: Ich möchte die wichtigsten Fallen auf unserem Weg zur Entwicklung unseres gesamten menschlichen Potentials aufzeigen. Hier soll es vor allem um die Trance der Übertragung und der Gegenübertragung gehen. Beide werden in der gegenwärtigen Psychologie kaum in Frage gestellt und sind daher zu mächtigen, selten erkannten Trancezuständen geworden. Wie sie uns im Wege stehen und uns in psychologischer und spiritueller Hinsicht aus der Einheit reißen, darum geht es in diesem Abschnitt. Wie Sie sicherlich schon bemerkt haben, habe ich die Schreibung des englischen Wortes für Übertragung, nämlich *transfer*, abgeändert in *trance-fer*.[2] Da-

1 Deutsche Übersetzung: Jürgen Dünnebier, in: Stephen Wolinsky, *Jenseits des Enneagramms*, Freiburg 1998, S. 29

2 Stephen Wolinsky benutzt im englischen Original die Begriffe *trance-fer* und *counter-trance-fer* (ursprünglich: *transfer* und *counter-transfer*), um das Trancehafte dieses Vorgangs zu unterstreichen. (A. d. Ü.)

mit möchte ich verdeutlichen, dass man in eine Art hypnotischer Trance gehen muss, um jemanden unbewusst zu seinem Vater oder seiner Mutter zu machen oder jemanden unbewusst so zu behandeln, als sei man dessen Vater bzw. Mutter. Auch wenn man als Kind einem anderen Kind die Mutter- oder Vaterrolle zuschiebt, ist dazu eine Altersregression nötig.

Die Übertragungstrance wird hier nicht im klassischen Sinne verstanden. Gewöhnlich läuft sie zwischen Therapeut und Patient ab. Hier aber legen wir uns selbst auf die Couch und analysieren, wie wir die Wahrnehmung unseres Innenlebens, der äußeren Welt und unserer gegenwärtigen Beziehungen verzerren und dabei unsere menschliche Natur verlieren. Wir verlieren unser Mensch-Sein, wenn wir den Kontakt zu unserem Gegenwartskörper verlieren. Je stärker wir den Kontakt verlieren, desto mehr gehen wir in Trance. Dabei geht es nicht darum, dass Menschen »ihren Körper verlassen«. Sie verlieren vielmehr einfach das Bewusstsein für ihren Körper und damit die Dimension ihrer Menschlichkeit. Wir müssen begreifen, dass der Körper unsere Verbindung zu unserem Mensch-Sein und zur grundlegenden Einheit ist. Das Bewusstsein für den Körper zu verlieren bedeutet gleichzeitig, diese Verbindung aufzugeben. Die Quantenpsychologie besagt, dass wir aufhören, Individuen zu sein, wenn wir alles als Manifestation der Einen Substanz sehen, auch den Körper. Das ist die Erkenntnis: *DAS bin ich, diese Eine Substanz.*

Durch die Übertragung verlieren wir die Erfahrung unseres aktuellen, gegenwärtigen Körperselbst. Die äußere Welt der Gegenwart gerät aus unserem Blickfeld (das sich auf die vergangene äußere Welt richtet) und wir beginnen, uns Vorstellungen zu machen. Unser Denken und Fühlen interpretiert die gegenwärtige Wahrnehmung als Vergangenheit. Kurz gesagt: Wir vermischen die Dimensionen. Diese vorsprachlich, vorbewusste Interpretation wirkt wie eine Brille. Sie verzerrt, beeinflusst und entstellt unsere Wahrnehmung, so dass wir unsere menschliche Natur verlieren. (Dieser Prozess wird im vorliegenden Abschnitt noch genauer erläutert.)

Das muss uns klar sein, wenn wir die allerstärkste Trance, die der Übertragung, verstehen und abbauen wollen, so dass wir die Gegenwart als Gegenwart erleben und unser Menschsein genießen können. Damit stabilisieren wir gleichzeitig die Erkenntnis der Quantennatur des Bewusstseins. Wie lenken diese Verzerrungen unseren Blick von der Gegenwart ab? Um dies zu verdeutlichen, möchte ich hier den Arica-Meister Oscar Ichazo zitieren:

> Die Ansammlung von bereits gemachten Erfahrungen in meinem Parabewusstsein führt zu abstrakten Konzepten, also Strukturmustern, die meine Psyche zur Erklärung der Wirklichkeit benutzt. [...] Da meine Erklärung der äußeren Wirklichkeit auf Strukturmustern fußt, die auf angesammelte Erfahrungen [...] der Vergangenheit zurückgehen, kann meine Psyche die Gegenwart nur aus der Vergangenheit heraus erklären. (Ichazo, 1993)

Ichazo erkannte also, dass die Gegenwart als Vergangenheit erfahren wird, solange alte Strukturen wie die Übertragung die Art steuern, wie sie wahrgenommen wird. Doch bevor wir das vertiefen, möchte ich Ihnen zum besseren Verständnis eine Definition des Begriffes *Übertragung* geben:

> Übertragung: die vom Patienten ausgehende Übertragung oder Projektion von Gefühlen, Haltungen, Reaktionen, Gedanken, die eigentlich zu Personen aus der Vergangenheit des Patienten gehören, auf den Therapeuten.
> (Marshall u. Marshall, 1988)

Man betrachtet diese ziemlich traditionelle Definition der Übertragungstrance als Freuds bedeutendsten Beitrag zum Verständnis der Beziehung zwischen Therapeut und Patient. Um die weitreichende Bedeutung der Übertragungstrance besser einschätzen zu können, möchte ich Ihnen zunächst die wichtigsten Elemente vorstellen, die ich bereits in meinen früheren Büchern *Die alltägliche Trance* und *Die dunkle Seite des inneren Kindes* dargelegt habe. Die Quantenpsychologie sieht sieben Hauptwirkungen, die von diesem Vermischen der Ebenen ausgehen, das als Grundlage der Übertragungstrance gelten kann.

Erstens: Die Trance der Übertragung setzt bei der betroffenen Person eine Regression voraus, so handelt sie, als sei sie jünger, als sie ist. Rufen Sie sich einen Augenblick in Ihrem Leben ins Gedächtnis, in dem Sie sich hilflos und machtlos fühlten, als ob es keinen Ausweg geben würde. All das sind Warnsignale: Sie befinden sich nun in einer Altersregression und die Ebenen des Bewusstseins vermischen sich.

Zweitens: Der oder die Betroffene ist sich gewöhnlich seiner Regression nicht bewusst. Erinnern Sie sich an einen Zeitpunkt, an dem Sie sich machtlos oder wie in einer Beziehung gefangen erlebten und sich nicht aus der Situation befreien konnten. Unglücklicherweise wird eine Altersregression uns in den meisten Fällen gar nicht bewusst, während sie abläuft. Dasselbe gilt für das Vermischen der Ebenen.

Drittens: Das betroffene Individuum lebt keine gegenwärtige Erfahrung. Es bewegt sich vielmehr von der gegenwärtigen Erfahrung von sich selbst in Bezug auf jemand anderen hin zu einer vergangenen Erfahrung von sich selbst in Bezug auf jemand anderen. Erinnern Sie sich z. B. an einen Zeitpunkt in Ihrer Beziehung, wo Sie darüber wütend waren, dass Ihr Partner nicht da war, um Ihre Bedürfnisse zu befriedigen, oder wo Sie glaubten, Ihr Partner würde genau dasselbe wollen wie Sie, und dann ärgerlich wurden, als sich herausstellte, dass das nicht der Fall war? Diese allgemein verbreiteten Erfahrungen sind typische *Wiederholungen* frühkindlicher Erfahrungsmuster, die vor allem in der Beziehung zur Mutter bzw. zum Vater auftraten. Einfacher gesagt: Sie handeln wie ein Kind und erwarten, dass Ihr Partner die Rolle von Mutter oder Vater übernimmt. Dabei werden die Ebenen nicht mehr klar getrennt erlebt.

Viertens: Das frühere »Selbst« stellt eine Beziehung zur verinnerlichten (vergangenen) Bezugsperson her (üblicherweise Mutter oder Vater) und überträgt so die Bedingungen der alten Beziehung auf die gegenwärtige. Sie behandeln den gegenwärtigen Bezugspartner wie den früheren. Denken Sie z. B. an einen Moment in Ihrem Leben, als Sie sich von Ihrem Partner *verlassen* fühlten, weil er oder sie nicht da war, als Sie ihn brauchten. Das ist ein deutliches Anzeichen für eine Regression und die damit einhergehende Vermischung der Ebenen. Das Gefühl des Verlassen-Seins gehört zu den oben erwähnten Signalen, die uns sagen, dass nun eine Regression abläuft und es zur Vermischung der Ebenen kommt. Dann überträgt der Erwachsene der Gegenwart seine innere Erfahrung von Mutter bzw. Vater auf seine Beziehung und schlüpft selbst in die Rolle des früheren Selbst – das sich verlassen fühlte.

Fünftens: Das frühere »Selbst« hypnotisiert das gegenwärtige, so dass dieses glaubt, die Gegenwart sei die Vergangenheit. Ihnen ist sicher schon einmal aufgefallen, dass Sie nach einer solchen Regression kaum fassen konnten, dass wirklich Sie es waren, der sich so benommen hat. Das liegt daran, dass man in der Regression sein gegenwärtiges Selbst verliert. Daher kann der Leim der Übertragungstrance nur durch ein Lösungsmittel aufgelöst werden: ununterbrochenes Gewahrsein der verschiedenen Bewusstseins-Manifestations-Ebenen.

Quantenpsychologisches Prinzip

Je ausgeprägter Ihre Fähigkeit ist, die Dimensionen der Manifestation zu unterscheiden, desto umfassender wird Ihre subjektive Erfahrung der Freiheit sein.

Sechstens: Das frühere Selbst, das mit dem verinnerlichten früheren Bezugspartner (Mami/Papi) interagiert, trägt all die Geschichten, Assoziationen, Gefühle und Erinnerungen des früheren Erlebens in sich. Sobald es zu dieser Übertragung kommt, wird der gegenwärtige Bezugspartner behandelt wie der frühere und fühlt sich häufig auch so. In diesem Augenblick geht das Gewahrsein der Dimensionen verloren und das frühere Selbst interagiert mit dem früheren Bezugspartner, ohne dass das gegenwärtige Selbst sich dieser Tatsache bewusst wird. Viele meiner Kursteilnehmerinnen beschreiben z. B. ihre Beziehung so: »Er behandelt mich wie meine Mutter.« Leider glauben wir, dass das gegenwärtige Selbst mit dem gegenwärtigen Bezugspartner in Beziehung steht, auch wenn das gar nicht der Fall ist.

Siebtens: Das frühere Selbst kann die innere Erfahrung der früheren Beziehung auch auf ein religiöses oder politisches System, auf einen Guru, Lehrer, Therapeuten oder politischen Führer übertragen. So sagte der Schauspieler Alec Baldwin beispielsweise 1992 in einem Fernsehinterview: »Ich konnte einfach nicht fassen, dass die Leute die Präsidentschaftskandidaten nach ihren ›familiären Werten‹ fragten. Ich habe nur darauf gewartet, dass Bill Clinton sagt: ›He, ich bin nicht Ihr Vater. Entscheiden Sie doch selbst, welche Werte Sie in Ihrer Familie leben wollen. Das ist doch nicht mein Problem.‹« Diese intelligente Bemerkung Baldwins beschreibt recht gut, wie Wähler, die auf »familiäre Werte« achten, sich von Politikern, Gurus oder der Kirche vorschreiben lassen, wie sie leben sollen. Der in der Altersregression befangene Wähler möchte, dass Mami/ Papi, d. h. die Kirche oder die Politik, ihm sagen, welche familiären Werte die »richtigen« sind.

Als weiteres Beispiel kann hier der erdrutschartige Wahlsieg der Republikaner im Jahr 1994 gelten. Die Republikaner versprachen den Reichen Steuererleichterungen, die sich letztlich bis hinunter in den ärmeren Teil der Bevölkerung auswirken sollten. Hier unterlagen die Wähler der Altersregression. Das Grundprinzip der Übertragungstrance ist es, *dass die Regression stärker wird, je größer die dahinter stehende Überlebensangst ist*. In diesem Fall war die Überlebensangst groß, so dass die Wähler der unteren Mittelschicht in Trance gingen: »Wenn wir den Reichen [Mami und Papi, die uns als Kinder Geld gaben] Steuererleichterungen verschaffen, werden sie sich auch ›um uns kümmern‹ [uns Taschengeld geben] und Arbeitsplätze schaffen [uns Besorgungen machen lassen].«

Die Überlebenstrance

Die Altersregression und mit ihr das Vermischen der Ebenen wird durch das Bedürfnis zu überleben verursacht. Sie wird durch den Drang zu überleben ausgelöst. Die Überlebenstrance erweist sich als die stärkste aller Trancen. Das Überleben beruht auf dem instinktiven Kampf-Flucht-Mechanismus. Dazu gehört das ununterbrochene Beobachten der Umgebung, aber auch die Generalisierung früherer Erfahrungen. Beides stellt das Überleben des Individuums auf physischer, psychischer und emotionaler Ebene sicher. Werfen wir einmal einen Blick auf unseren Körper: Mit der fortschreitenden Entwicklung des Körpers geht auch die Ausbildung unserer Persönlichkeit und Individualität einher. Nach den frühesten Entwicklungsphasen, in denen das Kind denkt, es sei eins mit der Mutter bzw. *es sei* die Mutter, entwickelt es ein individuelles Selbst, eine Persönlichkeit, und fängt an zu differenzieren. Es stellt fest, dass es von der Mutter und von der Welt getrennt ist, und mit dieser Erkenntnis setzt die Überlebenstrance ein. Das ist eine kritische Zeit, in der außerdem der dissoziative Beobachter entsteht. Diese innere Instanz wird gebildet, um sich vor Selbstverlust in Beziehung zur Welt zu schützen und davor, dass die biologischen Bedürfnisse des Körpers nicht befriedigt werden.

Es kommt zur Ausbildung von Identitäten, die mit der Welt und anderen Menschen interagieren. Diese Identitäten sind vor allem dazu da, unser tiefes Gefühl des Getrennt-Seins zu verbergen. Der dissoziative Beobachter ist wohl der Hauptgrund für dieses Gefühl des Getrennt-Seins von der Menschheit. Da die Überlebenstrance so stark ist, fühlt sich der dissoziative Beobachter getrennt von der Welt und als etwas ganz Besonderes. Er fühlt sich spiritueller und großartig (d. h. er unterliegt einer durchgehenden Selbstüberschätzung). Gerade weil der Mensch hier nicht mit seinem Körper verbunden ist, verliert er den Kontakt zur Welt. (Zur Trance der Spiritualisierung komme ich später.) Ein Beispiel soll das verdeutlichen. In New York traf ich vor einigen Jahren eine Frau, die sich als weiblichen Guru betrachtete. Sie erzählte mir, dass vor einigen Jahren »ihr Herz in einer Beziehung zerbrochen war« und dass sie nun endgültig keine sexuellen Gefühle mehr habe. Sie sei so »spirituell« geworden, dass sie keinerlei sexuelle Bedürfnisse mehr verspüre. Sexualität aber ist fest in unserem biologischen System verankert.

Vom Standpunkt der Quantenpsychologie aus betrachtet, hatte sie sich einen dissoziativen Beobachter geschaffen, mit dem sie sich gegen den Schmerz verteidigte. Sie hatte ihren gegenwärtigen Körper ebenso verloren wie ihre Sexualität. Diesen Prozess betrachtete sie als spirituell. Außerdem war sie auf der Stufe der kindlichen Grandiosität (Selbstüberschätzung) regrediert, so dass sie anfing, sich als spirituelle Lehrerin zu sehen. Dies ist die Trance des dissoziativen Beobachters, der die Dissoziation, die zum Schutz gegen die schmerzhafte Auflösung der Beziehung gebildet worden war, spiritualisiert. Die Quantenpsychologie hat in Bezug auf den dissoziativen Beobachter verschiedene Prinzipien erarbeitet, die ich Ihnen nicht vorenthalten möchte.

Quantenpsychologische Prinzipien

Je größer die Angst vor Selbstverlust, desto größer ist die Macht des dissoziativen Beobachters.

Je stärker das Trauma oder die unbefriedigten biologischen Bedürfnisse des Kindes, desto größer ist die Tendenz, einen dissoziativen Beobachter zu schaffen.

Je mehr sich die Beobachterfigur vom Rest der Persönlichkeit abspaltet, desto stärker wird der Verlust des Körperbewusstseins. Damit aber geht sowohl die Verbindung zur Menschheit wie die eigene Menschlichkeit verloren.

Je stärker der dissoziative Beobachter, desto größer ist das Gefühl der Selbstüberschätzung (Grandiosität).

Um zu überleben, erschaffen wir einen Beobachter und eine Persönlichkeit mit unterschiedlichen Identitäten und Facetten, z. B. »Ich mag das«, »Ich mag jenes nicht«, »Ich mag dich, aber dich mag ich nicht«. Diese besonderen Beobachter und Identitäten sind Trancezustände mit bestimmten Emotionen, Assoziationen und Erinnerungen. Jede Beobachter-Identität hat viele Trancen, in denen unsere Aufmerksamkeit gefangen ist. Der Beobachter, der das individuelle Selbst beschützen und verteidigen möchte, hält diese Trancen möglichst aufrecht. Dabei müssen wir uns klar machen, dass diese Bewusstseinszustände von selbst verschwinden, wenn Beobachter und Identitäten ihnen nicht ständig Energie zuführen können. Wenn zwei Menschen streiten, ist dies ein Streit zwischen zwei in Trance befindlichen Beobachter-Identitäten. Auf diese Weise wird den Beobachter-Identitäten mehr und mehr Energie zugeführt, weil wir das Gefühl haben, dass unser Überleben von ihnen abhängt. Und genau das ist die Überlebenstrance.

Überlebenstrancen können die unterschiedlichsten Formen annehmen. Ein Beispiel: Wenn Eltern zu uns als Kinder sagten, dass sie Recht und wir Unrecht hätten, dann ist Unrechthaben etwas Schlechtes, wofür wir bestraft werden können. Vielleicht wurden wir verhauen oder auf unser Zimmer geschickt. (Dieser Erfahrung drücken wir das Etikett »demütigend« auf, weshalb wir sie künftig unter allen Umständen zu vermeiden suchen.) Es ist eine Art kleiner Tod, den wir mit dem Unrechthaben verschmelzen. Unsere Überlebensstrategie wird es also, dieser Erfahrung in Zukunft aus dem Weg zu gehen. Diese Erkenntnis gehört mit zum Trance-Prozess. Das Kind friert seine Aufmerksamkeit an diesem Punkt ein und künftig setzt es Unrechthaben mit Strafe und Tod gleich. So wird das Unrechthaben zur traumatischen Erfahrung. Um diesem Trauma entgegenzuwirken, bilden sich eine Beobachterinstanz und eine Identität aus, welche die neuerliche Erfahrung des kleinen Todes verhindern sollen.

Eine andere Form der Überlebenstrance entsteht, wenn das Kind mit einem Elternteil verschmilzt und zu diesem Elternteil wird, d. h. seine Identität übernimmt. So schwören sich beispielsweise viele Menschen, niemals wie Mutter oder Vater zu werden. Und trotzdem hört man sich unter Stress im Umgang mit den Kindern häufig genauso an wie die eigenen Eltern. Da ich so nahe bei Santa Fe in New Mexico lebe, wo das Channeln »erfunden« wurde, sage ich in meinen Workshops des Öfteren spaßeshalber: »Wenn dies Ihre Erfahrung ist, dann channeln Sie Ihre eigenen Eltern.«

Lassen Sie mich das etwas näher ausführen. Eltern denken häufig, dass sie ihr Kind zur Unterwerfung zwingen müssen, wenn sie möchten, dass es auf sie hört. Dann gibt das Kind nach und spielt das Spiel der Eltern mit. »Ich« hatte im Jahr 1975 als Klient eine besonders wirkungsvolle Therapiesitzung bei einer Gestalttherapeutin, die ebenfalls die Elemente von Wilhelm Reichs Körperarbeit nutzte. Die einzelnen Sitzungen dauerten mehrere Stunden und in einer davon erkannte ich, dass ich, um überleben zu können, das Spiel meines Vaters hatte spielen müssen. Diese Einsicht war niederschmetternd. Ich war buchstäblich *am Boden zerstört*.

Mit der Zeit aber gewann ich durch die Integration dieser Erkenntnis eine neue Ebene der Freiheit. Ich knackte eine meiner wichtigsten Identifizierungen, nämlich die mit meinem Vater, die ohne mein Wissen mein ganzes Leben geprägt hatte. Durch eine solche Identifizierung verschmilzt das Kind mit dem Spiel der Eltern und wird wie die Eltern, denn von ihnen verschieden zu sein ist gleichbedeutend mit Bestraft-Werden. Die Bestrafung kann die unterschiedlichsten Formen annehmen: Schläge, Hausarrest, Liebesentzug. So bildet das Kind schließlich seine Überlebenstrance aus.

Die Überlebenstrance kann verschieden ausgeprägt sein:

1. Das Kind wird zum Elternteil und verschmilzt mit diesem, um zu überleben. 2. Das Kind wehrt sich dagegen, wie der Elternteil zu werden, um als Individuum zu überleben. 3. Das Kind tut so, als wäre es wie der Elternteil, während es sich innerlich in Wirklichkeit wehrt. Wie nun wirken sich diese Formen der Trance auf unsere Beziehung zur äußeren Welt aus?

Rassismus und Sexismus

Rassismus und Sexismus sind zweifellos höchst reale Phänomene. Doch auf einer viel tieferen Ebene liegt ihnen etwas zugrunde, was ich »Differentismus« nennen möchte, eine recht tief sitzende Trance. Was verursacht Rassismus? Die Überlebenstrance des Differentismus, die dazu führt, dass der frühere Schock der Trennung von der Mutter noch einmal in Szene gesetzt wird.

Unglücklicherweise schlägt die Angst, die man empfindet, wenn man mit dem Anderen schlechthin konfrontiert ist, meist automatisch in die Verteidigungsstrategie Wut um. Der *Ku-Klux-Klan* beispielsweise gesteht sich die Angst nicht ein, welche die Bevölkerungsgruppe der Afro-Amerikaner bei seinen Mitgliedern auslöst, denn das würde das Eingeständnis der eigenen Verwundbarkeit mit sich bringen. Stattdessen reagieren die Mitglieder des Klans mit deplatzierter, defensiver Wut. Gruppen wie der Klan bestehen durchweg aus Feiglingen. Warum? Nun, sie verstecken sich hinter Betttüchern und wagen sich nur in Gruppen aus ihren Löchern. Malcolm X hat das sinngemäß einmal so formuliert: Sie werden nie ein einzelnes Mitglied des Klans von Angesicht zu Angesicht mit einem Schwarzen kämpfen sehen. Sie müssen immer zu mehreren sein, denn sie fühlen sich verwundbar und vom Chaos umgeben. Sie haben Angst und trauen sich doch nicht, für diese Erfahrung die Verantwortung zu übernehmen. Aus diesem emotionalen Chaos heraus erwächst die Überlebenstrance, mit der sie versuchen, der Erfahrung der Andersartigkeit und Verwundbarkeit aus dem Weg zu gehen, und die ihre Angst in Wut umschlagen lässt.

Es ist wichtig, dass wir uns bewusst machen, wo wir Ebenen vermischen und auf diese Art unsere Übertragungstrancen am Leben halten. So können wir uns den Automatismen in unserem Verhalten stellen und das Bewusstsein in die gegenwärtige Wirklichkeit führen. Außerdem können wir ohne das Wissen um den Übertragungsmechanismus den Vorgang der Spiritualisierung und der Übertragung unserer eigenen Göttlichkeit und Macht auf andere nicht beenden.

Wenn wir also den *Weg des Menschlichen* gehen wollen, müssen wir uns zuerst mit unseren Trancen auseinander setzen, unsere Identitäten eingehend studieren und unser multidimensionales Bewusstsein stabilisieren. Zu diesem Zweck werden wir uns der Entwicklungspsychologie mit ihren möglichen Parametern und spirituellen Trancen zuwenden, damit wir uns deren bewusst werden und sie auflösen können. So finden wir zu unserer eigenen Menschlichkeit zurück.

Die verschiedenen Arten der trancehaften Übertragung

Verschmelzungsübertragung

Die Verschmelzungsübertragung ist der Vorgang, in dem wir mit anderen verschmelzen und eine ihrer Identitäten als unsere annehmen. Dieses für die frühe Kindheit typische Verwischen der Grenzen lässt das Kind glauben, es sei immer noch mit Mami verbunden. Das Kind glaubt, es sei die Mutter. Das ist ein ganz normales Entwicklungsstadium, gleichzeitig aber sieht das Kind die Mutter als allwissend an. Menschen, die auf dieser Entwicklungsstufe stehen geblieben sind, weisen mit dem Älterwerden ganz bestimmte Verhaltensmuster und Trancen auf.

Man könnte von ihnen auch als dem »empathischen Typ« sprechen. Die Verschmelzungsübertragung kann den Eindruck hervorrufen, der Betreffende sei in der Lage, besonders innige Kontakte zu knüpfen oder sogar über paranormale Fähigkeiten (z. B. Gedankenlesen) zu verfügen. Dabei ist der Betreffende in Wirklichkeit in einer massiven Altersregression gefangen, die ihn zum Kind macht, das zunächst die Mutterfigur auf andere Menschen projiziert und dann mit ihnen verschmilzt. Dieses automatische Verschmelzen aber kostet den Empathen das Gefühl für das eigene Selbst und die eigenen Emotionen. Statt seine eigenen Gefühle wahrzunehmen, übernimmt er die der anderen. Entwicklungspsychologisch gesehen ist dies die früheste Form der Übertragung. Die betreffende Person hat die Ebenen vermischt, ist in die Altersregression verfallen und lebt nicht in der Gegenwart, weil er die innere Mutterfigur ständig auf sein Gegenüber überträgt. Das ist der Typus Mensch, der sich immer der Belange anderer annimmt und sich dabei selbst verliert. Menschen, die auf dieser Entwicklungsstufe stecken geblieben sind (weil sie sich und die Mutter als allwissend betrachten), halten sich häufig für medial begabt, höchst intuitiv und glauben daher für die »Laufbahn« des spirituellen Lehrers geeignet zu sein. In Beziehungen sind diese Menschen wunderbar. Sie wissen nämlich immer, was der Partner gerade möchte. Ich erinnere mich noch gut an eine Frau, zu der ich einmal eine kurze Beziehung hatte. Wenn ich sagte: »Ich möchte chinesisch essen gehen«, antwortete sie: »Ja, das möchte ich auch.« Und wenn ich gesagt hätte, dass mir lila Hemden mit rosa Tupfen gefallen, dann hätte sie mir sicher begeistert zugestimmt.

Zwillingsübertragung

Manche Menschen haben das Gefühl, dass wir auf seltsame und vertrackte Weise ihre Zwillingsbrüder bzw. -schwestern seien. In Wirklichkeit ist das eine Übertragung. Der Psychologe Stephen Johnson beschreibt dieses Phänomen und bezieht sich dabei auf den renommierten Selbst-Psychologen Heinz Kohut:

> Kohut (1971) vertritt den Standpunkt, dass die »Zwillings-Übertragung« entwicklungsmäßig etwas weiter fortgeschritten ist als die eben dargestellte Verschmelzungsübertragung. In diesem Fall wird zwar die Getrenntheit anerkannt, aber das Individuum geht davon aus, dass es und sein Objekt [Mutter] eine mehr oder weniger identische Psychologie mit ähnlichen Vorlieben, Abneigungen, Philosophien etc. haben. Die Aufrechterhaltung dieser Illusion ist notwendig für die Aufrechterhaltung bedeutsamer Beziehungen. Die Entdeckung, dass der andre selbst in irgendeiner unwichtigen Hinsicht nicht »genauso ist wie ich«, reicht aus, um die Beziehung zu bedrohen. Die Zwillingsbindung ist in all ihrer Zerbrechlichkeit oft bei Liebesbeziehungen von Halbwüchsigen zu beobachten, bei denen die Bindung zum Teil die Funktion hat, ihr eigenes Selbst zu entdecken. […] Die ge-

> genwärtige populäre Literatur über »Seelenpartner« scheint mir zumindest gelegentlich diese Art von Übertragungsbeziehung fortzuführen, die auf der Suche nach dem vollkommenen Alter Ego basiert. (Johnson, 1988, S. 66 f.)

Diese Zwillingstrance leugnet also die Tatsache des Getrennt-Seins. Aus diesem Grund sieht der Betreffende seinen Partner als Zwilling an und aktiviert eine Spiritualisierungstrance, die den Beziehungspartner zum *Seelenpartner* macht. In der Beziehung kann man das mit den Flitterwochen vergleichen, der Zeit kurz nach dem Kennenlernen, in der zwei Menschen häufig vollkommen miteinander verschmelzen und sich über alles völlig eins sind. Irgendwann aber kommt der Zeitpunkt, wo der Partner ein selbständiger Mensch ist, der von einem selbst getrennt ist. Und an diesem Punkt werden die meisten Menschen wütend – dann sind die Flitterwochen definitiv vorüber.

Spiegelübertragung

Im Idealfall dient die Mutter dem Kind als Spiegel. Sie wirft ihm sein Bild zurück und fördert dadurch sein Wachstum, seine zunehmende Differenziertheit. Gleichzeitig weist sie seine Allmachts- und Allwissenheitsfantasien zurück. Ist die Mutter »gut genug« (ein Ausdruck, der von D. W. Winnicott, dem Begründer der Entwicklungspsychologie, stammt), dann muss sie das Kind von diesen Fantasien befreien. Da das Kind aber mit der Mutter verschmolzen ist und diese als magisch, allwissend und immer in der Lage, seine Bedürfnisse zu stillen, erlebt, muss die Mutter die Gefühle des Kindes sanft bremsen und gleichzeitig dafür sorgen, dass seine Differenzierung, d. h. seine Einzigartigkeit, zum Vorschein kommt. So kann das Kind ein eigenes Selbst entwickeln, das sich von der magischen, allwissenden und allmächtigen Mutter unterscheidet: ein Selbst mit einem realistischen Bild dessen, was das Kind auf persönlicher Ebene ist oder nicht ist. Mir haben beispielsweise viele Frauen, mit denen ich gearbeitet habe, erzählt, dass ihre Ehemänner erwarten, dass sie diesen immer alles geben, was sie sich wünschen – ob diese den Wunsch nun explizit geäußert haben oder nicht. Diese Herren stecken in einer Altersregression fest, welche das Bild der Mutter auf die Partnerin überträgt.

In der Quantenpsychologie muss eine Mutter, um »gut genug« zu sein, andere Anforderungen erfüllen. Hier muss sie auch die essentielle Natur und deren Qualitäten widerspiegeln, nicht nur die Aspekte der Persönlichkeit. Zu diesem Zweck muss die Mutter natürlich ihre eigene Essenz kennen und akzeptieren. So kann sie die Essenz und das Sein ihres Kindes anerkennen und zwischen der essentiellen Natur und den angenommenen Identitäten unterscheiden, obwohl beides letztlich nur Ausfluss der Einen Substanz ist. Statt dem Kind bei einem Fehlverhalten zu sagen, dass es böse sei, und damit Essenz und Persönlichkeit zu vermischen, kann sie dem Kind – direkt oder indirekt – klar machen, dass sein Verhalten nicht in Ordnung ist, seine Essenz und sein wahres Wesen davon aber unberührt und daher vollkommen bleiben. Außerdem muss die »gut genug« seiende Mutter in der Lage sein, die Fallen der Identitätsbildung zu umgehen, um die Persönlichkeit (Identitäten) zu schwächen und im Gegenzug das Bewusstsein für die Essenz zu stärken.

Unglücklicherweise ist das nur selten der Fall. Natürlich ist eine Mutter, die nach quantenpsychologischen Grundsätzen »gut genug« ist, auch ziemlich selten. Im Prinzip aber geht es einfach darum, dass Sie und das Kind die Essenz und/oder die zugrunde liegende Einheit erfahren, so dass das Wissen darum nie mehr verloren geht. Gleichzeitig unterstützen Sie das Kind bei seiner Entwicklung der anderen Dimensionen, d. h. des Denkens, Fühlens, Körper-Seins und In-der-Welt-Seins.

Die Spiegelübertragungstrance wird spiritualisiert (wie wir

später noch sehen werden) und auf Lehrer bzw. Gurus übertragen. Spirituell Suchende bezeichnen ihren Lehrer häufig als »vollkommenen« Spiegel. Mit der gleichen Trance ruft der regredierte Erwachsene unbewusst seine verinnerlichte Mutter auf. Die meisten Lehrer verstärken aber diese frühen vorsprachlichen Entwicklungsstrukturen noch. Einige Lehrer, die ich kennen gelernt habe, fördern die Regression bei ihren Schülern und erlauben diesen, sie als magischen, allwissenden Guru, als Abbild der Mutter zu sehen. Damit aber werden diese Verhaltensmuster verstärkt statt beendet.

Wenn die kindliche Selbstüberschätzung nicht behutsam abgebaut wird, entwickelt das Kind ein falsches Selbst, das vom Glauben an die eigene Allmacht geprägt ist. Es glaubt, es könne alles tun, schaffen und haben, was es nur will. Es denkt, die subjektive Erfahrung anderer kontrollieren zu können oder gar erzeugen zu können. Unglücklicherweise sieht dieser Mensch, wenn er dann erwachsen wird, sich selbst nicht mehr klar. Er glaubt, er sei besonders oder auserwählt, mit magischen Fähigkeiten begabt. Diese Gefühle aber negieren unsere menschliche Begrenztheit. Der Betreffende wird von der Gemeinschaft der Menschen ausgeschlossen. Er findet keinen Kontakt zu anderen und zur allem zugrunde liegenden Einheit des Quantenbewusstseins. Gefühle der Besonderheit sind Warnsignale, die uns zeigen, dass hier unsere Identitäten am Werk sind. Weshalb?

Um uns in der Erfahrung der Essenz, des Mitgefühls, zu verankern, müssen wir das Gefühl, etwas Besonderes zu sein, aufgeben. Wir sind Teil einer Familie. »Magische« Begabungen oder jede andere Art von Besonderheit entwickeln sich nur, weil das Kind die Mutter als magisch sieht und mit dieser Fantasie verschmolzen bleibt, so dass es am Ende selbst glaubt, »magisch« zu sein. Viele Kursleiter, Lehrer und Gurus *ködern* ihre Teilnehmer regelrecht mit dem Versprechen, dass sie alles haben können. Diese Köder sprechen die unverarbeiteten kindlichen Anteile im Erwachsenen an, der sich immer noch selbst überschätzt, weil er mit der magischen Mutterfigur zur Einheit verschmolzen ist. Warum das so ist? Weil man nur dann alles haben kann, wenn man über genügend Talent, Training, Fähigkeiten, den nötigen Hintergrund und das entsprechende Quäntchen Glück verfügt. Der Glaube an die eigene Allmacht lässt persönliche und gesellschaftliche (kontextbezogene) Grenzen außer Acht. Und woran erkennt man, dass man hier einer Identität aufsitzt? Ganz einfach: wenn Sie sich als etwas Besonderes und von anderen zutiefst verschieden auffassen. Stephen Johnson schreibt zu diesem Thema, indem er sich erneut auf Kohut bezieht:

> Kohuts (1971) am weitesten entwickelte Form der narzisstischen Übertragung ist die »Spiegelübertragung«. Bei dieser Beziehungsform wird der andere primär zu dem Zweck benutzt, das falsche Selbst anzuerkennen oder weiter aufzublähen. Hier bildet das Bedürfnis nach Aufmerksamkeit, Wertschätzung, Respekt und Zuwendung den Brennpunkt der Beziehung. Diese Form der Übertragung ist insofern reifer, als sie sich stärker auf die Entwicklung des eigenständigen Selbst richtet. Bei dieser Übertragung ist das falsche Selbst etwas weiter entwickelt und andere werden narzisstisch besetzt, damit sie es stützen helfen. Die Tragik liegt natürlich darin, dass andere benutzt werden, das falsche Selbst zu erhöhen. [...] Das innere Erleben dieses Bedürfnisses nach Spiegelung beschränkt sich auf ein mehr oder weniger ständiges Verlangen, dass andere von dem unsicheren Selbst, das man der Welt präsentiert, Notiz nehmen, es bestätigen und aufbauen helfen. Narzissten dieser Entwicklungsstufe sind oft zur Einsicht in ihren narzisstischen Charakter fähig, auch wenn sie diese abwertende und unglückliche Etikettierung vielleicht nicht kennen. (Johnson, 1988, S. 67)

Die Spiegelübertragungstrance kommt gar nicht so selten vor. Ich konnte sie häufig bei Menschen beobachten, deren gesamter äußerer Kontext so aufgebaut war, dass er ihr falsches Selbst unterstützte.

Hier haben wir zum einen die Guru-Trance und zum anderen den Falschen Kern des »Ich bin nichts wert«. An dieser Stelle möchte ich nur kurz erwähnen, dass Gurus es häufig zulassen, dass ihre Persönlichkeit mehr verehrt wird als ihr wahres Selbst (Die Eine Substanz). Sie ermuntern ihre Schüler dazu, die Persönlichkeit des Gurus nachzuahmen, statt diese kindlichen Bemühungen, der Wahrheit durch Mimikry näher zu kommen, zu demaskieren. Dieses Verhalten zeigt ein Kind, welches das Verhalten der Eltern nachzuahmen versucht. Darin zeigt sich, dass die Schüler nicht bereit sind, sich von ihrer Altersregression zu verabschieden, und die Lehren ihres Meisters hinsichtlich des Selbst als Ausdruck der Einen Substanz grundlegend missverstanden haben. Gleichzeitig wird klar, dass der Guru seine narzisstische Haltung, die ihn in den Mittelpunkt des Interesses stellt, nicht aufgeben will.

Ich traf einmal eine sehr bekannte Körpertherapeutin, die in allem die Persönlichkeit ihres Lehrers nachahmte. Jeder sagte, dass sie als Mensch schrecklich sei, aber sie sei eben eine großartige Lehrerin – wie ihr eigener Lehrer. Das Problem bestand darin, dass sie in ihrer Körperarbeit zwar brillant war, diese aber nie in ihr Leben integriert hatte. Sie hatte vielmehr eine Identität angenommen, in der sie ihren Lehrer kopierte. Diese Identität war eine kompensierte Altersregression. Ihr außerberufliches Leben hingegen lebte sie als regrediertes Kind, für das sie keine kompensatorische Struktur fand.

Ein klassisches Beispiel für die Spiegelübertragung sind die Ehefrauen, die ständig vom finanziellen Erfolg ihrer Ehemänner berichten, auch wenn diese gar kein Geld haben oder gar hoch verschuldet sind. Einen Schritt weiter gehen Frauen, die nicht nur sich selbst und anderen ständig vom Erfolg ihres Mannes berichten, sondern die sich selbst überarbeiten, um ihn finanziell zu unterstützen. Stephen Johnson stellt diesen Fall so dar:

> Zur Abwehr dieses Zustands nimmt die narzisstische Persönlichkeit äußerste Mühen auf sich, um spiegelnde Objekte zu finden oder diejenigen, die sie hat, zu der gewünschten Reaktion zu nötigen.
>
> Die Idealisierung anderer, die Narzissten zeigen, kann man sich gut entsprechend der Entwicklungsskala vorstellen – Verschmelzung, Zwillingsform und Spiegelung. Bei der Verschmelzungsübertragung sucht das Individuum im anderen das vollkommene Objekt, mit dem es verschmelzen könnte, und missdeutet ihn dann als solches. Im alltäglichen Leben wird diese Vollkommenheit am häufigsten beim potentiellen Partner vermutet – potentiell, weil es nahezu unmöglich ist, die Idealisierung bei näherem Kontakt aufrechtzuerhalten. [...] Der oder die Betreffende sucht immer noch nach der Symbiose, die entweder unzureichend war oder vorzeitig verloren ging. (Johnson, 1988, S. 68)

Dies ist eine Phase der Guru-Schüler-Trance, die auf die Spiritualisierung der Mutter zurückgeht. Johnson schreibt weiter:

> Das vollkommene Zwillingsverhältnis ist die Idealisierung der Alter-Ego-Übertragung, die bei vielen Liebesbeziehungen von Halbwüchsigen vorliegt. Das vollkommene Rollenvorbild ist die Idealisierung der spiegelnden Übertragung. Bei dieser späteren Entwicklungshemmung braucht das Individuum jemanden, zu dem es aufschauen, an den es glauben und den es nachahmen kann. (Johnson, 1988, S. 68)

Auf der Suche nach einem Vorbild

Mein ganzes Leben lang bin ich immer wieder Freunden und Schülern begegnet, die auf der Suche nach einem Rollenmodell waren. Einfach ausgedrückt: Sie haben die Ebenen vermischt, sind in einer Altersregression gefangen und suchen nun ein Vorbild für ihr Verhalten. So sagte z. B. ein früherer Schüler von mir kürzlich: »Du bist mein Vorbild, so wie du will ich therapeutisch arbeiten.« Und ein anderer Schüler, der mir bei einem Quantenprozess (einem Therapievorgang nach quantenpsychologischen Grundsätzen) zusah, meinte, dass ich den Zustand »beispielhaft« herbeigeführt hätte.

Beiden antwortete ich: »Ich bin kein Vorbild als Therapeut und ich führe auch nicht beispielhaft Bewusstseinszustände herbei. Ich mache Therapie einfach so, wie ich sie mir vorstelle. Und was ich tue, hat nichts mit Modellen zu tun. Ich bin einfach, wer ich bin und wo ich bin – und das genau in diesem Moment.« Aber Menschen in einer Regression suchen immer nach Modellen, Beispielen oder Vorbildern, an denen sie sich orientieren können. Sie glauben, wenn sie das Vorbild perfekt nachahmen, werden sie die gleichen oder zumindest ähnliche Resultate erzielen. Damit verstellen sie sich den Blick auf das, was sie sind, und erlauben der Therapie nicht, dort anzusetzen, wo sie tatsächlich stehen.

Therapeuten lassen häufig durchblicken, dass sie ein Vorbild sind oder zumindest sein sollten. Der Wunsch, so zu sein wie jemand anders, nach einem Vorbild zu leben oder eines zu sein, ist ein Rückfall in die frühe Kindheit. Wer kann denn Verhaltensweisen gut imitieren? Wer ahmt Worte und Haltungen nach, um eine Beziehung herzustellen? Und wer verschmilzt mit anderen Menschen? Kinder tun das ständig mit ihren Eltern. Vor diesem Hintergrund müssen wir begreifen, dass Therapien und spirituelle Traditionen ihre Anhänger häufig ermutigen, dieser Art von Übertragung zu erliegen und sich eine neue, blanke, strahlend saubere Identität zu schaffen. Der Schüler lässt sich nur allzu gern darauf ein, weil dadurch seine Regression verstärkt wird bzw. sein falscher Glaube an die eigene Allmacht noch unterstützt wird. In Indien war es gang und gäbe, dass die Schüler eines Gurus wie dieser sprachen, gingen, aussahen und sich derselben Macken befleißigten. Diese spiritualisierte Altersregression wird dann für spirituellen Fortschritt gehalten.

Ich lerne des Öfteren Therapeuten kennen, die aussehen wie ihr falsches Selbst, sich so anhören und genauso handeln bzw. denken. Sie leben die *Identität einer bedingungslos positiven Weltsicht* aus. Sie haben das falsche Selbst ihrer Therapeutenidentität so sehr verinnerlicht, dass sie es wie einen Mantel über ihr neurotisches Selbst gestülpt haben. Anders gesagt: Statt ihre selbstbetrügerischen Neigungen auseinander zu nehmen und abzubauen, bauen sie sich ein Bild auf, das sie als guten Therapeuten zeigt. Ein mir bekannter Erickson-Trainer schreibt in einer seiner Broschüren: »Wir werden uns auch Zeit für die Entwicklung eines professionellen Image nehmen.« Viele Therapeuten und Therapien legen mehr Wert auf das Image als auf das Mensch-Sein. In letzter Zeit sind mir viele verschiedene Therapieansätze begegnet, die sich vor allem auf Strategien im Hinblick auf Beziehungen (etwa zur Mutter) konzentrieren. Besser wäre es, sich zu fragen, wie man die kindhafte Identität auflösen kann, die ein Problem mit Mami hat, weil sie ihre Mutter nicht mit den Augen des erwachsenen Menschen sieht, sondern immer noch mit denen des Kindes.

Dies sind die Fallstricke der Regressionsübertragung, bei der man nach einem Vorbild sucht. Stephen Johnson drückt das so aus:

> Obwohl von der transformativen Psychologiebewegung, wie ich glaube, viele wertvolle Ideen und Strategien ausgegangen sind, neigt sie meines Erachtens besonders stark zu dieser

> Form von Irrtum. Ihre Ideologie und ihre Behauptungen sofortiger Erfolge sind oft durch Grandiosität gekennzeichnet und ihre Vertreter scheinen manchmal auffallende Vorbilder für »Übertragungskuren« zu sein, die auf einer nicht integrierten Identifizierung mit einem idealisierten charismatischen Führer beruhen. Wir haben es hier mit einer Kollusion der narzisstischen Idealisierungsübertragung des Klienten mit dem narzisstischen Bedürfnis nach spiegelnder Übertragung beim Führer und Therapeuten zu tun. Da beide dadurch in ihrem falschen, grandiosen kompensatorischen Selbst bestätigt werden, gibt es nirgendwo einen Anstoß zur Auflösung dieser Übertragung. (Johnson, 1988, S. 97)

Leider werden wir in unserer Gesellschaft den charismatischen Workshop-Leitern, Lehrern und Gurus immer weiter auf den Leim gehen, wenn wir nicht lernen, worauf unsere Tranceübertragung abzielt, wie wir daraus erwachen und uns mit unseren eigenen Talenten, Fähigkeiten und Begrenzungen auseinander setzen können. Aber um Mensch zu sein, müssen wir erst einmal wissen, wo unser Bewusstsein feststeckt. Erst dann können wir Freiheit erlangen und voller Mitgefühl die Bürde unserer Brüder und Schwestern erkennen.

Oder mit den Worten eines Sanskrit-Verses gesagt: »Der Mensch muss erst erkennen, dass er gefangen ist, damit er frei werden kann. Dann und nur dann kann er Mitleid für andere empfinden und ihnen helfen, sich selbst zu befreien.«

Zweiter Teil

Die Trance der Gegenübertragung

Sei auf der Hut,
pass auf, nimm dich in Acht vor den gierigen Führern,
die dich auf ihren Wegen ins Nirgendwo führen,
während die unbewusst Leidenden
ziellos umherirren.
Sei auf der Hut vor Maya, dem Reich der Illusion.

George Harrison, *Beware of Darkness*

Gegenübertragung ist eine ganz alltägliche Erfahrung. Bei der Übertragung wird der Erwachsene zum Kind und projiziert die verinnerlichte Bezugsperson (Mutter, Vater oder jemand anderen) auf den Interaktionspartner. In der Übertragung identifiziert man sich mit dem Kind-Ich. In der Gegenübertragung hingegen identifiziert man sich vor allem mit der erwachsenen Bezugsperson. Dies lässt sich am besten an Beziehungen erläutern. Sicher ist Ihnen schon aufgefallen, dass sich in bestimmten Beziehungen der eine Partner wie ein Kind, der andere wie ein Elternteil benimmt. Dabei unterliegt derjenige, der wie ein Kind handelt, einer Altersregression und einem Übertragungsvorgang. Derjenige aber, der handelt wie der erwachsene Gegenpart, unterliegt einer Altersregression, die sich in einer Gegenübertragung zeigt. Unbewusst sieht er seinen Partner als Kind durch die Augen des Elternteils oder er sieht den Partner so, wie seine Eltern *ihn* als Kind sahen. Dieses Wahrnehmungsmuster wird dann auf den Partner projiziert.

Für die Quantenpsychologie handelt es sich um eine Gegenübertragung, wenn der oder die Betroffene eine bestimmte Bezugsperson (Mutter, Vater) ebenso verinnerlicht hat wie das Erleben des Kindes in der damaligen Situation. Dann projiziert der oder die Betroffene das Kind auf jemand anderen und verhält sich selbst wie die Bezugsperson. Therapeuten oder Lehrer können sowohl einer Übertragung (wenn sie ihren Patienten die Vater- bzw. Mutterrolle übernehmen lassen) wie einer Gegenübertragung unterliegen. Im letzteren Fall machen sie den Patienten zum Kind und übernehmen die Elternrolle selbst. Sehr häufig geschieht dies in Formen der Psychotherapie, die dem Therapeuten einreden wollen, er müsse für seinen Patienten die Rolle der »gut genug« seienden Mutter bzw. des entsprechenden Vaters übernehmen, sie durch ihre Entwicklungsphasen begleiten und ihnen zu einer »korrigierenden Erfahrung« verhelfen, d. h. ihre tatsächlichen Erfahrungen durch andere ersetzen. Ich habe dies auch schon erlebt, wenn Familientherapeuten an dem Punkt, wo das Patientenpaar auf die Scheidung zusteuert, plötzlich regredieren und die Rolle eines Kindes annehmen, das versucht, die Ehe der Eltern zu retten. Oder sie wählen die umgekehrte Form, also die Elternrolle, und suggerieren den Betroffenen, sie wüssten, was zu tun sei. Dieses Vorgehen verstärkt allerdings die Abhängigkeit, Regression und die Übertragungsprobleme der Patienten und Therapeuten gleichermaßen.

Stellen Sie sich vor, Sie haben eine Beziehung und Ihr Partner hat ein Problem. Sie aber behandeln ihn so, wie Ihre Eltern Sie behandelt haben. Oder wie Sie gewünscht haben mögen, dass man Sie behandeln soll. Von diesem Moment an haben Sie die Ebene der Gegenwart verlassen. Ihr Partner ist für Sie zum Kind geworden und Sie selbst handeln so, wie Ihre Eltern es in dieser Situation mit Ihnen getan hätten, als Sie noch klein waren. Genau das ist die Trance der Gegenübertragung. Diese Definition weicht allerdings von der üblicherweise gegebenen ab:

> Gegenübertragung ist in hohem Maße eine Gegenreaktion auf die Übertragung von Seiten des Patienten.
>
> (Marshall u. Marshall, 1988, S. 59)

Die Quantenpsychologie wendet sich entschieden gegen diese Begriffsbestimmung, die besagt, dass der Patient oder Schüler für die Gegenübertragung des Lehrers bzw. Therapeuten verantwortlich ist, während es durchaus umgekehrt sein könnte. Viele Patienten und Freunde haben mir erzählt, dass ihr Therapeut oder Lehrer anfing, sie auszuschimpfen, herunterzuputzen und niederzumachen, nur weil sie den Wunsch äußerten, von ihrer Freiheit Gebrauch zu machen und den Therapeuten zu wechseln (Trennung!). Genau das machen Eltern, wenn ihre Teenie-Kinder das Haus verlassen und unabhängig werden wollen. In der Ich-Psychologie glaubt man, dass Übertragung ein legitimes Mittel sei, den Patienten zu einem gesunden Erwachsenen zu machen, indem man ihm die korrigierende Erfahrung zur Verfügung stellt.

Die Quantenpsychologie hingegen stellt fest: Jeder Therapeut oder Lehrer, der glaubt, er könne der »gut genug« seiende Elternteil des Patienten sein und seine Entwicklung in eine bestimmte Richtung lenken, indem er ihm eine korrigierende Erfahrung vermittelt, hat selbst Probleme mit dem Thema Gegenübertragung. Weshalb? Aus zwei Gründen: Erstens spielt der Therapeut oder Lehrer den »gut genug« seienden Elternteil gegen Bezahlung. Zweitens lässt sich Geschehenes nicht mehr ungeschehen machen. Die Vorstellung, ein Therapeut aus dem Jahr 1995 könne in irgendeiner Form korrigieren, was 1955 versäumt wurde, offenbart ein Gutteil magisches Denken von Seiten des Therapeuten, das darüber hinaus noch vom Glauben an die eigene Allmacht durchdrungen ist. Der bekannte Familientherapeut Carl Whitaker hielt einmal für mehr als 300 Therapeuten einen Workshop ab, bei dem er sein Publikum mit folgenden Worten schockierte: »Sie alle sind nichts weiter als Prostituierte.« Auf die wütenden Fragen der Zuhörer nach dem Grund antwortete er: »Nun, Sie stellen anderen Menschen bedingungslose Liebe und Unterstützung zur Verfügung – und Sie lassen sich dafür bezahlen. Wenn Ihre Patienten die Rechnung nicht begleichen, ist es schnell aus mit der Liebe. Dann können die sich doch zum Teufel scheren, oder nicht?«

Die klassischen Definitionen für die Trance der Gegenübertragung schieben gewöhnlich dem Patienten die Schuld in die Schuhe. In anderen Worten: Man behauptet indirekt, dass der Therapeut nur auf die Übertragung des Schülers oder Patienten reagierte. Damit schließt man aber die Möglichkeit, der Therapeut selbst könnte in einer Gegenübertragungstrance gefangen sein, von vornherein aus. Doch es ist eben genauso gut möglich, dass die Trance vom Therapeuten ausgeht, der den Patienten in sein Spiel verwickelt, ohne ihm Raum zu lassen.

Einige Lehrer, mit denen ich gearbeitet habe, befinden sich in einer fortwährenden Übertragungs-Gegenübertragungs-Trance und finden aus ihrer Lehrer-Identität gar nicht heraus. Das würde ich als charakterliche oder integrierte Übertragungstrance bezeichnen. Charakterlich wird eine Trance dann, wenn Therapeuten oder Lehrer ein System aufbauen, das ihnen erlaubt, ihre ganze Persönlichkeit auf den Gegenübertragungsvorgang aufzubauen. Sie sind Mami oder Papi, die bedingungslos Liebe für den Sprössling verströmen. »Charakterlich« bedeutet in diesem Zusammenhang auch, sich dieses Vorgangs nicht oder nur wenig bewusst zu sein. Nehmen wir beispielsweise zwei Menschen auf dem Macht-Trip (d. h. zwei Menschen, die sich gegenseitig zu manipulieren versuchen). Der erste ist sich dieser Tatsache bewusst, hat ein schlechtes Gewissen, kann aber nicht damit aufhören. Der zweite ist sich des Spiels nicht bewusst und hat daher kein schlechtes Gewissen. Das Verhalten der ersten Person fällt nicht in die Kategorie »charakterlich«, weil sie sich unwohl fühlt und bewusst so handelt. Die Trance der zweiten Person hingegen kann durchaus als charakterlich eingestuft werden, weil sie nicht nur keinerlei Skrupel hat, sondern sich des gesamten Prozesses nicht einmal ansatzweise bewusst ist. Eine Störung auf der charakterlichen Ebene ist durch diese beiden Merkmale gekennzeichnet: mangelnde Bewusstheit und fehlendes Unrechtsbewusstsein.

Übertragungs-Gegenübertragungs-Beziehungen

Ich möchte an dieser Stelle den Rahmen der Übertragungsmodelle erweitern, denn schließlich taugen sie nicht nur zur Beschreibung der Beziehung zwischen Therapeut und Patient, sondern auch zur Darstellung aller möglichen Beziehungen.

Rufen wir uns also noch einmal die quantenpsychologische Definition von Übertragung bzw. Gegenübertragung ins Gedächtnis: ein Zustand von unbewusst ablaufender Altersregression im Individuum. Diese Regression veranlasst den Betroffenen, sein gegenwärtiges Selbst zu verlassen und eine Selbstfigur aus der Vergangenheit anzunehmen. Dabei reagiert er auf eine Bezugsperson aus der Vergangenheit und nicht auf den Interaktionspartner der Gegenwart. Das frühere Selbst projiziert all seine Assoziationen, Emotionen und Erinnerungen auf den gegenwärtigen Bezugspartner. Ein bewusstes Erleben der Gegenwart ist ab diesem Augenblick nicht mehr möglich.

Die meisten Menschen verhalten sich in der Gegenwart gewöhnlich wie Erwachsene, in einzelnen Situationen aber unterliegen sie der Regression. Ich kenne allerdings auch Menschen, die ihr regrediertes Selbst voll in ihr Leben integriert haben. Diese verhalten sich niemals wie Erwachsene, sondern sehen die Welt in jedem Moment durch die Augen des Kindes. So kam beispielsweise eine Frau zu mir in die Therapie, die von ihrem Mann bzw. dem Kosmos erwartete, dass beide sich um sie »kümmern« sollten. Diese Einstellung überschattete ihr ganzes Leben, so dass sie sich weigerte zu arbeiten, obwohl das Paar nur sehr wenig Geld hatte. Dies war ein klassisches Beispiel für eine Übertragung der Elternrolle auf den Ehemann und die Welt im Allgemeinen. Für ein Kind ist es ganz in Ordnung, wenn es erwartet, dass seine Eltern es versorgen. Wenn wir aber im Glanz der New-Age-Philosophien an das »Universum« (Mami bzw. Papi) die Erwartung richten, es werde schon für alles sorgen, so unterliegen wir einer simplen Regression. In Indien sagten wir immer: »Es stimmt, dass das Universum uns versorgt, aber es tut das vielleicht nicht gerade so, wie wir uns das vorstellen oder wie wir es gerne hätten.«

Warum werden einige Menschen zum Kind, während andere zum allwissenden Erwachsenen regredieren? In dem einen Fall erinnern wir uns an das Bild vom Kind in Beziehung zu einem Elternteil, verschmelzen mit dem Kind und übertragen die Elternrolle auf jemand anderen. Das ist eine Übertragungstrance. Im anderen Fall aber erinnern wir uns an das Kind in Beziehung zu einem Elternteil, verschmelzen mit dem Elternteil und übertragen die Kinderrolle auf den gegenwärtigen Interaktionspartner. Das ist eine Gegenübertragungstrance.

Beides hat ganz unterschiedliche Einflüsse auf uns. Wenn wir mit dem Kind verschmelzen, wird diese Figur mit »allwissenden« Lehrern, Therapeuten, Politikern oder religiösen Führern Verschmelzung suchen. Das Elternbild wird also auf eine Autoritätsperson übertragen. Anders gesagt: Das Kind sieht die Mutter als allwissende, magische Figur, die all seine Wünsche erfüllt. Dieses Bild überträgt der Erwachsene auf den Guru, Lehrer oder auf das spirituelle System. Diese werden von nun an als allmächtig, magisch und allwissend betrachtet.

Ein Beispiel: In Indien nennt man den Himmel *Vaikuntha*. Er gilt als Ort, an dem sich jeder Wunsch wie durch Zauber sofort erfüllt. In diesem Szenario richtet sich die magische Übertragung also auf das Jenseits. Wir werden später noch darauf zurückkommen, wie ein Kind, dessen biologische Bedürfnisse nicht erfüllt werden, ein Jenseits schafft, eine spiritualisierte Trance, die ihm als Metapher für die Mutter bzw. den Vater dient.

Quantenpsychologisches Prinzip

Wenn man sich subjektiv als Lehrer sieht und erfährt, ist man wahrscheinlich in einer Übertragungs- bzw. Gegenübertragungstrance gefangen, in der man die Mutter-/Vater-Rolle annimmt und die Schüler bzw. Patienten zu Kindern macht.

Das hat nichts damit zu tun, dass viele Menschen etwas durchaus Wertvolles zu geben und zu lehren haben. Es ist jedoch ein Unterschied, ob man das Gefühl hat, jemandes *LEHRER* zu sein, oder ob man Material anbietet bzw. vermittelt, das man selbst erarbeitet hat. Ich kann mich noch gut an die Zeit erinnern, als ich in Hypnose nach Erickson ausgebildet wurde. Es gab am Institut einen Trainer, der sich als mein LEHRER sah. Ich versuchte, ihm klar zu machen, dass er nicht mein LEHRER war, sondern mir ganz einfach Hypnosetechniken beibrachte. Er verstand den Unterschied nicht. Man könnte es wohl so zusammenfassen: Wenn ich Ihnen beibringe, Gitarre zu spielen, dann bin ich Ihr Gitarrenlehrer. Wenn ich mich aber als MEISTER oder LEHRER sehe, dann stehe ich in einer Übertragungs-/Gegenübertragungs-Beziehung zu Ihnen. Dummerweise verschmilzt ein Lehrer nur allzu häufig mit der LEHRER-Identität – zum Unglück für alle Beteiligten.

In der Quantenpsychologie erfährt sich der wahre Lehrer subjektiv nicht als solcher – schon gar nicht in Großbuchstaben. Das Lehren ergibt sich einfach. Vom Standpunkt der Quantenpsychologie aus ist das Beste, was ein wirklicher Lehrer tun kann, Ihnen die Mittel und Werkzeuge an die Hand zu geben, mit denen Sie arbeiten können. Damit lässt er Sie gleichzeitig Ihre Fähigkeiten erfahren. Wenn andererseits ein Therapeut, Lehrer oder Guru glaubt, die gültige Antwort auf all Ihre Fragen zu haben, wenn er Ihnen vorgaukelt, Sie müssten nur sein wie er, dann würden alle Probleme sich von selbst lösen, verlieren Sie das Bewusstsein für Ihre eigene Kraft und werden gefangen in einer Gegenübertragungstrance.

Wahre Spiritualität ist die Erkenntnis, dass alles Teil der Einen Substanz ist. Dabei kann die Entwicklungspsychologie möglicherweise als Brille dienen, die uns zeigt, wo unsere Aufmerksamkeit unbewusst gebunden ist – diese Fixierung verhindert, dass sich das Gewahrsein der Einen Substanz einstellt.

Stephen Wolinsky

Die Trance der Spiritualisierung – der neueste Stand

Wir haben im vorhergehenden Abschnitt besprochen, wie Übertragung und Gegenübertragung uns immer wieder aus dem Erleben der Gegenwart und damit aus dem Bewusstsein unserer Menschlichkeit herausholen. Im nächsten Abschnitt möchte ich mich der hartnäckigsten aller Trancen zuwenden, die so tückisch ist, weil sie in den meisten Fällen gar nicht erkannt wird: die Trance der Spiritualisierung.

Jenseits der Idealisierung

Die meisten Ich-Psychologen erkennen die Modelle der Verschmelzungsübertragung, der Zwillingsübertragung, der spiegelbildlichen Übertragung und der Idealisierungstrance an. Letztere tritt – wie wir alle wissen – immer dann ein, wenn wir aus Menschen Idealbilder machen, Übermenschen, in deren Schutz wir als Kinder uns noch sicherer, noch geschützter und noch weniger bedroht fühlten. Dies zeigt sich vor allem in Kindersprüchen wie »Mein Vater ist stärker als dein Vater« oder »Meine Mutter ist viel besser als deine Mutter«. Die nächste Stufe dieser Idealisierung wird von der Ich-Psychologie zwar angedeutet, meist aber nicht weiter analysiert. Die Quantenpsychologie nennt sie »Spiritualisierung«.

Spiritualisierung

Die tief greifendste Form der Übertragungstrance ist die Spiritualisierung. Diese tritt immer dann auf, wenn die Idealisierungstendenzen einer Person sich verfestigen und die nächste Stufe erreichen.[1] Bei der Spiritualisierung löst sich die Idealisie-

[1] Die Spiritualisierung ist Thema von Kapitel 14 in meinem Buch *Die dunkle Seite des inneren Kindes*.

rung nicht auf. Anders gesagt: Das Stadium, in dem Mami und Papi wieder als normale Menschen gesehen werden, tritt nicht ein. Die Träger der Idealisierungstrance werden weiter idealisiert, bis sie in unserem Weltbild zu Göttern, Heiligen und großen Lehrern werden. Das führt zu einem Phänomen, welches die Quantenpsychologie die »Gott-« oder »Guru-Trance« genannt hat.

Anfang der 70er-Jahre und kürzlich erst in Norwegen traf ich Bekannte, die ihren Guru auf diese Weise idealisierten. Sie erzählten mir andauernd, wie toll er sei und dass er doch sicher viel mächtiger als meiner sei. Um ihnen diese Trance deutlich vor Augen zu führen, antwortete ich: »Mein Guru kann aber deinen verhauen.« Nach der Idealisierungstrance folgt die der Spiritualisierung.

De-Hypnose und Gegenübertragung

In meinem Buch *Die alltägliche Trance* geht es nicht um den Prozess der Hypnose, sondern um De-Hypnose. Anders als die Ich-Psychologie versucht die Quantenpsychologie nicht, eine »positive Übertragungsbeziehung« zum Patienten zu schaffen. Die Quantenpsychologie geht davon aus, dass die Vorstellung, zu einem erfolgreichen Therapievorgang gehöre auch eine Übertragung, ausschließlich auf die Gegenübertragungsmechanismen der Therapeuten zurückzuführen ist. Ich möchte das hier noch einmal ganz deutlich unterstreichen, denn dieser quantenpsychologische Ansatz ist nicht nur umstritten – von einem klassisch-psychologischen Standpunkt gesehen ist er sogar blasphemisch.

Viele Therapeuten sind der Ansicht, dass die Übertragungstrance sinnvoll ist und dass sie den Patienten durch seine Entwicklungsstadien geleiten können, wenn sie versuchen, für ihn der »gut genug« seiende Elternteil zu sein. Daher machen sie die Übertragung zu einem Teil des Heilungsprozesses. Die Quantenpsychologie hält das für schlichtes *Psychologisieren*, das nur einem Tatbestand wirklich förderlich ist – der Gegenübertragung von Seiten des Therapeuten.

> *Quantenpsychologisches Prinzip*
> Übertragungsvorgänge zuzulassen, zu fördern und zu unterstützen führt nur zu mehr Abhängigkeit und mehr Übertragung.

Der Quantenansatz bei der Übertragungstrance

Die Übertragungstrance zerschlagen

Ich möchte Ihnen hier von der tief greifendsten therapeutischen Erfahrung erzählen, die ich als Schüler eines Lehrers je erlebt habe. 1979 besuchte ich meinen Lehrer Nisargadatta Maharaj in Indien. Bis zu diesem Zeitpunkt hatte ich bereits etwa zwei Jahre in Indien verbracht. Trotzdem war mir nicht bewusst, dass meine Lehrer-Schüler-Beziehungen von Übertragungstrancen überschattet waren, denn fast jeder Guru oder Lehrer, den ich in dieser Zeit aufgesucht hatte, hatte seinerseits Probleme mit der Gegenübertragungstrance, auf die er immer wieder einstieg und aus der er dementsprechend Kapital zu schlagen wusste.

Im Januar 1979 kam ich dann zu Nisargadatta Maharaj, der mich als Erstes fragte: »Bist du bereit, acht Tage hier zu bleiben und die Lehren in dich aufzunehmen?« Ich hielt mich für einen guten Schüler, und da mir nicht klar war, wie sehr meine Beziehungen von Übertragungsproblemen geprägt waren, antwortete ich, wie ich es gelernt hatte: »Was immer Maharaj von mir verlangt, werde ich tun.« Er sah mich an, als hätte ich den Verstand verloren, und sagte: »Verstehst du denn gar nichts? Ich spiele hier nicht das Guru-Schüler-Spiel. Wenn du das willst, kannst du dir einen anderen Lehrer suchen. Wenn du bleiben willst, bleibe. Falls nicht, dann geh.« Das schockierte mich zutiefst. Er hatte meine Übertragungstrance in dem Moment zerschlagen, wo sie sich auch nur im Ansatz gezeigt hatte. Er hatte keine Zeit verloren. Und es hatte ihm keinen Spaß gemacht. Er hatte sich einfach geweigert, mein Spiel zu spielen. »Ich« war noch wochenlang völlig verwirrt.

Das ist nun etwa zwanzig Jahre her und ich habe mich seitdem an das gehalten, was ich einst gelernt habe. Der Schock, den ich damals erfuhr, ging nicht nur darauf zurück, dass er meine Übertragungsversuche ablehnte. Er beruhte ebenso auf einer narzisstischen Spiegelung meinerseits. Ich wollte ihn spiegeln, um ihn dazu zu bringen, mit mir zu verschmelzen. Er aber wollte weder meinen Spiegel noch meine Bewunderung oder meine Verschmelzungsversuche. Seine Aufgabe war klar: Zerschlage die Übertragungshaltung, zerstöre den Narzissmus. Damit ermöglichte er mir als Schüler, mich von den Vorstellungen zu befreien, aus denen heraus ich unbewusst handelte.

Zerschlage die Übertragungshaltung, zerstöre den Narzissmus

Das ist der zentrale Punkt, das Thema aller Themen. Danach können Sie sich mit dem auseinander setzen, was aus den Trümmern aufsteigt.

Desidealisierung – die Übertragungstrance durchbrechen

In der Quantenpsychologie werden Übertragungstrance und narzisstische Haltungen bewusst gemacht, damit man sich damit auseinander setzen kann. Bei jedem Therapieschritt sollte der Therapeut immer wieder die Idealisierungstrance durchbrechen. Das kann z. B. dadurch erreicht werden, dass man den Patienten veranlasst, ein Bild der idealisierten Person neben den Therapeuten zu stellen und Ähnlichkeiten bzw. Unterschiede zu erarbeiten.[2] So lernt er, die Vergangenheit von der Gegenwart zu unterscheiden.

Ein wichtiger Durchbruch auf dem Weg zum Mensch-Sein ist der Punkt, an dem Sie erkennen, dass Sie, der Therapeut und alle anderen einfach nur Menschen sind. Aus dieser Erkenntnis erwachsen Menschlichkeit und Mitgefühl. Solange die Übertragungsprozesse (wie Spiegelung, Zwillings- und Verschmelzungsübertragung, Idealisierung und Spiritualisierung) nicht gelöst sind, solange wir die Stufe des Narzissmus nicht verlassen, gibt es weder Freiheit noch Menschlichkeit. Beides ist nur möglich, wenn wir lernen, unser Gegenüber zu desidealisieren (ohne beleidigend zu werden), und erkennen, wie zutiefst menschlich wir sind.

Wie machtvoll ist nun diese Erfahrung des Mensch-Seins? Anfang der 80er-Jahre erkannte ich, dass ich in meiner Kindheit Opfer von sexuellem Missbrauch geworden war. Damals gab es nur eine einzige Selbsthilfegruppe für Inzestopfer in New Mexico und manchmal war ich der Einzige dort. Ich weiß immer noch, wie es war, das erste Mal dorthin zu gehen. Da war ich nun – Therapie-erfahren, meditationserfahren, Indien-erprobt. Als die Gruppenmitglieder sich vorstellten, entdeckte

[2] Genaueres dazu entnehmen Sie bitte meinem Buch *Die alltägliche Trance. Heilungsansätze in der Quantenpsychologie*.

ich, dass ich dort mit einer Sekretärin, einem Maler, einem Astrologen und einer Hausfrau saß. Und ich erkannte, dass wir alle aus demselben Stoff waren – und alle meine Abwehrstrategien lösten sich in nichts auf.

Ich sah jeden als mir gleich an. Das war die wichtigste »spirituelle Erfahrung«, die ich je gemacht hatte. Ich fühlte mich wirklich als Mensch und total mit der Menschheit verbunden.

Das Problem der Trennung: der Leim, der die spirituellen Trancen zusammenhält

In der Beziehung zwischen Guru und Schüler, Lehrer und Schüler, Therapeut und Patient und zwischen Liebenden ist Trennung immer ein Problem. Wenn die Beziehung von Übertragungsproblemen geprägt ist, fühlt sich der Therapeut (Lehrer etc.) vom Verlust des Patienten (Schülers etc.) bedroht – wie eine Mutter- bzw. Vaterfigur. Aus diesem Grund versuchen sie den Patienten zu unterdrücken, wenn er versucht, seine Individualität zu behaupten und die Beziehung zu lösen. In diesem Zusammenhang fallen dann Sätze wie diese: »Er hat nicht genug Hingabe« oder »Sie baut Widerstände auf« und »Er hat noch weltliches Karma abzutragen«.

In Liebesbeziehungen deutet die Person, welche verlassen wird, die andere häufig zum Antichristen um (und sich selbst zur Christusfigur). Ich hatte einmal eine Patientin, die zu mir sagte: »Wenn die Leute, die ich mag, mich nicht mögen, sind sie ganz einfach Arschlöcher.« Hier findet eine Regression in eine nicht abgeschlossene Phase der Entwicklung statt, in der die Patientin realisierte, dass sie von ihrer Mutter getrennt war. Johnson stellt das folgendermaßen dar:

> Natürliche Trennungsversuche werden abgeblockt oder aktiv bestraft, weil sie bei den Eltern Angst auslösen. Gleich-

zeitig werden die natürlichen Fähigkeiten des Kindes zur empathischen Spiegelung von den Eltern verstärkt und überbewertet, weil diese das Kind brauchen und die Verschmelzung mit ihm suchen, um sich sicher und wertvoll zu fühlen.

(Johnson, 1991, S. 79)

Das erklärt zudem die narzisstische Gegenübertragung von Seiten des Gurus bzw. des Lehrers bzw. Therapeuten, die ihren Schülern nicht erlauben können, sie zu verlassen. Weshalb? Weil dies die ganze Assoziationskette zur Trennung von der Mutter auslöst, welche der Guru (etc.) nicht verkraftet hat.

Der Guru verstärkt und unterstützt also das Falsche Selbst, welches der Schüler ausgebildet hat. Dafür gibt es zwei Gründe: Zum einen möchte der Guru, dass sein Schüler bleibt, daher stellt er sich seinem Individuationsprozess entgegen. Zum anderen wird der Schüler dabei unbewusst ins bestehende System hineingezogen und geködert, da es ein perfektes Abbild seiner eigenen ungelösten Trennungs- und Verschmelzungsprobleme mit der Mutter darstellt. Johnson meint dazu:

Bei der Analyse dieser Symptomenkonstellation ist es hilfreich, sich ins Gedächtnis zu rufen, dass das natürliche libidinöse Selbst[3] eines jeden Individuums Kontakt und Unterstützung in seinem Ausdruck von Autonomie sucht. […] Der symbiotische Charakter ist gezwungen, zwischen Autonomie und Kontakt zu wählen. Der Kontakt richtet sich jedoch nicht auf das reale libidinöse Individuum, sondern auf ein idealisiertes Verschmelzungsobjekt. Wenn Trennung, Individuation, Autonomie, Verschiedenartigkeit, Abenteuer etc. immer wieder abgeblockt werden, verinnerlicht das Individu-

[3] Das libidinöse Selbst ist der Teil der Persönlichkeit, der die Verschmelzung sucht. Häufig wird es mit dem sexuellen Verlangen verwechselt, doch das ist nicht korrekt.

> um diese Blockierung und ahmt die Umgebung nach, indem es das tut, was ihm getan wurde. Dieser Selbst-Zwang lässt das anti-libidinöse Selbst entstehen.
>
> (Johnson, 1991, S. 158)

Und weiter:

> In anderen Worten: Die Beziehung zwischen dem Selbst und seinem Gegenüber funktioniert hier so, dass ich mich aufgebe und mich dir übergebe, um das Glück der Verschmelzung zu erfahren. Ein wichtiger Aspekt bei diesem Zustands- und Rollenmodell von Beziehungen ist es, dass sämtliche Entwicklungsschritte dadurch blockiert werden. Die Person fühlt sich wie ein kleines Kind, das abhängig und versorgungsbedürftig ist und sich nach jemandem sehnt, der ihm alle Wünsche erfüllt. In diesem Zustand der Unterdrückung erfährt die betroffene Person diese archaischen Gefühle, ganz egal, welchen Grad an Autonomie sie in ihrem Leben als Erwachsener realisiert hat. (Johnson, 1991, S. 159)

In diesem Punkt lassen sich Johnsons Erkenntnisse ebenfalls auf die Beziehung zwischen Therapeuten, Lehrern, Gurus und ihren Schülern anwenden, denn auch die Verschmelzungsübertragung in diesem Personenkreis geht auf die geschilderten Ursachen zurück.

Noch mehr Spiritualisierung: die Mutter als Verwandlungsobjekt

Die Entwicklungspsychologie hat eindeutig nachgewiesen, dass die Beziehung zwischen Kind und Mutter einen weitreichenden Einfluss auf das Individuum ausübt. Noch interessanter ist es aber, wie ungelöste Probleme auf dieser so grundlegenden Ebene unser Leben so beeinflussen, dass wir immer außen nach Wandlung (Transformation) suchen statt innen.

Das Kind sieht in der Mutter eine »Verwandlungsfigur«, die für Wandel sorgt, indem sie seine Bedürfnisse (Nahrung, Wärme, Nähe) stillt. In der Übertragungstrance wird die Mutterfigur auf den Lehrer, Guru oder auf das psycho-spirituelle System projiziert. Von diesem Moment an erwarten wir von den genannten Instanzen, dass sie uns behandeln, wie die Verwandlungsfigur Mutter (Objekt) es tat.

Der bekannte Psychoanalytiker Christopher Bollas beschreibt diesen Vorgang folgendermaßen:

> Ich möchte die erste subjektive Erfahrung des Säuglings herausarbeiten, die er mit dem Objekt als einem Verwandlungsobjekt macht. [...] Noch nicht völlig als eine andere erkannt, wird die Mutter als ein Verwandlungsvorgang erlebt, und dieser Grundzug des frühen Daseins setzt sich im Erwachsenenleben in bestimmten Formen der Objektsuche fort, bei denen man das Objekt deshalb erstrebt, weil es ein Zeichen für Verwandlung ist. Im Erwachsenenleben geht das Trachten also nicht dahin, das Objekt zu besitzen. Vielmehr strebt das Subjekt zum Objekt hin, um sich ihm als einem Medium hinzugeben, welches das Selbst verändern und das Flehen des Subjekts erfüllen wird; es gibt ihm nämlich das Gefühl, Adressat einer auf seine Umwelt wie auf seinen Körper gerichteten Fürsorge zu sein, die es mit Metamorphosen des Selbst gleichsetzt. [...] Das Objekt (die Mutter) ist Verwandlerin von Umwelt und Körper des Subjekts. Die Erinnerung an diese frühe Objektbeziehung manifestiert sich darin, dass der Betreffende nach einem Objekt (einem Menschen, einem Ort, einem Ereignis, einer Ideologie) sucht, welches das Selbst zu verwandeln verspricht. (Bollas, 1997, S. 26)

Und weiter:

> Ich denke, wir haben es bislang versäumt, dem Phänomen Beachtung zu schenken, dass es im Erwachsenenleben eine weit greifende kollektive Suche nach einem Objekt gibt, das mit der Metamorphose des Selbst gleichgesetzt wird. Zum Beispiel lässt sich für viele Religionen sagen, dass ein Gläubiger, der davon überzeugt ist, dass die jeweilige Gottheit tatsächlich die gesamte Umwelt zu verwandeln vermag, innerhalb einer mythischen Struktur die Umstände der frühesten Bindung an ein Objekt wach hält. (Bollas, 1997, S. 27)

Das beschreibt die Identität des überspirituellen Suchenden, der nach einem anderen Ich Ausschau hält, das er für seine innere Wandlung verantwortlich machen kann, statt selbst dafür einzustehen. In der Lehrer-Schüler-Beziehung wird der Lehrer häufig zur transformatorischen Mutter (zum Objekt). Viele Therapeuten oder Gurus machen aus diesem System eine Philosophie, mit der sie die vorliegende Regression fördern. Da gibt es ein System, in dessen Broschüren sich immer wieder Sätze finden wie: »Der Guru ist die Wurzel allen Handelns« oder »Der Guru übernimmt die Verantwortung für Ihre spirituelle Entfaltung«. Hier sollten eigentlich die Alarmglocken läuten, denn mit dieser Vorstellung wird die Mutter zum *Trance-Formations*-Objekt, das vom Schüler auf den Guru übertragen wird. Der Guru wiederum geht in seiner Gegenübertragungstrance auf und projiziert sie auf den Schüler. Andere spirituelle und psychologische Systeme schreiben die transformatorische Kraft ihren Arbeitstechniken und meditativen Praktiken zu. Auch damit wird der, der die Tranformations-Arbeit macht, seiner Leistung beraubt. Christopher Bollas schreibt hierzu:

> Die Erwartung, von einem Objekt (Mutter) verwandelt zu werden […], versetzt das Subjekt in eine ehrfurchtsvolle Hal-

tung gegenüber dem Objekt; obwohl die Verwandlung des Selbst nicht die Dimension der frühen Kindheit erreicht, neigt das erwachsene Subjekt somit dazu, solche Objekte für heilig zu erklären. (Bollas, 1997, S. 28)

Das erklärt die Verwendung von heiligen Gegenständen wie Statuen und Bildern von Gurus, ganz zu schweigen von den willkürlichen Regeln und Grundsätzen. Bevor ich meine präverbalen, vorbegrifflichen Eindrücke erkannte und aufarbeitete, lebten ich und andere Menschen in Indien nach einem Zeitplan, der ganz bestimmte Rituale zu genau festgesetzten Zeiten vorsah. Wir schrieben Statuen und Bildern die Kraft zu, uns zu verwandeln. Wir baten um Segen, Gnade und Verzeihung und richteten unsere Gebete an solch leblose Objekte. Denn wir glaubten, dass diese uns weiterbringen würden, statt unserer eigenen Kraft der Transformation zu vertrauen. Und wenn wir die Zeremonie einmal nicht oder fehlerhaft machten, fürchteten wir auf abergläubische, nicht ganz fassbare Weise, dass uns etwas »Böses« geschehen würde, dass wir niemals Erleuchtung finden und den inneren Wandel vollziehen würden. Damit aber schreibt man die Heiligkeit einem Objekt außerhalb der eigenen Person zu, obwohl man doch selbst für die eigene Erfahrung verantwortlich ist. Wie ein Mensch, der aus Lehm eine Statue formt und sie anbetet, ohne zu merken, dass er selbst sie geschaffen hat.

Gurdjieff behauptete immer, dass ein spirituelles System mehr Rituale hervorbringt, je weniger Energie in ihm fließt. Je dünner und lebloser diese wird, desto mehr rituelle Anbetung gibt es. Diese Art von Ritualen sollte Ihnen als Warnung dienen, dass die Energie dieses Systems kurz vor dem Absterben ist.

Hören wir auch hierzu Christopher Bollas:

> Die Suche nach Verwandlung und nach dem Verwandlungsobjekt ist die vielleicht beherrschendste archaische Objekt-

> beziehung, und ich möchte betonen, dass diese Suche nicht einem Begehren nach dem Objekt per se oder in erster Linie einem Verlangen oder einer Sehnsucht entspringt. Sie entsteht vielmehr aus der Gewissheit, dass das Objekt eine Verwandlung in die Wege leiten wird. Diese Gewissheit gründet darauf, dass dem Objekt die Fähigkeit zugeschrieben wird, die Erinnerung an frühe Ich-Verwandlungen wiederzubeleben. Ich behaupte also, dass es zwar keine kognitive Erinnerung daran geben kann, wie man als Säugling die Mutter erlebt hat, dass aber die Suche nach dem Verwandlungsobjekt und das Küren des Retters, der die Umwelt-Verwandlung vollbringen soll, von einer Ich-Erinnerung ausgeht.
> (Bollas, 1997, S. 39)

Ich erinnere mich, dass ich in Indien, bevor ich anfing, meine vorsprachlichen Automatismen aufzuarbeiten, ständig auf der Suche nach heiligen Objekten war, die ich anbeten konnte. Ununterbrochen forschte ich nach Heiligen, die mich segnen konnten. Ich kann mich sogar an einen Vorgang namens *Prana-prathishtha* erinnern, mit dem man einen heiligen Gegenstand für die Anbetung »belebte« und vorbereitete. Dies konnte auf dreierlei Art geschehen:

1. durch Berührung eines Heiligen (einer heiligen Person);
2. durch den Suchenden selbst, der die Energie oder Gottheit bat, sich im Objekt »niederzulassen«, damit sie angebetet werden konnte;
3. durch einen Brahmanen, der in einer heiligen Zeremonie die Gottheit bat, in das Objekt »einzugehen«, damit der Suchende sie anbeten konnte.

Man wurde sogar gefragt, was man von dem Gegenstand wollte. Auf diese Weise konnte man alles haben: Gesundheit, Reichtum oder Erleuchtung. Das stellt mit Sicherheit den Gipfel dieses Prozesses dar, der leblosen Gegenständen die Macht zuschreibt, uns reich, gesund und weise zu machen.

Christopher Bollas führt dazu aus:

> … ist jede ästhetische Erfahrung mit einer Verwandlung verbunden, so dass die Suche nach dem, was Krieger das »ästhetische Objekt« nennt, ein Streben nach dem Verwandlungsobjekt ist. Das Verwandlungsobjekt scheint dem flehenden Subjekt eine Erfahrung zu versprechen, in deren Verlauf Selbst-Fragmente durch eine bestimmte Form der Verarbeitung miteinander integriert werden.
>
> (Bollas, 1997, S. 45)

Spirituelle Erfahrungen

Was sind dann letztlich die spirituellen Erfahrungen, denen wir alle so leidenschaftlich nachjagen? Auch hier weiß Bollas eine Antwort:

> Ich stelle mir den ästhetischen Augenblick als ein Evozieren und Wiederbeleben einer frühen Ich-Verfassung vor, das oft mit einem plötzlichen und unheimlich anmutenden Rapport zu einem Objekt einsetzt, als einen Moment, in dem das Subjekt in einer intensiven Illusion gefangen ist, von der Umwelt für eine ehrfurchtgebietende Erfahrung ausersehen zu sein. Diese Erfahrung des Gehaltenwerdens lässt eine psychosomatische Erinnerung an die damalige haltende Umwelt aufsteigen und ist ein präverbaler, im Wesentlichen vorbegrifflicher Nachhall der Präsenz der Mutter.
>
> (Bollas, 1997, S. 51)

Und weiter:

> Wer Verwandlungsobjekte zu finden trachtet, ist im Gedenken an etwas, das in der Vergangenheit liegt, auf endloser Suche in der Zukunft. Ich glaube, wenn wir viele Formen von Objektbeziehungen erforschen, werden wir feststellen, dass das Subjekt dabei jeweils nach dem Verwandlungsobjekt sucht, um innerhalb einer ästhetischen Rahmenstruktur, die eine Metamorphose des Selbst verspricht, in eine symbiotische Harmonie eintreten zu können.
>
> (Bollas, 1997, S. 52)

Schlussbemerkung

Je intensiver wir uns mit den spirituellen Trancen und ihren Kombinationen beschäftigen, die uns von der Entwicklung multidimensionalen Bewusstseins abhalten, desto klarer wird uns, dass sie wohl auf vorbegriffliche Erfahrungen in der Vergangenheit zurückgehen. Nur wenige können ihren starken Wunsch nach Transformation und innerer Wandlung leugnen und trotzdem ist es erstaunlich, dass der Zwang dazu in unserer präverbalen Vergangenheit begründet liegt.

Wie sollen wir nun mit dieser Erkenntnis umgehen? Nun, für den Augenblick sollten wir uns mit der Feststellung begnügen, dass der *Weg des Menschlichen* für jeden von uns einzigartig ist. Es gibt weder Formeln noch Regeln und schon gar keine Menschen, die ihn für uns gehen können. Vielmehr handelt es sich dabei um einen Prozess, bei dem wir Stück für Stück entdecken, wer wir sind, indem wir herausfinden, wer wir nicht sind. Einst war ich mit einem »Freund«, einem »Bruder« und Lehrer, Swami Prakashanda, in Bombay. Wir sprachen über Mantren und er sagte: »Om Namah Shivaya [in Indien gebräuchliches Mantra], Om Namah Shivaya – nimm es, arbeite damit und wirf es dann weg. Es gibt keine Regeln.« Schließlich gibt es am Ende nicht nur keine Regeln, sondern wir erfahren zudem, dass die Identität des Suchenden, der – mit Regeln, Formeln oder Gebeten – nach innerer Wandlung Ausschau hält, nichts weiter als eine Identität ist, die erforscht, aufgelöst und abgelegt werden muss. Mit anderen Worten, der Wunsch nach Verschmelzung mit dem Guru ist nichts Schlechtes. Wenn wir die Verschmelzung aber vom Standpunkt des Kindes aus anstreben, werden »wir« nirgendwo hin »gelangen«. Erst wenn wir diese kindlichen Identifizierungsmuster loslassen, werden wir das letzte Stadium des multidimensionalen Bewusstseins erfahren – das Nicht-Ich-Ich, das vor der Erfahrung der Leerheit bzw. der Grundlegenden Einheit des Quantenbewusstseins liegt.

Auch die Entwicklungspsychologie ist nicht die Wahrheit. Sie ist nicht mehr als eine weitere Brille, durch die wir sehen. Ob sie nützlich ist oder nicht, das wissen wir nicht zu sagen. Daher muss auch sie am Ende aufgegeben werden, wenn wir den zustandslosen Zustand des Ich bin *kennen lernen wollen, der frei von Bezugsrahmen oder Deutungsmustern ist.*

Stephen Wolinsky

Stellen Sie alles in Frage (vor allem Brillen, Landkarten und die Entwicklungspsychologie).

Glauben Sie nichts.

Nisargadatta Maharaj

Dritter Teil

Die Trance der Symbiose

Symbiose: Anhaftung

Die Ich-Psychologie geht davon aus, dass ein zwischen 5 und 12 Monate altes Kind nicht zwischen sich und der Mutter unterscheiden kann.

> Für dieses Stadium charakteristisch ist die früheste geistige Repräsentation von Selbst und Objekt (Mutter) als undifferenzierte Einheit von Selbst und Objekt (Mutter). Weder auf körperlicher noch auf seelischer Ebene findet eine Differenzierung statt. (Horner, 1984, S. 27)

Das Kind erlebt die Mutter als allmächtig und allwissend, als auf vollkommen undifferenzierte oder nur wenig differenzierte Weise eins mit sich selbst. Jahre später kann das zu einer oder mehreren spirituellen Trancen führen. In einem ersten Schritt identifiziert sich der Betroffene mit der allmächtigen Mutter und fühlt sich dadurch allmächtig und allwissend. Der zweite Schritt umfasst die trancehafte Übertragung auf jemand anderen, also die Lehrer- bzw. Guru-Trance. Dabei werden die verinnerlichte Eigen-Identität (Kind) und die verinnerlichte Mutterfigur auf eine spirituelle Figur übertragen. Der Guru wird auf diese Weise sowohl zum allmächtigen Wesen als auch zum Verwandlungsobjekt.

Stephen Johnson drückt das so aus:

> In der symbiotischen Periode genießt das Kind außerdem die Illusion von Herrschaft, weil es glaubt, an der Allmacht der Mutter teilzuhaben oder diese zu beherrschen.
> (Johnson, 1988, S. 29)

Das erklärt das Vermischen der Ebenen und die kindlichen Auffassungen mancher New-Age-Vordenker, die glauben, dass sie zum Schöpfer oder Mitschöpfer des allwissenden, allmächtigen All-Bewusstseins berufen sind. Eine ähnlich infantile Trance zeigt sich in der Vorstellung, Das Eine Ungeteilte Bewusstsein trage menschliche Züge. Konkret heißt das meist, »Gott« wolle dies oder jenes bzw. das kosmische Bewusstsein gebe uns »Lektionen« auf, die wir »lernen« müssten.

Vorzeitige Ablösung: der schizoide Persönlichkeitstyp

Die spirituelle Trance der vorzeitigen Ablösung besteht darin, dass der Schizoide sich zu früh von seinem Körper löst und daher nicht mehr spüren kann. Man könnte das auch den »Über-Beobachter« nennen. Helen Palmer nennt diese Figur den »Nicht-erleuchteten Buddha«. Diese Menschen erwecken den Eindruck, »spirituell« zu sein, doch tief im Innern fühlen sie sich, als hätten sie nichts und seien nichts. (Ein kleines Nichts, ein Mangel.) Diese frühe Lösung vom Körper ist eine Strategie zum Selbstschutz. Anders gesagt: Diese Menschen sehen aus, als hätten sie sich von allem gelöst, in Wirklichkeit aber haben sie nur ihre Gefühle abgestellt.

Nachdem ich sechs Jahre lang in Indien gelebt und fast 60 Lehrer, Ashrams und Gurus aufgesucht hatte, stellte ich fest, dass viele spirituell Suchende diese Art von schizoidem Prozess auslebten. Typisch für sie waren hohe Wangenknochen, ein zerbrechlicher, knochiger Körperbau und – in Extremfällen – ein Schleier über den Augen. Wenn ich ihnen in die Augen sah, konnte ich nichts erkennen, obwohl sie fleißig Augenkontakt hielten. Diese dissoziative Haltung, unnahbar und möglichst spirituell, nehmen schizoide Persönlichkeiten ein, weil sie sich schnell eingeengt fühlen. Also bleiben sie auf Distanz, um sich vor dieser allem Handeln zugrunde liegenden regredierten Furcht zu schützen. Sie werden Über-Beobachter, um sich selbst vor der Welt der Gefühle zu bewahren.

Die Loslösung von Anhaftung ist das Ziel jeder Meditation. Andererseits kann die Meditation auch zum Dissoziationsprozess spiritualisiert werden.

Dissoziation[1] ist ein automatischer Verteidigungsmechanismus, der uns während eines Traumas schützt. Sie tritt dann auf, wenn wir uns von einer Erfahrung abspalten, wenn wir uns weigern, den Schmerz oder die Furcht bzw. Demütigung eines traumatischen Ereignisses zu fühlen. Normalerweise lernen wir als Kinder, uns abzuspalten, da uns zu diesem Zeitpunkt nur wenige Abwehrmechanismen zur Verfügung stehen. Ein Kind, das von seinem Vater missbraucht wird, kann nicht zulassen, dass es das volle Ausmaß des schrecklichen Erlebens fühlt, also spaltet es einen Teil seiner Reaktionen ab und klammert ihn aus. Das Hauptmerkmal der Dissoziation besteht darin, dass sie es dem Betroffenen ermöglicht, etwas nicht zu erfahren. Wenn ein Kind sich von Gefühlen des Verlassenseins dissoziiert, so erfolgt dieses Abspalten automatisch und unbewusst zu seinem Schutz.

Der Loslösungsprozess bei der Entwicklung von Gewahrsein hingegen erlaubt uns, uns dessen, was geschieht, bewusst zu werden. Gewahrsein ist frei von Urteilen, Einschätzungen, Vorlieben oder Abneigungen. Wenn Sie im reinen Bewusstsein des Gewahrseins verharren, haben Sie die Dualität von Beobachter und Beobachtetem hinter sich gelassen. Die Dissoziation hingegen hat das Ziel, das, was geschieht, abzuwehren.

Natürlich kann die Meditation auch dazu benutzt werden, Abschied von unangenehmen oder bedrohlichen Gefühlen zu nehmen. Und viele Missbrauchsopfer finden aus diesem Grund

[1] Genaueres hierzu finden Sie in meinem Buch *Quantenbewusstsein*, S. 47 ff.

Erleichterung, wenn sie sich östlichen Meditationstechniken zuwenden, die eine Des-Identifikation mit den eigenen Persönlichkeitsmustern zum Ziel haben. Denn schließlich ähnelt diese Art der Des-Identifikation den eigenen emotionalen Abwehrmechanismen.

> Die Anpassung des Schizoiden an eine unzureichend nährende, ja strafende Umwelt besteht in einer inneren Emigration und in extremen Fällen in der Regression auf eine autistischere Form der Anpassung. Das falsche, kompensatorische Selbst der schizoiden Persönlichkeit ist durch Distanz gekennzeichnet und nicht durch ein in sich ruhendes, für andere zugängliches Dasein. (Johnson, 1988, S. 31)

In der Quantenpsychologie muss der schizoide Persönlichkeitstyp viel Körperarbeit wie Rolfing oder Feldenkrais machen, möglichst kombiniert mit regelmäßigen Yoga-Übungen. Dadurch lernt er, zuerst einmal seinen Körper zu spüren, bevor er darangeht, seine erworbenen Identitäten abzubauen. In meinen quantenpsychologischen Workshops rate ich den Leuten, ständig mit dem Körper zu arbeiten. So lässt sich Quantenarbeit problemlos in eine tägliche integrative Erfahrung einbauen.

Der Wunsch nach Vereinigung

Gerade die Ablehnung des biologischen Rhythmus von Vereinigung und Trennung (besonders im Individuationsprozess) lässt eine spirituelle Trance entstehen, bei der wir unbewusst ständig nach Vereinigung suchen. Meist richtet dieser unbewusste Wunsch sich auf die Vereinigung mit der Mutter, die zum Gott spiritualisiert oder in einer Beziehung zum so genannten »Seelenpartner« umgedeutet wird. Sehr häufig wird dieser Zustand dann mit Samadhi verwechselt.[2] Viele spirituell Suchende, die in einer Guru-Schüler-Trance aufgehen, sind sehr abhängig von ihrem Lehrer. Sie finden es meist äußerst schmerzhaft, wenn sie sich von ihrem Guru (Mutter-/Vaterfigur) trennen und als Individuen selbständig mit der Welt zurechtkommen müssen.

Samadhi gilt als ichloser Zustand. Dieser ichlose Zustand, in den wir direkt von der Gegenwart aus eintreten, unterscheidet sich von dem Drang, mit der Mutter zu verschmelzen bzw. die Mutterfigur auf das Universum, den Lehrer, den Partner in der Beziehung zu übertragen und dann zu verschmelzen. Demjenigen aber, der sich in dieser Trance befindet, scheinen die beiden Zustände durchaus ähnlich. Daher wird die Dissoziation zur spirituellen Erfahrung umgedeutet.

Außerdem habe ich die Erfahrung gemacht, dass in vielen Fällen der Wunsch nach Vereinigung mit Gott, nach Verschmelzung mit einem anderen Menschen und Aufgabe des eigenen Ich nichts weiter darstellt als eine unbewusste Abwehr gegen die Trennung von der Mutter. Der Betroffene versucht hier, den Prozess der Loslösung und Selbstwerdung erneut in Szene zu setzen.

Johnson schreibt darüber Folgendes:

> Das verlorene Paradies – nach dem Schema von Mahler beginnt sich das Kind mit etwa sechs Monaten, gerade wenn sich bei ihm das Konzept der Symbiose konsolidiert, mit dessen Desillusionierung auseinander zu setzen.
>
> (Johnson, 1988, S. 34)

[2] Samadhi ist ein tiefes Versunkensein in der Meditation. Die Versenkung geht so tief, dass das Selbst völlig verschwindet. Samadhi gilt als die achte Stufe der Verwirklichung im Raja-Yoga, der Königsdisziplin des Yoga, und als Stufe der Vollendung in vielen buddhistischen Yoga-Formen, die ebenfalls in acht Abschnitte gegliedert sind.

Und weiter:

> Den Entwicklungspsychologen zufolge überschätzt sich das Kind jetzt selbst und erlebt ein Gefühl der Allmacht, das teilweise auf den beibehaltenen Glauben an die Einheit mit der Mutter zurückzuführen ist. Das Kleinkind möchte immer noch glauben und bildet sich offenbar ein, dass es die magischen[3] Kräfte seiner Mutter besitzt und die absolute Herrschaft[4] über diese hat. Mit Sicherheit muss es ständige und, wie zu hoffen ist, optimal frustrierende Ausnahmen von dieser Illusion erleben. Doch während es den Begriff der Getrenntheit entwickelt, wird es durch eine kognitive Unreife immer noch vor der vollen Erkenntnis seiner Eigenständigkeit und Verletzbarkeit bewahrt. Die manischen Hochphasen dieser Periode sowie seine Beanspruchung durch die Entwicklung autonomer Funktionen und seine Interaktionen mit der auf neue Weise erlebten Welt schützen es ebenfalls davor, sich dieser unangenehmen Realitäten bewusst zu werden. (Johnson, 1988, S. 37 f.)

Und weiter:

> Wenn das Kind andererseits in der folgenden Wiederannäherungsphase übermäßig frustriert wird, wenn sein Bedürfnis danach, seine Wünsche nach unabhängigem Ausdruck und abhängigem Einssein zu integrieren, ungeschickt behandelt wird und/oder wenn auf sein Bedürfnis nach Integration von Grandiosität und Verletzbarkeit in unangemes-

[3] Magisch erscheint sie aber nur dem Kind.

[4] Das zeigt, wo das Problem bei Vorstellungen wie »Ich schaffe alles« oder »Ich erschaffe die Wirklichkeit« liegt. Es handelt sich dabei nur um Regressionen, bei denen die Mutter als magisch, allmächtig und allwissend betrachtet wird. Der regredierte Mensch benimmt sich schließlich so, als sei diese Wahrnehmung richtig.

> sener Weise eingegangen wird – dann ist oft die Weigerung, die Wiederannäherung an die Realität zu akzeptieren, das Ergebnis. (Johnson, 1988, S. 39)

Hier haben wir es also von neuem mit der Erfahrung der Trennung von der Mutter zu tun, die den Wunsch nach abhängiger Einheit mit ihr hervorruft. Später wird dieser Wunsch auf den Guru übertragen, indem das verinnerlichte Mutterbild auf diesen projiziert wird.

Althea Horner meint dazu:

> Diese Abwehrhaltung leugnet auch eine der grundlegendsten Realitäten, mit denen wir während dieser höchst kritischen Zeit konfrontiert werden – die Tatsache der Begrenzung. (Horner, 1984)

An diesem Punkt wird klar, wie sehr das New-Age-Denken unsere Allmachtsfantasien fördert, wenn es verspricht, dass wir alles haben und schaffen können, was wir nur wollen. In meinen Workshops sage ich den Teilnehmern häufig, dass sie nicht alles bekommen, was sie gerne hätten. Diese Erwartung ist kindisch und leugnet die Wirklichkeit. Viele New-Age-Anhänger glauben beispielsweise, dass auf unserem Planeten alles im Überfluss vorhanden sei. Dummerweise sind aber die Gold-, Silber-, Öl-, Diamantenvorkommen etc. begrenzt, sonst wären diese Stoffe nicht so wertvoll. Das ist eine unleugbare Tatsache. Und aus genau diesem Grund haben manche Menschen Milliarden Dollar, während andere gar nichts haben. Außerdem können wir nicht einfach alles haben, was wir wollen. Wir können bekommen, was wir wollen, wenn wir bei unseren Wünschen Faktoren wie den IQ, unser genetisches Erbe, unsere natürlichen Fähigkeiten, unser Aussehen, unser materielles Erbe, Glück und andere äußere Faktoren berücksichtigen. *Der Weg des Menschlichen* verlangt von uns, dass wir ehrlich zu uns selbst sind. Gestehen wir uns unsere Grenzen ein und arbeiten wir mit ihnen, statt uns in imaginärem Allmachtsdenken zu suhlen.

Spirituelle Trancen

1. *Ich bin eins mit der Mutter*. In Indien gibt es viele Anhänger der Großen Mutter. Darin kann sich das Verlangen nach der symbiotischen Einheit ausdrücken, die das Kind früher mit der Mutter hatte.
2. *Ich bin Eins*. Hier gibt es keine Differenzierungen, was dazu führt, dass der Betroffene keine Ablösung kennt und mit allem und jedem verschmilzt.

Der Weg des Menschlichen verlangt von uns, alle Dimensionen unserer Menschlichkeit anzuerkennen. Wenn wir also glauben, mit allem eins zu sein, dann fehlt es uns an der Fähigkeit, unsere Grenzen zu bestimmen und selbständig zu leben. Auch das ist also nur eine weitere Altersregression. Diese Entwicklungshemmung muss für sich getrennt behandelt und analysiert werden. Nur dann kann unsere wahre menschliche Natur zum Vorschein kommen und unsere Freiheit sich auf allen Ebenen des Bewusstseins stabilisieren.

Vor Jahren hielt ich einmal einen Workshop in Florida. Eine etwa 30-jährige Frau klagte darüber, wie ängstlich sie immer sei, wenn ihr Mann das Haus verlasse, um zur Arbeit zu gehen. Als wir uns das Problem genauer ansahen, fanden wir gemeinsam heraus, dass sie sich verlassen fühlte, wenn ihr Mann ging. Verlassenheitsgefühle sind, wie ich bereits erwähnt habe, immer ein deutliches Warnsignal für eine Regression in die frühe Kindheit. Der Umwelt präsentierte sich diese Frau als sehr »spirituell« und »eins mit allem«. Aber ihre Gefühle zeigten, dass sie auf einer Entwicklungsebene stehen geblieben war, welche die symbiotische Einheit mit der Mutter suchte. Diese Sehnsucht übertrug sie nun auf ihren Mann und ihr spirituelles Weltbild. Daher flippte sie immer aus und fühlte sich verlassen, wenn sie spürte oder anerkennen musste, dass ihr Mann von ihr getrennt war.

Diese Unfähigkeit, zwischen sich und der Welt zu unterscheiden, bewies, dass ihre Regression in die Zeit zwischen ihrem 5. und 12. Lebensmonat zurückreichte. Ihre Unfähigkeit, ihren Lebensunterhalt mit Arbeit zu verdienen, ging auf die spirituelle Erwartung zurück, Gott bzw. das Universum (d. h. das Mutterobjekt, hier in Gestalt ihres Ehemannes) würden schon für sie sorgen. Als das nicht geschah, löste das tiefe Verwirrung in ihr aus. Ich ging zu ihr hinüber, hielt meine Hand neben ihren Kopf und fragte sie: »Sehen Sie den Unterschied zwischen meiner Hand und Ihrem Kopf?« Sie antwortete: »Ja.« Dann ging ich einen Schritt weiter: »Erkennen Sie den Unterschied zwischen meiner Hand und Ihrer Schulter?« Dieses Mal sagte sie: »Nein.« Sie hatte also keine klaren Grenzen. Als Hausaufgabe trug ich ihr auf, dass sie ihren Mann in einem Bilderrahmen visualisieren sollte. Ich hoffte, dadurch würde der längst fällige Prozess, in dem sie klare Grenzen zieht, eingeleitet.

Ausschlüpfen

Die Zeit des Ausschlüpfens bezeichnet die Phase, in der das Kind sich aus der Symbiose mit der Mutter löst und beginnt, sich als verschieden von ihr zu betrachten. Das Kind beginnt zu laufen, zu sprechen etc.

> Je stärker der Symbiosepartner dem Kind hilft, sanft und allmählich aus dem symbiotischen Umkreis auszuschlüpfen, d. h. ohne selbst allzu sehr darunter zu leiden, desto besser

> ist das Kind für die Trennung gerüstet. Auf diese Weise fällt es ihm leichter, seine Selbstrepräsentationen von den bisherigen symbiotischen Verschmelzungsrepräsentationen abzugrenzen, die das Selbst und das Objekt umfassten.
>
> (Mahler, 1968)

Gibt es bei diesem Ablösungsprozess Probleme, dann führt das meist zu anderen inneren Trancen.

Trance I: Der Primadonna-Komplex

Was ich den »Primadonna-Komplex« nenne, umfasst im Wesentlichen den Glauben, dass alles, was man sagt, denkt, tut, erfährt, wichtig und bedeutsam ist. Dies trifft vor allem auf Kinder zu, die von den Eltern entsprechend verwöhnt werden. Dazu gehören Eltern, die ihr Kind bereits für ein Genie halten, wenn es nur »da-da« oder »ma-ma« vor sich hin plappert. Wenn das Kind läuft, schlagen sie vor Entzücken die Hände über dem Kopf zusammen und können es gar nicht glauben. Die Kinder dieser Eltern nehmen automatisch an, dass sie etwas *ganz Besonderes* sind. So werden sie zu wahren Primadonnen.

Trance II: Die Welt mit Mamis Augen sehen

Dabei stellt man sich entweder vor, die anderen würden einen mit Mutters Augen sehen,

oder

man glaubt, dass man so ist, wie die Mutter einen sah. Dabei fällt mir ein Song ein, den John Lennon für Paul McCartney geschrieben hat:

> Du warst umgeben von durchschnittlichen Menschen, die dich für den King hielten, so wie früher, als deine Mutter dir immer all so was einreden konnte. Die Freaks damals hatten

Recht, als sie dich für tot erklärten … Du hast nur einen Fehler gemacht, und zwar in deinem Kopf … Wie schläfst du des Nachts?

In dieser Entwicklungsphase geht es um die Fähigkeit, sich ganz bewusst von innen (innere Welt) nach außen (äußere Welt) und umgekehrt zu bewegen. Dies ähnelt dem Gurdjieffschen Konzept der »Selbst-Erinnerung«, bei dem die Aufmerksamkeit sich zu fünfzig Prozent nach innen und zu fünfzig Prozent nach außen richtet.

Die folgende Übung geht davon aus, dass Sie Ihre Aufmerksamkeit zwischen innerer und äußerer Welt aufteilen können, so dass beide Eindrücke im Gleichgewicht sind. Ouspensky war ein Schüler von Gurdjieff, daher möchte ich die Erläuterung der Übung seinen eigenen Worten überlassen:

Ich spreche von der Teilung der Aufmerksamkeit, dem Hauptkennzeichen der Selbst-Erinnerung.
Ich stelle es mir in folgender Weise vor:
Wenn ich etwas beobachte, wird meine Aufmerksamkeit auf den beobachteten Gegenstand gerichtet – eine Linie mit einer Pfeilspitze.
Ich – – – – – – – – – – – – – – – –> der beobachtete Gegenstand.
Wenn ich gleichzeitig versuche, mich meiner selbst zu erinnern, wird meine Aufmerksamkeit sowohl auf den beobachteten Gegenstand als auch auf mich selbst gerichtet. Eine zweite Pfeilspitze erscheint auf der Linie.
Ich <– – – – – – – – – – – – – – –> der beobachtete Gegenstand.
Nachdem ich dies definiert hatte, sah ich, dass das Problem darin bestand, die Aufmerksamkeit auf sich selbst zu richten, ohne die auf einen anderen Gegenstand gerichtete Aufmerksamkeit zu schwächen oder zu vernachlässigen.

(Ouspensky, 1993, S. 172)

Die nächste Entwicklungsphase
Übungsphase: 10. bis 16. Monat

Dieser Zeitraum ist von enormer Grandiosität (Allmachtsfantasien/Selbstüberschätzung) begleitet. In dieser Phase wird das Kind von dem Gefühl, einfach alles zu können, geprägt. Es lernt laufen, wird dadurch unabhängiger, und jede einzelne Leistung bereitet ihm Freude. Gewöhnlich bezeichnet man dies als die »Grandiositätsphase«. An genau diesem Punkt sind all die Workshop- und Seminarleiter stecken geblieben, die ihre Kurse mit dem Prädikat verkaufen: Hier lernen Sie, wie Sie alles bekommen, was Sie je ersehnt haben. Im Lichte der neueren entwicklungspsychologischen Erkenntnisse könnte man diese Herren und Damen durchaus als Psychopathen mit einem gnadenlosen Hang zur »Selbstüberschätzung« bezeichnen.

Ihre Allmachtsfantasien entspringen entweder ihrem Glauben, man könne alles erschaffen, was bedeutet, dass sie in der kindlichen Übungsphase stecken geblieben sind, oder der Tatsache, dass sie pathologische Narzissten sind, die sich für das allumfassende Zentrum der Welt halten. Vielleicht wissen sie aber auch, dass es nicht wahr ist, was sie den Menschen vermitteln, und tun es nur um des lieben Geldes willen bzw. weil sie reich und berühmt sein wollen, ohne an ihre Klientel nur einen Gedanken zu verschwenden.

Spirituelle Trance: »Ich erschaffe meine eigene Wirklichkeit«

Das ist der Schlachtruf all jener New-Age-Anhänger, die an diesem Punkt ihrer Entwicklung stehen geblieben sind. Sie halten sich für den Mittelpunkt der Welt, da ihre Vorstellungen und Gedanken schließlich die äußere Welt erst erschaffen. Klar ist aber nur eines: Ihre Ideen schaffen Ihre subjektive Wirklichkeitserfahrung, aber nicht die äußere Welt. Sie haben keinerlei Einfluss darauf, was die Außenwelt von Ihnen denkt und hält.

Wenn ein hartgesottener New-Age-Anhänger die Straße hinunterschlendert und irgendjemand ruft in seinem Rücken laut »Arschloch!«, dann fragt er sich, weshalb er diese Erfahrung erschaffen hat, oder: »Was sollte ich wohl aus diesem Erlebnis lernen?« Bei diesem Verhalten handelt es sich sowohl um eine grandiose Umdeutung der Welt, weil der Betroffene davon ausgeht, dass er die Fakten der äußeren Welt geschaffen hat, als auch um eine Regression in den frühkindlichen Zustand, in dem die aktuelle Erfahrung zur »Lektion« wird, die irgendeine höhere Macht (Mami, Papi, die Schule etc.) einem zu lernen aufgibt, damit man den göttlichen Zwang zu wachsen erfüllen kann. Die Quantenpsychologie geht ganz im Gegenteil davon aus, dass Sie keineswegs dafür verantwortlich sind, wenn jemand plötzlich »Arschloch!« ruft. Sie tragen nur die Verantwortung für das, was Ihr Innenleben als Reaktion erschafft. Und da gibt es verschiedene Möglichkeiten: »Was kümmert's mich« oder »Ich bringe ihn um« bzw. »Ich fühle mich verletzt«.

Der berühmte New-Age-Kabarettist Swami Beyondananda machte sich über diese Form der Allmachtsfantasie lustig: »In New York fahren jetzt alle auf New Age ab. Sogar die Straßenräuber. Neulich ging ich spazieren, als einer mir eins über die Rübe gab, mir die Brieftasche abnahm und mich dann fragte: ›Warum haben Sie sich wohl diese Erfahrung geschaffen?‹«

Der New-Age-Komplex

Wenn ich mir hier einmal die entwicklungspsychologische Brille aufsetzen darf, dann möchte ich diese Form der Trance den »New-Age-Komplex« nennen. Mit den Worten der psychoanalytischen Entwicklungspsychologie könnte man sagen, dass das Kind hier die Welt als »seine Auster« erlebt. Das Kind verliebt sich regelrecht in seine Allmachtsfantasien, während es laufen und sprechen lernt. In dieser Phase glaubt es, es könne alles schaffen, alles tun, alles erreichen. Dabei wird der größere Kontext der Außenwelt völlig außer Acht gelassen.

Quantenpsychologisches Prinzip

Der Kontext ist größer als das Individuum.

New Age und andere spirituelle Lehrer leiden unter dieser Krankheit, wenn sie den Menschen einreden, dass sie das Universum nach ihren Wünschen formen könnten, nur indem sie ihren Kurs oder ihren Workshop besuchen und dort lernen, ein geistiges Bild zu erschaffen. Dies ist eines der eindrucksvollsten Beispiele für eine Entwicklungsstörung beim Lehrer, der den Workshop hält, sowie beim Schüler, der diese Art von »Guru« aufsucht.

Im Grunde genommen glaubt man in dieser Trance, dass die eigenen Träume und Fantasien wahr werden. Oder die eigenen Emotionen werden auf der kognitiven Ebene verzerrt: »Ich habe das Gefühl, dass dies oder jenes geschehen wird. Ich fühle, es muss geschehen. Und daher bin ich überzeugt, dass es auch geschehen wird.« Erst kürzlich habe ich mich mit einer spirituellen Lehrerin unterhalten, die plötzlich viel Geld verdiente. Sie erzählte mir, dass der »Geldstrom zu fließen begonnen habe, als sie sich dem Universum öffnete«. Ihre narzisstische Selbstüberschätzungstrance brachte sie dazu, zu glauben, die Einnahmen (Außenwelt) seien gestiegen, weil sie sich innerlich geöffnet habe – »als ob« sie kontrollieren könne, wie viel Geld ihr die Menschen (Außenwelt) zur Verfügung stellen wollten.

Was ist ein Narzisst?

Ich kannte einmal eine Dame, die mit einem Narzissten zu Abend essen wollte. In der ersten Stunde sprach der Herr nur über sich selbst. Nach etwas mehr als einer Stunde aber wandte er sein Interesse seinem weiblichen Gegenüber zu. Seine erste Frage an sie war: »Aber nun habe ich genug von mir geredet. Erzählen Sie mir doch jetzt, was Sie von mir halten?« Dies ist die klassische Trance einer Person, die in der kindlichen Übungsphase stecken geblieben ist.

Die Guru-Trance

Der Lehrer oder Guru, der sich zum Mittelpunkt der Welt erklärt, ist vermutlich beides: von seiner Allmachtsfantasie besessen und narzisstisch. Seine Entwicklungsstörung wird schon dadurch sichtbar, dass er glaubt, magische Kräfte zu haben (wie die magische Mutter) oder gottgleich zu sein (die spiritualisierte Mutter). Außerdem erwartet er als Narzisst natürlich, dass er ständig im Zentrum der Aufmerksamkeit steht. Er suggeriert uns, dass wir Befreiung (Verschmelzung) finden können, wenn wir (die regredierten Kinder) unsere Aufmerksamkeit auf ihn (den magisch-allwissenden Elternteil) richten. Wenn dem nicht so ist, wird er sehr schnell sehr sauer.

Die Schüler-Trance

Der Schüler (der in seiner kindlichen Trance feststeckt) lebt die andere Seite dieser Identität aus, indem er den Lehrer oder Guru (Mutter/Vater) für allwissend hält und ihm zutraut, seine innersten Beweggründe erspüren, wissen oder sehen zu können. Mit anderen Worten, das Kind im Schüler überträgt die Rolle der allwissenden Mutter auf den Lehrer oder Guru und nimmt an, er (die Mutter) kenne ihn bis auf den tiefsten Grund seiner Seele – weil er eins mit ihm ist.

Die Phase der Wiederannäherung – 18. Monat (Konfrontation mit der Welt)

In der Wiederannäherungsphase verfestigen sich die erworbenen Identitäten zusehends, weil das Individuum nun klar von der Mutter getrennt ist und sich der Welt stellen muss. Doch auch hier ist das Kind noch gezwungen, die Mutter weitgehend zu idealisieren, weil es Angst hat, dem Überlebenskampf sonst nicht gewachsen zu sein. Johnson schreibt über diese Phase Folgendes:

> In dem Maße, in dem die Probleme der Wiederannäherungsphase nicht angemessen bewältigt werden, kann das Individuum in sehr bedeutungsvoller Weise in seiner Entwicklung auf dieses Muster archaischen kindlichen Bewusstseins fixiert bleiben – Grandiosität, Idealisierung, Aufspaltung der Repräsentanzen von sich selbst und anderen.
> Das Individuum richtet vielleicht sein ganzes Leben lang falsche Erwartungen an sich selbst – es erwartet von sich die Erfüllung seiner archaischen Grandiosität und/oder die Erfüllung seiner archaischen Idealisierung.
>
> (Johnson, 1988, S. 40)

Und weiter:

> Was die Frage der Grandiosität betrifft, so braucht das Kind eine wiederholte, aber stützende Frustration dieser Illusion. Von der Übungsphase der Individuation bis zum Abschluss der ödipalen Phase muss es wiederholt, aber sachte lernen, dass es nicht allmächtig ist und nicht alles, was es will, tun oder haben kann, einfach, weil es das will.
>
> (Johnson, 1988, S. 43)

Unglücklicherweise stellen sich Gurus und spirituelle Schulen diesem Prozess häufig entgegen. Und was noch schlimmer ist: Ihre Philosophie verstärkt diese infantilen Muster des frühkindlichen Verschmelzens oft noch, indem Parolen ausgegeben werden, welche die Einheit mit dem Guru betonen, etwa: »Der Guru und ich sind eins.«

Einerseits ist das natürlich richtig. Ja, wir sind alle eins. Das Problem aber ist, dass wir unsere animalische Natur und unsere psychisch-emotionale Struktur genauso akzeptieren müssen wie unser Quantenbewusstsein. Die frühkindliche Verschmelzungstrance hingegen beruht ausschließlich auf Trancen und Entwicklungsstörungen. Die darin enthaltene infantile Weltsicht führt ganz automatisch zu individuellem Schmerz. Der *Weg des Menschlichen* hingegen verlangt von uns, dass wir uns aus dieser Verschmelzung lösen und als reifes Individuum handeln. Dieser Prozess der Menschwerdung erlaubt letztendlich, dass wir unsere Welterfahrung stabilisieren, indem wir zunächst zu unserer essentiellen Natur und schließlich zum Quantenbewusstsein vordringen.

Lassen wir hier noch einmal Johnson zu Wort kommen:

> Das ist die kritische Phase, in der das Individuum erstmals voll und ganz seine Getrenntheit begreift, diese Realität emotional verarbeiten muss und vor der Aufgabe steht, sei-

> ne Großartigkeit mit seiner Verletzbarkeit zu vereinbaren. Diese Wiederannäherung stellt den ersten Versuch des Individuums dar, seinen idealisierten Traum, der die Illusionen der Symbiose und der eigenen Großartigkeit einschließt, mit den Realitäten des Daseins in Einklang zu bringen, die Getrenntsein und Begrenztheit heißen.
> (Johnson, 1988, S. 55 f.)

Außerdem schreibt er:

> Die Rettung des Narzissten liegt nicht in seinen Leistungen, seiner Besonderheit oder Einzigartigkeit. Das »Drama des begabten Kindes« (Miller, 1981) besteht in der Entdeckung seiner menschlichen Gewöhnlichkeit. In dieser Gewöhnlichkeit steckt sein Vermögen, echte menschliche Gefühle zu empfinden, ungeachtet der Billigung oder Ablehnung dieser Gefühle durch seine internalisierten [oder externalisierten] Eltern. Sobald er seine Gewöhnlichkeit erkannt hat, kann er seine Gaben als eben das äußern, was sie sind – Gaben. Nicht seine Begabung macht ihn aus, sondern seine Menschlichkeit. (Johnson, 1988, S. 64)

In der Quantenpsychologie bedeutet wahre Spiritualität, dass wir uns der grundlegenden Einheit ständig bewusst sind: ebenso wie der essentiellen Natur, der animalischen, der psychisch-emotionalen Ebene und der Dimension der äußeren Welt. Der Weg des Menschen *zielt auf die Erkenntnis ab, dass wir Menschen sind, gewöhnlich, verletzbar, doch trotz allem verbunden mit der gesamten Menschheit – und das alles zur selben Zeit.*

Die Übergangsphase

In diesem Zeitraum löst sich das Kind von der Mutter. Um diesen Übergang zu erleichtern, bedient sich das Kind eines Objektes – eines Teddybären, eines Kissens oder einer Schmusedecke. Dieses Objekt ist für das Kind lebendig, so dass es sich immer noch verbunden fühlt, die Verschmelzung mit der Mutter also nicht ganz aufgeben muss.

Wenn jemand diese Phase nicht vollständig abschließt, wird er anfällig für spirituelle Übergangsobjekte. Geeignet für diese Form der Übertragungstrance sind z. B. Mantras, Gebetsketten, Hasenpfoten oder eine Kette mit einem Bild, die man um den Hals trägt. All das sind Anzeichen dafür, dass die Übergangsphase nicht vollendet wurde.

Hat die Trennung von der Mutter vollständig stattgefunden, werden die trancebesetzten Übergangsobjekte aufgegeben. Wir müssen uns klar machen, dass sich hinter der Sehnsucht des Kindes bzw. Schülers nach Gott einfach der Wunsch verstecken kann, mit der Mutter zu verschmelzen. All die spirituellen Devotionalien wie Mantras, Gebetsketten, Hasenpfoten oder Amulette sind Ersatzgegenstände für den Teddybären und die Schmusedecke. Wenn sie dem Betreffenden ein Gefühl tiefer Verbundenheit geben, fällt es ihm normalerweise leicht, sie aufzugeben, wenn er erkennt, worum es dabei letztlich geht. Das gibt dem Betreffenden mehr Freiheit, weil er von diesem Moment an mit sich selbst und der Welt verbunden ist und sich nicht mehr eines Vermittlungsobjekts (Mantra oder Gebet zur Kommunikation mit sich selbst) bedienen muss.

Der Sufi-Dichter und Weise Rumi schrieb dazu: »Das Gebet führt in die Trance.« Warum ist das so? Nun, es hält uns davon ab, die Gegenwart ganz zu erfahren.

Wenn ich über dieses Thema in meinen Workshops spreche, gibt es immer irgendjemanden, der sich darüber aufregt. In den meisten Fällen gebe ich dann zur Antwort: »Wenn alles Eine

Substanz ist, wer betet dann zu wem? Wenn es keine Trennung gibt, wer sollte auf das Gebet antworten?«

Die Trance der Loslösung

Viele streben danach, loszulassen, doch in den meisten Fällen geht es dabei nur um die Trance der Loslösung.

Diese Trance lässt uns glauben, dass wir der Anhaftung entronnen sind, doch meist wehren wir so nur unsere Gefühle ab. Die Objektbeziehungstheorie geht davon aus, dass das Kind die Loslösung als Schutzmechanismus gegen den Trennungsschmerz bei der Lösung von der Mutter einsetzt. Anders gesagt: Das Kind löst sich frühzeitig ab, um den Schmerz der Trennung »nicht fühlen« zu müssen. Unglücklicherweise wird diese Strategie der vorzeitigen Loslösung meist als Toleranz, innere Distanz oder als etwas noch Spirituelleres betrachtet.

Kürzlich machte ich im Rahmen eines Workshops eine Demonstration. Es ging dabei um einen Mann, der Eheprobleme hatte. (Genauer gesagt, bekam er von seiner Frau nicht, was er wollte.) Er sagte: »Ich akzeptiere sie einfach.« Ich bohrte nach: »Was spüren Sie in Ihrem Körper, wenn Sie ›akzeptieren‹ sagen?« Er antwortete: »Ich spüre, wie ich mich innerlich abwende.« Später wurde ihm bewusst, dass er sich von seinem Schmerz abwandte, während er glaubte, seine Frau zu akzeptieren. Mehr Akzeptanz aber führt gewöhnlich zu größerer Intimität und gegenseitiger Achtung. Auch in »spirituellen« Gruppen konnte ich beobachten, wie Menschen dachten, sie würden ihre Anhaftung lösen, während sie sich in Wirklichkeit von der Welt abwandten und sehr menschliche Gefühle abwehrten.

Was ist also der Unterschied zwischen vorzeitigem und wahrem Loslassen? Wahres Loslassen ist Gewahrsein, das über die

Dualität von Beobachter und Beobachtetem hinausgeht. Vorzeitiges Loslassen hingegen ist ein Abwehrmechanismus gegen den Trennungsschmerz. Gewahrsein aber geht über Dualitäten, Widerstände, Urteile, Begriffe und Bedeutungen hinaus.

Zum Abschluss

Selbstbetrug ist die wichtigste Ursache bei der Herausbildung von Identitäten. Denn nur der Selbstbetrug hilft über das hinweg, was die psychoanalytische Entwicklungspsychologie als »narzisstische Kränkung« (Erkenntnis des Getrennt-Seins von der Mutter) bezeichnet.

Identitäten enthalten Trancen. Dabei gehören die spirituellen Trancen meist zu den am tiefsten verwurzelten. Das hat vor allem drei Gründe: 1. Sie gehen auf frühkindliche, vorsprachliche Verhaltensmuster zurück. 2. Sie werden nie hinterfragt. 3. Spirituelle Systeme und Lehrer bedienen sich ihrer in einer Weise, die sie ständig verstärkt und ihnen von neuem Gültigkeit verleiht.

Schlussbemerkung

Die Quantenpsychologie kennt verschiedene Arten, wie dieses Ausagieren der Übertragungstrance funktioniert. Das gilt sowohl für den Betroffenen selbst, für seinen Kontakt zu dem anderen und zum inneren Beobachter:

1. Tu dir selbst, wie man dir getan hat.
2. Tu anderen, wie man dir getan hat.
3. Sieh »dich selbst«, wie Mutter und Vater dich gesehen haben.

Christopher Bollas ist ebenfalls der Ansicht, dass man mit sich selbst so umgeht, wie man als Kind behandelt wurde, und dass man sich genau so sieht, wie Mutter und Vater einen als Kind gesehen haben:

> Der Mensch trägt in Gestalt seiner Ich-Struktur Erinnerungen daran in sich, dass er das Objekt von Mutter und Vater war, und im Verlauf seiner verschiedenen Objektbeziehungen re-präsentiert er, auf der geschichtlichen Bühne gelebter Erfahrungen, unterschiedliche Konstellationen der Elemente von Mutter, Vater und Kind-Selbst. Eines der Idiome der Repräsentation ist seine Beziehung zum Selbst als einem Objekt, eine Objektbeziehung, in der er das Selbst objektivieren, fantasieren, analysieren und steuern kann, und zwar durch Identifizierung mit primären Bezugspersonen, die mit ebendieser Aufgabe befasst waren oder noch sind.
> (Bollas, 1997, S. 53)

Und weiter:

> Meiner Auffassung nach überträgt jeder Mensch Elemente der Fürsorge seiner Eltern auf den Umgang mit sich selbst als einem Objekt. (Bollas, 1997, S. 72)
> [Und sieht sich daher durch die Augen von Mami bzw. Papi, St. Wolinsky]

Mit anderen Worten, die Art, wie Ihre Eltern Sie gesehen und behandelt haben, wird verinnerlicht und Sie werden »sich« (d. h. Ihr regrediertes Ich) so sehen und behandeln, wie sie es taten. Ich habe mit unzähligen Menschen gearbeitet, die sich selbst dafür bestrafen, dass sie sich in einer bestimmten Weise benehmen. Diese Menschen leben jeden Augenblick ihres Lebens mit einer internalisierten Eltern-Identität und der Identität eines geschlagenen Kindes. Sie verinnerlichten den gewalttätigen Elternteil und taten sich in der Folge in jeder entsprechenden Situation selbst Gewalt an. Unsere *essentielle Natur*, unser *Ich bin*, also die Schichten des Bewusstseins, die vor dem Ausbilden von Identitäten liegen, bestrafen sich niemals selbst. Aber wie wir bereits gesagt haben, auf der Ebene der Identitäten gilt: Du wirst dir selbst antun, was andere dir angetan haben.

In der oben beschriebenen Situation identifiziert sich das Kind mit der Identität des geschlagenen Kindes und mit der des gewalttätigen Elternteils. Von diesem Augenblick an schlägt der verinnerlichte Elternteil ständig auf das verinnerlichte Kind ein. Wenn uns jemand gegenübertritt, der von sich selbst sagt: »Ich bin mir gegenüber sehr kritisch«, dann gilt es, sofort einzuhaken. Wenn einer meiner Patienten sagt: »Ich bin mir gegenüber kritisch«, dann antworte ich ihm: »Wer hat Sie als Kind kritisiert, Ihre Mutter oder Ihr Vater?« Wenn sie dann meinetwegen mit »meine Mutter« antworten, wissen wir, dass sie sich nicht selbst kritisieren, sondern einen Teil ihrer Mutter verinnerlicht haben. Mit dieser Identität sind sie verschmolzen, so dass sie sie nun für einen Teil ihrer selbst halten. Kein Kind ist je selbstkritisch. Normalerweise verschmilzt es mit einer externen Kritikerfigur und hält diese dann für einen Teil seines Selbst. Tatsächlich aber war es ein Teil der Mutter.

In der De-Hypnose und in der Quantenpsychologie geht es vor allem darum zu begreifen, dass diese Identitäten nicht wir selbst sind. Es sind Identitäten, die wir von anderen übernommen haben – als Kinder. In der De-Hypnose trennen wir uns von diesen Identitäten, so dass wir jenes Selbst wiederfinden, das vor der Ausbildung all dieser Schichten liegt, also vor der »Programmierung«. Wie Nisargadatta Maharaj sagte: »Was du über dich selbst weißt, kommt von außen. Löse dich davon.«

Der *Weg des Menschlichen* verlangt von uns nicht nur, dass wir die Übertragungstrancen erkennen und aufgeben, die wir selbst und andere hegen, sondern auch, dass wir uns von der Trance der Gegenübertragung lösen. Nur indem wir diese uranfänglichen Trancen, die unser Handeln steuern, erkennen und auflösen, gelangen wir zur wahren Freiheit und können unser ganzes menschliches Potential ausleben.

… noch ein Anhang

Nur zum Spaß

Teil I

Die Befreiung des Minotaurus

In seiner Theorie der Psychoanalyse benutzte Freud den Ödipus-Mythos, um einerseits einen psychischen Zustand, andererseits eine Form der sozialen Konditionierung, wie er sie sah, zu beschreiben.

Die Quantenpsychologie glaubt nicht an Mythen.

> *Mythos*:
> Eine traditionelle oder legendäre Geschichte, in der es gewöhnlich um Götter oder Halbgötter geht; eine erfundene Geschichte; eine imaginäre oder fiktive Person oder Sache (American College Dictionary, 1963, S. 8; [übersetzt nach dem Original des vorliegenden Textes])

Oft aber beschreiben Mythen, auch wenn sie falsch gedeutet werden, durch den Schleier der Symbole hindurch mächtige Archetypen und psychologische Situationen, dienen also als Spiegel der inneren Welt. Vor diesem Hintergrund setzt sich die Quantenpsychologie hier mit dem Mythos vom Minotaurus auseinander, denn es gibt nur wenige Mythen, die so massiv missverstanden wurden und doch über eine so tiefe psychologische Wahrheit verfügen wie dieser.

Die Legende vom Minotaurus, dem Wesen mit dem Kopf eines Bullen und dem Körper eines Mannes, entstand in der alten minoischen Kultur, etwa 3000 v. Chr. Picasso, Dali und Subraches haben den an sich männlichen Minotaurus auch als weibliches Wesen dargestellt. Der Mythos vom Minotaurus entstand lange vor der Geburt Christi und etwa 500 Jahre vor der Geburt des Buddha.

Zuerst möchte ich Ihnen einmal die Geschichte vom Minotaurus erzählen. Danach können wir uns der Interpretation zuwenden, indem wir jedes einzelne Segment des Mythos analysieren und uns seinen Symbolgehalt erarbeiten. Auf diese Weise wird er für das tiefere Verständnis von Beziehungen brauchbar gemacht.

Der Mythos vom Minotaurus

König Minos von Kreta erregte den Zorn des Meeresgottes Poseidon, als er einen prächtigen weißen Stier, den er als Opfergabe für den Gott erhalten hatte, selbst behielt. Minos versuchte, den Gott zu betrügen, indem er ihm einen Stier opferte, der dem ersten täuschend ähnlich sah. Doch Poseidon rächte sich: Er ließ Pasiphae, des Königs Gemahlin, sich unsterblich in den weißen Stier verlieben. Um den Stier zum Beischlaf zu bewegen, ließ sich Pasiphae von Dädalos, dem kunstvollen Handwerker und königlichen Architekten, eine Holzkuh machen. Sie verbarg sich in dieser Kuh und der Stier bestieg sie. Aus dieser bizarren Liaison ging ein scheußliches Ungeheuer hervor, das halb Mensch, halb Stier war.

Da bat König Minos den Dädalos, ein Labyrinth zu bauen, in dem der Minotaurus fortan leben sollte. Des Weiteren verlangte er von der Stadt Athen, die er unterworfen hatte, einen jährlichen Tribut von sieben unberührten Jünglingen und Mädchen, um den gigantischen Appetit des Ungeheuers zu stillen. Als Minos aber entdeckte, dass es Dädalos war, der die Vereinigung der Königin mit dem Stier überhaupt erst ermöglicht hatte, ließ er den Künstler zusammen mit seinem Sohn ebenfalls ins Labyrinth werfen. Dädalos aber fertigte aus Federn und Wachs Flügel an, mit denen er und sein Sohn Ikaros von der Insel flohen. Doch Ikaros, berauscht vom Fliegen, kam der Sonne zu nahe, so dass das Wachs schmolz und er vor der Insel Ikaria ins Meer fiel.

Außerdem begannen die Athener sich gegen die grausamen

Tributzahlungen an Minos zu erheben. Der Heldensohn der Stadt, Theseus, schwor, das Ungeheuer zu töten, und machte sich auf nach Kreta – verkleidet als ein zu opfernder Jüngling. Doch als er am Strand Ariadne sah, die Tochter des Königs, verliebte er sich in sie. Ariadne versprach, ihm bei seinem Unterfangen zu helfen, wenn er sie danach mit sich nehmen würde. Sie gab ihm ein Knäuel mit Bindfaden (Schnur), den er auf seinem Weg ins Labyrinth abrollen sollte. Auf diese Weise konnte er das Ungeheuer töten und wieder ans Licht gelangen. Theseus floh mit Ariadne und nahm sie zur Gemahlin, verließ sie aber dann auf der Insel Naxos, bevor er nach Athen zurückkehrte.

Als Athen schon in Sicht war, vergaß Theseus, weiße Segel zu setzen, die seinem zurückgebliebenen Vater Ägeus anzeigen sollten, dass er noch lebte. Der verzweifelte Ägeus stürzte sich daraufhin von der Akropolis ins Meer. Daher heißt heute dieser Teil des Meeres Ägäische See.

Der missverstandene Minotaurus-Symbolgehalt

Die Quantenpsychologie sieht den Minotaurus nicht als vernichtungswürdiges Monster, sondern als symbolische Repräsentation der tief greifenden biologischen und psychologischen Prozesse der Sexualität.

Die erste Symbolfigur ist Poseidon, der Herrscher des Ozeans, den man – im Gegensatz zum Begriff des klassischen Archetypus – als »Personifikation« bezeichnen kann. Die Quantenpsychologie unterscheidet zwischen diesen beiden Begriffen. Eine *Personifikation* wird erschaffen, wenn das »Nicht-Wissen« Chaos verursacht. Ein Beispiel: Jahrtausendelang wusste man nicht, was die Bewegung des Windes verursachte, und dieses Nicht-Wissen schuf vermutlich eine innere Erfahrung von Chaos und Unwohlsein. Um damit umgehen zu können, schufen die

Menschen eine anthropomorphe (menschenähnliche) Gestalt, einen Windgott. Diesen beteten sie an. Letztlich war aber der neue Gott (die Personifikation) einfach aus ihrem unbewussten Wunsch geschaffen worden, das Chaos zu organisieren, welches aus dem Nicht-Wissen um die wissenschaftlichen Fakten über die Entstehung des Windes hervorging. Dieser Gott wird als Person dargestellt, daher ist er eine anthropomorphe Personifikation.

Ein *Archetyp* hingegen entsteht direkt aus der Leerheit, aus dem Quantenfeld, dem ungeteilten Bewusstsein, das sich zur Sphäre des Kollektiven verdichtet. Wenn es sich weiter verdichtet, entstehen Energieströme, schließlich die Welt der Archetypen. Ein Archetyp ist also eine Verdichtung der Leerheit oder des Quantenfelds und hat seinen Ursprung in der Sphäre des Kollektiven. Kurz gesagt unterscheidet man die beiden Typen so: Eine Personifikation kommt aus dem Unbewussten oder Bewussten von Individuen, während ein Archetyp durch direkte Verdichtung der Leerheit des ungeteilten Bewusstseins entsteht, die die Sphäre des Kollektiven hervorbringt.

Der Geist als einheitliches Ganzes wird im vorliegenden Mythos durch den Ozean dargestellt. Im Buddhismus beispielsweise gibt es Mudras (rituelle Gesten), mit denen der Buddha dargestellt wird. Jede Handhaltung, jede Geste repräsentiert eine andere verwirklichte Geisteshaltung. Eine berühmte Haltung ist die Erdberührungsgeste: Dabei berührt der Buddha mit der Hand die Erde, um sie zum Zeugen für die erlangte Verwirklichung anzurufen. In dieser Mudra zeigt sich die Erde als unparteiliche Zeugin unserer Gedanken, Emotionen, Gefühle und Handlungen. Ich hingegen bewahre in meinem Haus eine Statue auf, die den Buddha zeigt, wie er mit der Hand die Wellen des Ozeans (des Geistes) beruhigt.

Poseidon als Gott des Meeres oder Geistes gibt dem König (Könige stehen häufig für das höhere Selbst) einen wunderschönen Stier (der für die Energie von Sexualität und Fruchtbarkeit steht). Der Gott (der universelle Geist) bittet den König (das höhere Selbst), diesen Stier (die Sexualität) zu zerstören.

Dieser Akt steht für die Trennung von Körper und Geist, die Poseidon hier vornimmt, so »als ob« Sexualität nicht integrativer Bestandteil der körperlich-geistigen Erfahrung innerhalb des großen Ganzen wäre. Die Aufteilung in Körper, Seele und Geist zeigt, dass wir uns den Körper, den Geist und das übergeordnete Ganze als getrennte Einheiten vorstellen. Das ist interessant, denn sogar Freud sagte, dass das *Ego körperzentriert* sei. Diese angebliche Teilung wird symbolisch durch Poseidons Opferverlangen repräsentiert, das die Welt in Teile aufspaltet. Nur durch die Abspaltung von Körper und Geist vom zugrunde liegenden Ganzen wird Sexualität (als Körperfunktion) zu einer Energie, die zerstört werden muss. Wie ich schon mehrfach erwähnt habe, ist diese Einstellung das Herzstück der meisten Religionen: Der Körper mit seinen Funktionen ist schlecht und muss kontrolliert, zerstört (geopfert) oder transzendiert werden, wenn man die Erleuchtung erreichen möchte.

Minos (das höhere Selbst oder die *Essenz*) kann den Stier aber nicht zerstören, weil er dessen Schönheit erkennt. (Er sieht dessen Verbindung zur Sphäre der Sexualität.) Um Poseidon (den ungeteilten Geist) also zu täuschen, opfert Minos ein Abbild des Stieres (etwas, das aussieht wie Sexualität), aber nicht den Stier selbst. Hier können wir sehen, wie wir Sexualität, die eine natürliche biologische Kraft, ein Ausdruck des großen Ganzen ist, falsch interpretieren. Wir verwechseln den natürlichen biologischen Impuls mit seinen Repräsentationen, also mit den Bildern und Ideen, die wir uns davon machen. Wir versuchen also, die Sexualität zu zerstören, indem wir sie als »schlecht« etikettieren und unter unseren Vorstellungen ersticken. (Ich lernte vor kurzem eine Frau kennen, die sich selbst als Guru ausgab und Sex als Trance bezeichnete. In Wirklichkeit konnte sie ihre Ideen über Sex nicht von dem natürlichen biologischen Impuls unterscheiden. Kurz gesagt: Wir schaffen Bilder von Sexualität, die nicht unsere Sexualität sind. Wenn wir dann wegen dieser von uns geschaffenen Bilder unsere natürlichen Impulse zerstören wollen, schaffen wir eine neue Ebene der Trennung zwischen uns und dem zugrunde liegenden Ganzen.)

Für dieses Verhalten rächt sich nun Poseidon und verflucht Pasiphae, die sich in den Stier verliebt. Mit anderen Worten: König Minos (die Essenz) schafft keine Trennung zwischen sich und der Sexualität, sondern er will den Versuch des Geistes, sich selbst zu teilen, umgehen. Wie alle Muster im Geist, so schafft auch dies nur noch mehr Trennung und Verwirrung, so dass Pasiphae, der weibliche Archetyp, an die Trennung zu glauben beginnt, die ihr der Geist (Poseidon) einredet. Sie verliert sich selbst in ihrem alles überwältigenden Verlangen, weil sie die Sexualität als etwas betrachtet, das getrennt von ihr ist.

Pasiphae bringt Dädalos, den Architekten (und Bildkonstrukteur), dazu, ihr ein Bild zu schaffen, in das sie selbst hineinpasst, damit sie auf den Stier anziehend wirkt. Damit wird sehr schön beschrieben, wie wir mit dem sexuellen Impuls in unserer Gesellschaft umgehen. Wir verstehen ihn nicht, daher spalten wir ihn von uns ab. Auf Grund dieser Trennung müssen wir ein Abbild des natürlichen Impulses schaffen, weil wir mit der natürlichen biologischen Anziehung nicht umgehen können. Ein Bild (Behälter) wird benutzt, um Männer (oder Frauen) zu verführen. Pasiphae versteckt sich selbst (ihre wahren Gefühle) in bzw. hinter der Maske (Holzkuh), um den Stier dazu zu bringen, sich ihr sexuell zu nähern.

Hier können wir die mit dem Sexualleben verbundenen Unwahrheiten klar erkennen. Zuerst kommt die Abspaltung von der zugrunde liegenden Einheit. Dann die Trennung von Körper und Geist. Als Nächstes wird Sex als von uns getrennt betrachtet. Schließlich erfolgt die ebenso künstliche Trennung in Männlich und Weiblich. All diese Abspaltungsvorgänge (Lügen) erzeugen Bilder und Masken (die Holzkuh), die wir der Welt präsentieren. Wir versuchen, ihr und uns vorzugaukeln, das seien wir selbst. Allmählich aber vergessen wir, dass die Repräsentation eine Maske ist, und halten sie selbst für wahr. So kann narzisstisches Verhalten betrachtet werden als Verliebtheit in die Bilder, die man von sich selbst geschaffen hat. Auf diese Weise aber verliert man sich. Die zeitgenössische Psychologie aber konzentriert sich nicht auf den Abbau des Lügengespinstes, das zu immer mehr Trennung und Abspaltung führt. Sie begnügt sich damit, unsere Fassade zu ändern, damit wir mehr Macht über die Bilder und Masken haben, hinter denen wir uns verstecken, und sie sozial noch besser anpassen können.

Als der Stier und Pasiphae sich sexuell vereinigen, wird der Minotaurus geschaffen. Minos (die Essenz) tappt in die Falle. Er hält die Abspaltung für real und erklärt den Minotaurus (einen Bastard) zum Ungeheuer, nachdem er entdeckt hat, dass seine Frau Kontakte zur Sexualität (Stier) geknüpft hat.

Ist der Minotaurus ein Ungeheuer?

In der Familientherapie bezeichnet man Kinder häufig als »Symptomträger«, als Repräsentation der Probleme innerhalb der Ehe. Wenn das Problem natürlich die Abspaltung ist (welche die Sexualität aus dem menschlichen Erleben herauslöst), muss irgendetwas oder irgendjemand als Sündenbock herhalten. In diesem Fall ist es der Minotaurus, das ungewollte und unehelich geborene Kind. Auf einer tieferen Ebene entsteht das Problem dadurch, dass wir uns Sexualität und ihre Frucht (den Minotaurus) als getrennt von der zugrunde liegenden Einheit, vom großen Ganzen vorstellen. Uneheliche Kinder nennt man »Bastarde«, eine ziemlich abwertende Bezeichnung. Vom familientherapeutischen Standpunkt aus wurde der Minotaurus (das Produkt der abgespaltenen Sexualität) geopfert, um die Ehe zu retten. Minos (das höhere Selbst, das nun endgültig gefallen ist und Sexualität als etwas von ihm und der zugrunde liegenden Einheit Getrenntes betrachtet) lässt ihn ins Labyrinth schaffen, das seit jeher als Symbol für den begrifflichen (geteilten) und unbewussten Geist gilt. Das Labyrinth (das Unbewusste) liegt außerhalb des Blickfelds der Achtsamkeit, ein Irrgarten, aus dem man kaum noch »herausfindet«, wenn man ihn erst einmal betreten hat.

Der Minotaurus, das Abbild der Sexualität, wird also in die Tiefen des Unbewussten (Labyrinth) verbannt. Sobald die sexuelle Komponente aus der bewussten Welt verbannt ist, lebt Minos in dieser von Abspaltung geprägten Welt. Dabei bleibt er aber unbewusst von der Sexualität, die der Minotaurus symbolisiert, besessen. König Minos (das gefallene höhere Selbst) glaubt an die Abspaltung. Als er herausfindet, dass Dädalos (der Architekt) das Bild (Holzkuh) geschaffen hat, das den Stier anziehen sollte, will er ihn bestrafen. Er sperrt Dädalos (den Bildermacher) und seinen Sohn Ikaros (ebenfalls ein Geschöpf des Bildermachers) ins Labyrinth des Unbewussten ein.

Doch Dädalos schafft sich Flügel aus Stäben, Federn und Wachs. Auf diese Weise gelingt ihm und seinem Sohn die Flucht. An diesem Punkt wohnen wir folgendem Prozess bei: Der Bildermacher kreiert (automatisch) ein Falsches Selbst, um das Problem des Falschen Kerns zu überdecken. Mehr Bilder werden also erzeugt, ein neues Abbild (etwas Falsches), um dem unbewussten Geist zu entkommen. Wir sehen, wie die jüngeren Schichten der Persönlichkeit versuchen, mit einer neuen Repräsentation (dem Falschen Selbst) über das Unbewusste (den Falschen Kern) hinauszugelangen, sich ihm also wieder nicht stellen. Die beiden versuchen, mit Hilfe des Falschen Selbst zu entfliehen. Ikaros aber (ein weiteres Abbild des Bildermachers) fliegt mit seinen (falschen) Flügeln aus Wachs zu nahe an die Sonne (ein Symbol für die göttliche Macht). Die Methode (Flügel) funktioniert nicht. Die Flügel schmelzen und Ikaros stürzt ins Meer, in die zugrunde liegende Einheit. Für das begriffliche Denken sieht das aus, als wäre er zu Tode gekommen. Vom Standpunkt des großen Ganzen aber gibt es weder Tod noch Geburt.

In Wirklichkeit vereint Ikaros sich mit der zugrunde liegenden Einheit. Sein Fall stellt symbolisch dar, was geschieht, wenn eine Strategie des Falschen Selbst genutzt wird, um sich vom Geist zu befreien. Da die Methode falsch ist, *scheint* sie nicht in der Lage zu sein, den Betreffenden zu Gott (zum nicht-dualen Bewusstsein) zu bringen. Man denkt zuerst, man sei nun endlich frei, aber früher oder später schmelzen die Flügel (die Methoden). Die Nähe zum nicht-dualen Gewahrsein Gottes (Sonne) offenbart ihre Mangelhaftigkeit. In Wahrheit aber ist alles aus derselben Substanz und Teil derselben Wirklichkeit. Nur das begriffliche Denken, der geteilte Geist, glaubt, dass es zu einem Fall kommt, weil falsche Methoden und falsches Verständnis angewandt wurden.

Am Ende aber kehren wir alle in die zugrunde liegende Einheit des großen Ganzen (Ozean) zurück. Ikaros' falsche Methoden gehen kaputt, aber trotzdem wird er von der Illusion des Getrennt-Seins befreit (wie wir alle), als er bei seinem Tod ins einheitliche Bewusstsein eingeht. Hier erkennen wir, dass alles die Eine Substanz ist, auch wenn jemand auf dem »falschen« Weg zu sein scheint und die »falschen« Methoden einsetzt – es gibt letztlich *keine* Fehler. Alle Straßen zum Tod münden in das große Ganze, die Einheit, die wir sind, der wir nicht entkommen können und die wir hoffentlich am Ende erkennen.

Ich sagte einmal zu Nisargadatta Maharaj: »Ich habe den Eindruck, dass es so etwas wie freie Wahl nicht gibt. Was geschieht, geschieht einfach. Stimmt das denn?« Er antwortete: »Offensichtlich.«

Minos (das gefallene[1] höhere Selbst) befiehlt König Ägeus von Athen, zur Abzahlung einer Kriegsschuld (hier steht »Krieg« für den sturen Glauben an die Trennung) sieben Jungen und sieben Mädchen (alle jungfräulich) nach Kreta zu schicken, damit sie dem Minotaurus (der Sexualität) geopfert (übergeben) werden können. Der Mythos suggeriert an dieser Stelle, dass das Ungeheuer die Kinder auffrisst. Die Quantenpsychologie hingegen behauptet, dass sie einfach nur ihrer eigenen Sexualität als Teil des Ganzen zurückgegeben werden und darin aufgehen. Vom Standpunkt des geteilten Bewusstseins aus werden die Jungen und Mädchen natürlich zerstört (von ihrer Sexualität). Der quantenpsychologische Blickpunkt aber sieht sie mit ihren natürlichen biologischen Funktionen wieder vereinigt. Die Teilung zwischen Körper (Sex) und Geist löst sich auf.

Tief im Labyrinth des Unbewussten haust der Minotaurus, der von den Kräften der Trennung und Spaltung als Ungeheuer (der Sexualität) betrachtet wird. König Ägeus (Herr Spaltung höchstpersönlich) kann es nicht ertragen, dass diese jungfräulichen Geschöpfe vom Minotaurus (Sexualität) gefressen (absorbiert) werden. Er sendet seinen Sohn Theseus (den Sohn der Spaltung), verkleidet als Opferjüngling, ins Labyrinth (Unbewusste) des Minotaurus, um diesen (Sexualität) vollständig zu zerstören. König Ägeus weigert sich, der Illusion ins Gesicht zu sehen. Er hält die eingebildete Trennung zwischen Sexualität und Körper, die ihn vom zugrunde liegenden Ganzen abspaltet, aufrecht. Er sucht lieber außerhalb seiner selbst nach *Schuldigen*. Zerstörung liegt ihm mehr, als seine Spaltungskonzepte aufzugeben. Würde er sich diesen stellen, so müsste er sich mit Schmerz und Selbstbetrug auseinander setzen und seine irrigen Vorstellungen loslassen.

[1] Natürlich ist auch der Begriff »gefallen« hier relativ zu sehen. Er beschreibt, wie Minos selbst sich und andere in diesem Moment sieht, nämlich als getrennt.

Theseus macht sich nach Kreta auf. Sein Boot trägt schwarze Segel. Er verspricht seinem Vater, wenn er lebend zurückkehrt, weiße Segel zu setzen. Sollte die Mission aber fehlschlagen, dann würden die Segel bei der Rückkehr schwarz bleiben. Traditionell gilt Schwarz als »schlecht« und Weiß als »gut«. Theseus segelt mit schwarzen Segeln, was andeutet, dass seine Mission keine »positive« ist. (Es geht dabei schließlich darum, die Abspaltung der Sexualität aufrechtzuerhalten.)

Er macht sich auf nach Kreta, wo er König Minos' Tochter Ariadne (das Weibliche) kennen lernt. Die beiden verlieben sich (werden integriert) und heiraten später. Das bedeutet, dass die Trennung zwischen Männlich und Weiblich schwindet. Beide Kräfte vereinigen sich zu einer. Ariadne (das Weibliche) kennt den Weg ins Labyrinth (des Geistes), in dem der Minotaurus (Sexualität) haust, und wieder zurück. Daher gibt sie Theseus einen Bindfaden (eine Schnur steht für den Weg), damit er den Weg hinein und – noch wichtiger – wieder zurück findet. Theseus tötet den Minotaurus (Sexualität) und entkommt. (Der Faden zeigt ihm den Weg ins Labyrinth des Unbewussten und führt ihn auch wieder heraus.)

Miteinander fliehen sie nach Athen, aber auf dem Weg dorthin macht Theseus auf einer kleinen Insel Rast, wo er Ariadne (das Weibliche, das ihm den Weg ins Unbewusste und wieder heraus gewiesen hatte) zurücklässt. Die Quantenpsychologie geht davon aus, dass der Verlust der Sexualität der Anfang vom Ende einer Beziehung ist. In unser aller Leben fühlt unser Partner sich verlassen, wenn die Sexualität aus der Beziehung schwindet, und schließlich endet die ganze Verbindung. Weshalb? Weil wirkliche Sexualität und Ehe nur dann befriedigend sind, wenn es eine echte Integration gibt und die Sexualität dazu beiträgt. Wird sie aber vernachlässigt, so gibt es auf der natürlichen biologischen Ebene keine Bindung mehr. Damit aber fallen Männlich und Weiblich wieder in zwei getrennte Einheiten auseinander. Diese Desintegration ist so schmerzhaft, dass sie häufig das *Ende* der Ehe bedeutet. Das ist ganz »wie im richtigen Leben«. Männer verlassen häufig die Frauen, die ihnen den roten Faden für ihr Leben gegeben haben, d. h. die Frauen, die sie integriert haben, damit sie Erfolg haben konnten. Sobald aber diese Integration von Seiten des Mannes aufgegeben wird, machen die Männer von neuem die Erfahrung der Trennung, indem sie das Weibliche verlassen.

Theseus zieht weiter nach Athen. Da er aber seine eigene Sexualität abgetötet und sich von seiner weiblichen Seite getrennt hat, nimmt das Unbewusste (Vergessen) in ihm überhand. Er vergisst, die Segel auszutauschen. Mit anderen Worten: Da er seine Sexualität zerstört und die Trennung verstärkt hat, verfällt er in eine Trance. Die negative Mission, also die weitere Abspaltung der sexuellen Bedürfnisse vom Rest des Geistes, war erfolgreich. Er ist auf dem Rückweg – unter der Flagge der »bösen« Farbe. Die Segel bleiben schwarz. Sie stehen für seinen Tod (für noch mehr Abspaltung) und lösen ihrerseits wieder Tod aus. Die Mächte der Dunkelheit, der Spaltung, haben gewonnen. Weiß, das Licht, ist die Farbe des lichten Bewusstseins. Sein Vater (der Herr der Spaltung) sieht die schwarzen Segel des Schiffes vom Gipfel eines Berges. Durch den Tötungsbefehl (Minotaurus) ist er sich selbst fremd geworden. Er glaubt, die Sexualität habe gewonnen und sein Sohn (Abbild seiner selbst) sei dabei gestorben, d. h. er glaubt, sich selbst getötet zu haben (indem er seine Sexualität begraben hat). Also stürzt er sich ins Meer (den allumfassenden Geist). Auch hier gilt: Er hat zwar gegen die »Kräfte des Guten« gekämpft, »Böses« getan (indem er noch mehr Abspaltung befahl) und deshalb gelitten, doch am Ende geht er – wie wir alle – ins große, vereinheitlichte Feld der Leerheit des ungeteilten Bewusstseins ein.

Teil II

Der Minotaurus-Komplex

Um den Minotaurus-Komplex besser zu verstehen, werfen wir zunächst einen Blick auf seinen Kontext, d. h. auf die Beziehung, die Gesellschaft und Religion zur Sexualität haben.

Zunächst einmal möchte ich mit Ihnen die quantenpsychologische Sichtweise von Sexualität, Körper-Geist und dem vereinheitlichten Feld klären. Die Quantenpsychologie geht davon aus, dass es keinen Unterschied, keine Trennung zwischen dem Körper und der Leerheit des undifferenzierten Bewusstseins, d. h. des vereinheitlichten Feldes gibt. Ganz im Gegenteil, für die Quantenpsychologie sind Körper, Geist und Seele nur unterschiedliche Verdichtungsstadien der Einen Substanz.

Die Theorie der Quantenpsychologie nimmt an, dass wir mehr leiden, je stärker wir an die Trennung von der Leerheit des ungeteilten Bewusstseins glauben und je mehr Abspaltungen wir zwischen Körper, Geist und Seele vornehmen. Dann nämlich kämpft ein als getrennt erlebter Persönlichkeitsanteil gegen den anderen.

Symptome des Minotaurus-Komplexes

Die Symptome des Minotaurus-Komplexes treten überall auf, besonders häufig aber finden wir sie bei Anhängern spiritueller und religiöser Gruppierungen.

Symptom 1

Zunächst einmal wird Sexualität an sich als etwas Schlechtes betrachtet. Konsequenterweise versucht man daher, sie bewusst zu unterdrücken und zu verstecken. Dies schafft allerdings nur eine unbewusste Fixierung auf sexuelle Themen, eine Art Überkompensation dieser verborgenen sexuellen Triebe. Die Überkompensation äußert sich zum einen in der Projektion sexueller Gefühle auf andere, worauf man den »anderen« auf Grund dieser angeblichen Gefühle als »schlecht« einstuft. Zum anderen entstehen daraus Schuldgefühle, weil man die eigenen biologischen (überlebensnotwendigen) Prozesse fühlt. Dabei ist Sexualität Teil unseres biologischen Überlebensprogrammes.

Ganz besonders zeigt sich dies im religiösen Leben unserer Gesellschaft, das sexuelle Gefühle meist als etwas Schlechtes einstuft, oder in spirituellen Schulen, die Sexualität nicht nur für schlecht halten, sondern ihr (bzw. ihrer Unterdrückung) sogar eine wesentliche Rolle auf dem Weg zur Erleuchtung (Vereinigung mit Gott) zuschreiben. Das grundlegende Missverständnis hierbei liegt in dem Glauben, dass die Einheit mit Gott bzw. der Leerheit des undifferenzierten Bewusstseins schneller erreicht wird, wenn man sexuell enthaltsam lebt. Dahinter steckt implizit die Auffassung, dass auch Gott (bzw. die Leerheit des ungeteilten Bewusstseins) Sexualität für etwas Schlechtes hält.

Diese Sicht der Dinge ist falsch, weil sie nicht erkennt, dass der Körper und die Sexualität wesensmäßig nicht von der Leerheit des ungeteilten Bewusstseins verschieden sind. Diese unbewusste Repression schafft eine dauerhafte Fixierung auf Sex, wobei Sex ebenfalls als getrennt von den körperlichen Funktionen, vom großen Ganzen des Quantenbewusstseins gesehen wird. Einfacher gesagt, in diesem Zustand leugnet man, dass Körper und Sexualität Manifestationen der Einen Substanz sind.

Symptom 2

Das nächste Symptom des Minotaurus-Komplexes besteht in der Trennung zwischen den drei Komponenten des Mensch-Seins: Körper, Geist und Seele.

In der Quantenpsychologie ist der Körper der Geist ist die Seele ist das große Ganze. Sobald es zur Abspaltung kommt, arbeiten Körper, Geist und Seele gegeneinander.

Deutlich drückt sich das aus, wenn eines dazu benutzt wird, damit man mit dem anderen besser fertig wird. In den meisten religiösen und psychologischen Systemen gelten Geist bzw. Seele als wichtigster Teil des Menschen.

Auch in der Psychologie wird der Geist meist über den Körper gestellt. Vielleicht liegt das daran, dass die meisten Menschen sich vorstellen, der Geist befinde sich im Kopf, der ja ganz oben sitzt. Auf diese Weise identifizieren sie sich mit dem Geist und vernachlässigen den Körper.

In spirituellen Kreisen hingegen sieht man den Geist gern als etwas, das sich der Vereinigung mit Gott (dem vereinheitlichten Feld) entgegenstellt. Daher gilt er als schlecht. Das führt letztlich in einen schmerzlichen Kreislauf. Die Betroffenen betrachten ihre Sexualität als etwas, das von ihnen selbst und Gott bzw. dem großen Ganzen gleichermaßen getrennt ist.

Symptom 3

Unsere Gesellschaft hält Sexualität gewöhnlich für ein ideales Vehikel für Liebe, Verständnis und Intimität. Natürlich ist das besser, als den Körperkontakt für den Aufbau von Macht und einem übertriebenen Selbstbild zu benutzen, wie das leider immer noch geschieht. Doch Sexualität *ist* bereits Liebe und Intimität, also wesentlich mehr als nur ein schlichtes Ausdrucksmittel für diese Energien.

Symptom 4

Sex als getrennt von sich selbst erleben.

Symptom 5

Sexuelle Repression mit Hilfe von Philosophien, Religionen, Göttern, Göttinnen oder psychologischen Theorien verstärken.

Schlussbemerkung

Wir müssen begreifen lernen, dass unser Körper Teil des vereinheitlichten Ganzen ist. Er ist eine Verdichtung der Einen Substanz. Dazu gehören auch Tod und Sexualität. Zu erkennen, wer wir wirklich sind, ist ein Prozess, in dem wir mehr und mehr verstehen, dass wir alle Teil der Einen Substanz sind. Erst dieses Verständnis erlaubt uns, das Labyrinth des dualistischen Denkens hinter uns zu lassen und tief in die Leerheit des ungeteilten Bewusstseins einzutauchen.

Über Stephen H. Wolinsky

Stephen H. Wolinsky, Ph. D., begann seine klinische Praxis 1974 in Los Angeles, Kalifornien. Als Therapeut und Ausbilder in Gestalttherapie und Psychoanalyse nach Wilhelm Reich leitete er Workshops in Kalifornien. Darüber hinaus studierte er Klassische Hypnose, Psychosynthese, Psychodrama/Psychomotorik und Transaktionsanalyse. 1977 reiste er nach Indien. Dort blieb er sechs Jahre, die er mit dem Studium der Meditation verbrachte. 1982 ging er nach New Mexico und nahm seine praktische Tätigkeit als Psychologe wieder auf. Er bildete Therapeuten in Hypnotherapie nach Milton Erickson und in Familientherapie aus. Außerdem leitete er mehrjährige Ausbildungskurse zu den Themen »Die Integration von Hypnose und Psychotherapie« sowie »Die Integration von Hypnose und Familientherapie«. Er ist Autor von *Die alltägliche Trance*, *Quantenbewusstsein*, *Das Tao des Chaos*, *Das Tao der Meditation, Die dunkle Seite des inneren Kindes* und *Jenseits des Enneagramms*. Er ist der Begründer der Quantenpsychologie. Augenblicklich lebt er in Kalifornien. Informationen über Workshops erhalten Sie in englischer Sprache unter der Telefonnummer 0 01-8 31-4 64 05 64 oder unter der Fax-Nummer 0 01-8 31-4 64 05 64.

Informationen über Seminare des Autors in Deutschland erhalten Sie gegen einen frankierten Rückumschlag vom

Institut für Angewandte Kinesiologie
Eschbachstr. 5
D–79199 Kirchzarten
Telefon: 0 76 61/9 87 10
Fax: 0 76 61/9 87 14 9

Bibliografie

Agneessens, C.: *Fabric of Wholeness: Embodying Relational Gravity* (in Vorbereitung).

Almaas, A. H.: *The void.* Samuel Weiner Inc., York Beach 1986.

American College Dictionary. Random House, New York 1963.

Bahirjit, B. B.: *The Amritanubhava of Janadeva.* Sirun Press, Bombay 1963.

Benbu, I.: *Stalking the Wild Pendulum.* Destiny Books, Rochester/ Vermont 1977.

Blanck, Gertrude und Rubin: *Ich-Psychologie II: Psychoanalytische Entwicklungspsychologie.* Klett-Cotta, Stuttgart 1980.

Bohm, D.: *Quantum Theory.* Constable, London 1951.

Bohm, D.: *Wholeness and The Implicit Order.* Ark Paperbacks, London 1980.

Bohm, D.: *Unfolding Meaning.* Ark Paperbacks, London 1985.

Bohm, D./Factor, D.: *Die verborgene Ordnung des Seins.* Aquamarin, Grafing 1988.

Bohm, D./Peat, D. F.: *Science, Order and Creativity.* Bantam Books, New York 1987.

Bollas, Chr.: *Der Schatten des Objekts. Das ungedachte Bekannte. Zur Psychoanalyse der frühen Entwicklung.* Klett-Cotta, Stuttgart 1997.

Bollas, Chr.: *Furies of Destiny: Psychoanalysis and human idiom.* Free Association Books, London 1989.

Bourland, D./Johnson, P.: *To Be Or Not to Be: An E-prime Anthology.* International Society for General Semantics, San Francisco 1991.

Buddhist Text Translation Society: *The Heart Sutra and commentary.* Buddhist Text Translation Society, San Francisco 1980.

Capra, F.: *Das Tao der Physik.* Droemer Knaur, München 1997.

Edinger, E.: *Ego and The Archetype: Individualization and the Religious Function of the Archtype.* Shambala, Boston 1992.

Gleick, James: *Chaos – die Ordnung des Universums.* Droemer Knaur, München 1988.

Godman, D.: *Leben nach den Worten Sri Ramana Maharishi.* Die spirituelle Biographie des Sri Annamalai Swami. Ludwig Verlag, München 1996.

Hawking, St.: *Eine kurze Geschichte der Zeit.* Rowohlt, Reinbek bei Hamburg 1999.

Herbert, N.: *Quantum Reality.* Anchor Press, New York 1985.

Horner, A. J.: *Object Relations And The Developing Ego in Therapy.* Jason Arunsun Inc., Northridge/New Jersey 1985.

Hua, Master Tripitaka: *Shurangama Sutra.* Buddhist Text Translation Society, San Francisco 1980.

Ichazo, O.: *The Fourteen Pillars of Perfect Recognition.* Arica Institute, Inc., New York 1993.

Irving, J. L.: *Language Habits In Human Affairs.* International Society for General Semantics, England/New Jersey 1941.

Isherwood, Chr./Prabhavananda, Swami: *Gotterkenntnis. Die Yoga-Sutras von Patanjali.* Ullstein, Frankfurt/M. – Berlin – Wien 1998.

Johnson, S. M.: *Der narzißtische Persönlichkeitsstil.* EHP – Edition Humanistische Psychologie, Köln 1988; 4. unveränd. Aufl. 2000.

Johnson, S. M.: *The Symbiotic Character.* W. W, Norton & Co., New York/London 1991.

Kaku, M.: *Im Hyperraum.* Rowohlt, Reinbek bei Hamburg 1998.

Kaku, M./Trainer, J.: *Jenseits von Einstein. Die Suche nach der Theorie des Universums.* Insel Verlag, Frankfurt/M. 1996.

Korzybski, A.: *Science and Sanity.* Institute for General Semantics, Englewood/New Jersey 1993.

Korzybski, A.: *Selections From Science and Sanity.* International Non-Aristotelian Library Publishing Company, Englewood/NJ 1962.

Mahler, M.: *Symbiose und Individuation.* Klett-Cotta, Stuttgart 1992[6] (zitiert n. d. engl. Ausgabe 1968).

Marshall, R. J./Marshall, S. V.: *The Transference-Counter-Transference Matrix: The Emotional-Cognitive Dialogue in Psychotherapy, Psychoanalysis and Supervision.* New York, Columbia Univ. Press 1988.

McKay, M./Davis, M./Fanning, P.: *Thoughts and Feelings: The Art of Cognitive Stress Intervention.* Harbinger Publications, Oakland/CA 1981.

Miller, H.: *Wendekreis des Krebses*. Rowohlt, Reinbek bei Hamburg 1994.
Miller, H.: *Wendekreis des Steinbocks*. Reinbek bei Hamburg 1995.
Mookerjit, A.: *Tantra Asana. A Way to Self-Realization*. Ravi Humar, Basel, Paris, New Delhi.
Muktananda, S.: *Play of Consciousness*. Shree Gurudev Ashram, Ganeshpuri 1974.
Muktananda, S.: *I Am That: The Science of Hamsa*. S.Y.D.A. Foundation, New York 1978.
Naranjo, C.: *Erkenne dich selbst im Enneagramm*. Kösel, München 1994.
Nicoll, M.: *Psychological Commentaries on the Teachings of Gurdjieff and Ouspensky*. Vol. l. Shambhala, Boulder/London 1984.
Nisargadatta Maharaj: *Ich bin. Gespräche*. Context Verlag, Bielefeld 1989.
Ouspensky, Peter D.: *Auf der Suche nach dem Wunderbaren*. 1978 Scherz Verlag, Bern, München, Wien.
Palmer, H.: *Das Enneagramm. Sich selbst und andere verstehen lernen*. Knaur, München 1991.
Peat, D. F.: *Superstrings. Kosmische Fäden*. Hoffmann und Campe, Hamburg 1989.
Peat, D. F.: *The Bridge Between Matter and Mind*. Bantam Books, New York 1987.
Peat, D. F./Briggs, J.: *Die Entdeckung des Chaos. Eine Reise durch die Chaos-Theorie*. dtv, München 1999.
Peat, D. F.: *Einstein's Moon, Bell's Theorem and the Curious Quest For Quantum Reality*. Contemporary Books, Chicago 1990.
Peat, D. F.: *Der Stein der Weisen. Hoffmann und Campe,* Hamburg 1992.
Postnieks, Diane: *Gespräche mit dem Autor.* Lüchow, Freiburg 1998.
Reich, Wilhelm: *Charakteranalyse*. Kiepenheuer & Witsch, Köln 1989.
Reich, Wilhelm: *Die Entdeckung des Orgons. Die Funktion des Orgasmus*. Kiepenheuer & Witsch, Frankfurt/Main o. J.
Riso, Don Richard: *Die neun Typen der Persönlichkeit und das Enneagramm*. Knaur, München 1989.

Riso, Don Richard: *Das Enneagramm-Handbuch*. Knaur, München 1993.
Riso, Don Richard: *Humanizing the Narcissistic Style*. W.W. Norton & Co, New York/London 1987.
Roshi, Suzuki: *Zen-Geist – Anfänger-Geist*. Theseus Vlg., Berlin 2000.
Sankaran, R.: *Das geistige Prinzip der Homöopathie*. Homeopathic Medical Publishers, Bombay 1991.
Shah, I.: *Learning How to Learn: Psychology And Spirituality In The Sufi Way*. Octagon Press, London 1978.
Shah, I.: *A Perfumed Scorpion: The Way of the Way*. Harper & Row, San Francisco, 1978.
Singh, J.: *Pratyabhijnahrdeyam: The Secret of Self Recognition*. Motilal Banarsidass, Delhi 1979.
Singh, J.: *Siva Sutra. The Yoga of Supreme Identity*. Motilal Banarsidass, Delhi 1979.
Singh, J.: *Spanda Karikas*. Motilal Banarsidass, Delhi 1980.
Singh, J.: *Vijnanabhairava or Diving Consciousness*. Motilal Banarsidass, Delhi 1979.
Suzuki, S.: *Zen-Geist, Anfänger-Geist*. Theseus, Zürich 1996.
Talbot, M.: *Mysticism and the New Physics*. Bantam Books, New York 1981.
Talbot, M.: *Beyond the Quantum*. Bantam Books, New York 1987.
Talbot, M.: *The Holographic Universe*. Harper Collins, New York 1991.
The Arica Institute, Inc.: *The Arican*. New York 1989.
Vithoulkas, George: *Die wissenschaftliche Homöopathie*. U. Burgdorf, Göttingen 1993[5].
Winberg, H.L.: *Levels of Knowing and Existence: Studies in General Semantics*. Institute of General Semantics, Englewood/New Jersey 1959.
Wolinsky, S: *Das Tao des Chaos. Quantenbewußtsein und das Enneagramm*. Lüchow, Freiburg 1996.
Wolinsky, S.: *Das Tao der Meditation. Praktische Methoden der Selbsterkenntnis*. Lüchow, Freiburg 1997.
Wolinsky, S.: *Die alltägliche Trance. Heilungsansätze in der Quantenpsychologie*. Lüchow, Freiburg 1993.

Wolinsky, S.: *Die dunkle Seite des inneren Kindes. Der nächste Schritt*. Lüchow, Freiburg 1995.
Wolinsky, S.: *Jenseits des Enneagramms. Der Weg des Menschen in der Quantenpsychologie*. Lüchow, Freiburg 1998.
Wolinsky, S.: *Quantenbewußtsein. Das experimentelle Handbuch der Quantenpsychologie*. Lüchow, Freiburg 1994.

Zitate aus: